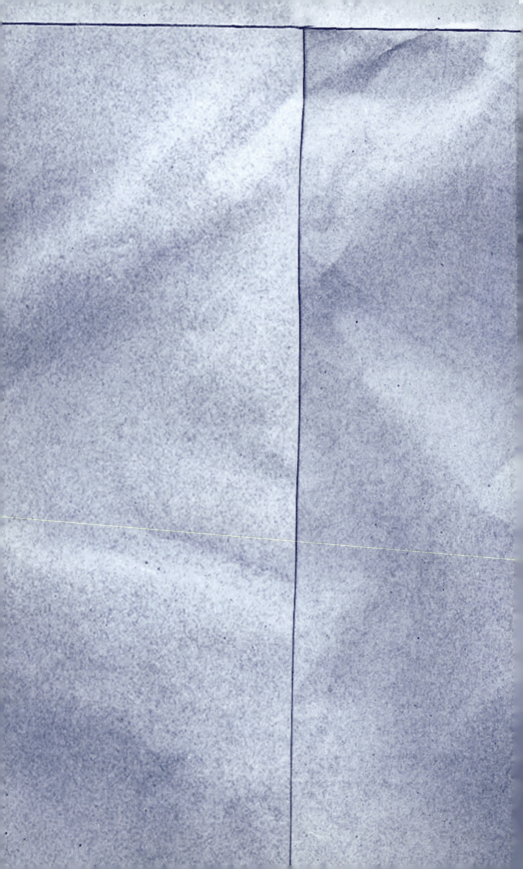

Segredo de Estado

O desaparecimento de Rubens Paiva

JASON TÉRCIO

*Para Clarice,
minha obra-prima*

UMA NARRATIVA DE FRICÇÃO

Centro de São Paulo. Sentado num bar na avenida Ipiranga, revejo meus rascunhos e anotações enquanto aguardo a hora de visitar uma mulher que na melhor fase de sua maturidade, em plena harmonia familiar e existencial, tudo encaixado nos devidos lugares, foi surpreendida por uma sequência de acontecimentos insensatos, uma voragem que a arrastou para um labirinto vertiginoso e mutilou irremediavelmente a sua vida.
É uma história de espanto e calafrio, intriga e dor. Mas também de liberdade e renascimento. Aconteceu numa época em que a alma brasileira vivia em sobressalto, num permanente temporal. Grupos desarvorados e desavindos se chocavam com uma inédita brutalidade, física e mental, como se a sociedade estivesse contaminada por um miasma. E estava.
Vou caminhando para o metrô e vinte minutos depois desço na estação Vila Madalena. Subo com disposição de atleta amador a íngreme ladeira, no fim da qual encontro o prédio onde mora Eunice Paiva. Sua aparência franzina contrasta com o tom resoluto da voz, o semblante já não reflete amargura, mas uma serena resignação.

"Estou escrevendo um livro sobre o seu marido. Vai ser também um pouco da sua história. Acho que é o caso mais simbólico e sintomático daquele tempo."
Rubens Paiva desapareceu em 1971. Não está vivo nem morto. Periodicamente reaparece na memória brasileira, como um espectro shakespeariano assombrando seus algozes e alertando a consciência do país. Ou como nos versos de Paulo César Pinheiro: "Você me prende vivo/ eu escapo morto/ de repente, olha eu de novo/ perturbando a paz/ exigindo o troco." Hoje ele é nome de estação de metrô no Rio de Janeiro, escolas no Rio e em São Paulo, rua em São João de Meriti, viaduto em Cubatão, rua em Praia Grande, terminal de ônibus em Santos, placa na Universidade Mackenzie e no auditório do Sindicato dos Engenheiros de São Paulo.

Mas durante sete anos após o desaparecimento houve silêncio total sobre ele e histórias semelhantes. Com a distensão lenta, gradual e segura, a partir da segunda metade da década de 1970, o caso Rubens Paiva ressurgiu em ondas e tornou-se a mais controvertida história de desaparecimento político no Brasil. Passou a ser tema de longas reportagens, artigos e homenagens, como na cerimônia de formatura em Jornalismo da Turma Oduvaldo Vianna Filho em janeiro de 1980, na Associação Brasileira de Imprensa. "Ninguém melhor do que Rubens Paiva para ser homenageado por uma turma que se propõe a lutar por seus ideais", disse o orador formando, Paulo Lamblet. O patrono da turma e então presidente da ABI, Barbosa Lima Sobrinho, louvou a coragem de Rubens. Na plateia estava Eunice. A ditadura militar agonizava e ela recomeçava a luta para descobrir o que tinham feito com seu marido.

Depois de conversar em São Paulo com outras pessoas, embarco para Brasília, em busca da trilha política de Rubens. Percorrendo esses grandes espaços vazios e silenciosos, sinto-me personagem de Hitchcock num cenário de Antonioni. Cidade-enigma, com uma infância incompreendida e problemática: nos primeiros quatro anos de existência teve quatro presidentes da República, uma rebelião militar e um golpe de Estado. Cidade que Rubens ajudou a construir e nela teve seus sonhos demolidos.

De volta ao Rio de Janeiro, saio caminhando pelo calçadão da praia do Leblon. Perguntas borbulham em minha cabeça. Por que o desaparecimento de Rubens se tornou uma *cause célèbre*? O que de fato aconteceu? Como aconteceu? Afinal, quem foi exatamente Rubens Paiva? Vítima inocente de uma trama luciferina ou um anti-herói trágico que delineou conscientemente o seu destino ao afrontar a prepotência dos deuses que se arrogavam donos de toda uma nação?

Ter uma sepultura talvez seja o direito mais primordial da humanidade. Os gregos já discutiam isso 400 anos antes de Cristo. Antígona pagou com a própria vida a ousadia de sepultar seu irmão, inimigo do rei. Pelo mesmo motivo, os poderosos tentaram deixar insepulto o corpo de Ájax, mitológico herói da guerra de Troia.

Sentado num banco do calçadão, de costas para o mar, observo o belo prédio residencial na esquina em frente. Era aqui. Havia um casarão de dois pavimentos, parecido com diversos outros que ainda resistiam ao avanço dos prédios a tomarem conta da orla. Janelas azuis. Paredes brancas. Um muro coberto com telhas francesas. Risos e risadas reverberando nas paredes. Cheiros, de charuto e maresia. Dias de praia, noites de carteado. Sim, aqui foi onde tudo começou.

Anoitece. Volto pelo calçadão pensando no que disse o general e deputado constituinte Euclides Figueiredo ao requerer a criação de uma Comissão de Inquérito para investigar os crimes políticos cometidos pela ditadura do Estado Novo: "Ao menos se conheçam os responsáveis pelas barbaridades, a fim de que outros, que possam vir mais tarde, tenham receio de ver seus nomes citados, como desejo que sejam conhecidos os daqueles bárbaros que tanto maltrataram o povo do Rio de Janeiro, da capital da República, de todo o Brasil."
Em casa, apanho uma lata de suco na geladeira, vou para a sala e bebo dois goles seguidos. Olho para a mesa abarrotada de papéis com anotações, fotocópias de jornais e revistas, inquéritos, ofícios, cartas, fotografias, livros, depoimentos gravados e escritos, documentos oficiais e particulares, bilhetes. O que fazer com tudo isso? Deglutir, digerir, regurgitar, recriar cenas/fatos históricos com personagens reais, alguns com pseudônimos, outros fictícios, mas nem tanto — qualquer semelhança pode não ser mera coincidência. Reconstruir a verdade com a tessitura da imaginação.

CAPÍTULO I

"É tempo de meio silêncio,
de boca gelada e murmúrio,
palavra indireta,
aviso na esquina."

CARLOS DRUMMOND DE ANDRADE, NOSSO TEMPO

Rubens e Marcelo em frente à casa no Leblon

Os dois homens no terraço do aeroporto do Galeão, no Rio de Janeiro, não conseguem disfarçar o nervosismo. Gostam disso. Sem algum risco, o trabalho deles seria como outro qualquer — previsível, monótono. E a ansiedade é maior quando se trata de desbaratar uma conexão terrorista internacional, como presumem ser a situação nesta noite de janeiro de 1971. Misturados às outras pessoas que aguardam a chegada de aviões trazendo amigos e parentes, somente os dois usam blusões, apesar do calor úmido, deixando a pele viscosa.

Um deles, mulato robusto de 30 anos, cabelo black power, ergue os braços com um binóculo para visualizar melhor a pista de aterrissagem, deixando entrever na cintura o cabo de uma Browning 9mm no coldre debaixo do blusão. Seu colega, moreno e de costeletas, um pouco mais velho, acende um cigarro e dá uma profunda tragada, olhar fixo na pista.

A informação veio por telex da embaixada brasileira em Santiago do Chile, urgente e inédita: duas mulheres, uma jovem e outra de meia-idade, estão trazendo cartas de terroristas.

Com o passar das horas, o número de pessoas no terraço diminui. É quase meia-noite quando o mulato ergue o binóculo novamente e avista um Boeing da Varig taxiando em direção ao pátio de desembarque. Ele puxa a manga esquerda do casaco e olha o relógio de pulso. Seu colega aproxima um walkie-talkie da boca.

"Chegou. Estamos indo."

Descem apressados uma escada estreita, atravessam o portão de acesso à pista e entram num jipe azul-marinho com uma logomarca nas duas portas: uma espada entre duas asas abertas.

O moreno entra ordenando. "Vamo lá. Pé na tábua."

"Ok, capitão." O motorista, com capacete branco e camisa azul-claro de mangas curtas, acelera em direção ao pátio. Atrás seguem dois outros jipes de reforço, para dar cobertura, caso necessário.

Quatro homens empurram uma escada sobre rodas para junto da porta dianteira do avião, enquanto um ônibus estaciona perto para transportar os passageiros.

"É o seguinte, sargento: eu entro no avião, tu fica na porta. Qualquer movimento estranho, pode meter bala. Não dê moleza", ordena o capitão subindo a escada com o mulato. Cumprimentam o comandante do avião e mostram suas carteiras de agentes do Centro de Informação e Segurança da Aeronáutica, o CISA.

Os passageiros se levantam para desembarcar, mas são surpreendidos pela voz do piloto no alto-falante pedindo que todos retomem seus assentos por alguns minutos. Em seguida o capitão aparece na frente de todos e ergue a voz.

"Está tudo bem, só queremos falar com duas passageiras brasileiras que embarcaram em Santiago." Ele tira do bolso do casaco um papelzinho e lê. "Marília e Selene!"

Sentadas em suas poltronas, erguem os braços uma quarentona de cabelos grisalhos e uma jovem magra de cabelos castanhos. O sargento fica atento na porta, com a pistola na mão direita. O capitão vai caminhando devagar no corredor, ante os olhares dos passageiros, muitos viram as cabeças e se contorcem curiosos para saber o que está se passando.

Diante das duas, o capitão examina os passaportes e pede gentilmente: "Me acompanhem, por favor."

Selene, a mais velha, e Marília se entreolham sérias, apanham suas bolsas nos bagageiros e descem a escada do avião com os dois agentes. "Eu levo as bolsas. E não se preocupem com as malas, vou mandar apanhá-las", diz o capitão.

As mulheres são conduzidas para o jipe estacionado ao lado do ônibus. Estão intrigadas. O capitão lhes sorri complacente. "É só uma averiguação de rotina. Eu sou o doutor Abelha, e o colega aqui é o doutor Leão."

As duas são colocadas no banco de trás, junto com Leão. Ao sentar-se na frente, Abelha desce o zíper do blusão, apanha no porta-luvas dois capuzes pretos e entrega a Leão. O soldado dá partida.

"Por que isso?", pergunta Marília, já encapuzada.

Leão a tranquiliza, "Calma, não se preocupem, está tudo bem. É só uma precaução", enquanto Abelha revista as bolsas delas, sem encontrar nada de interesse.

O vento sopra morno sob o céu estrelado e o jipe avança veloz na pista, seguido pelos outros dois. Após passarem por uma placa em que está escrito "BASE AÉREA", os veículos entram por um largo portão de ferro e estacionam em frente a um pavilhão comprido, de teto côncavo.

"Pra onde vocês estão levando a gente?" A voz de Selene sai abafada pelo capuz.

Abelha olha matreiro para Leão. "Pro Paraíso."

É a sede do CISA, serviço secreto do governo, chefiado pelo brigadeiro Carlos Afonso Dellamora, que diariamente transmite ao ministro da Aeronáutica, brigadeiro Márcio de Souza Mello, um informe das prisões efetuadas e eventuais informações obtidas.

"Vocês vão ser liberadas logo", explica o capitão Abelha. "É um procedimento de rotina. Só queremos esclarecer umas coisas."

Leão e Abelha entram num corredor conduzindo as duas pelos braços e as deixam em salas separadas.

Um soldado de capacete azul, calça azul-marinho, camisa azul-claro de manga curta e um fuzil pendurado no ombro retira o capuz de Selene. Ela está numa pequena sala com uma cadeira debaixo de uma lâmpada acesa e dois homens à paisana em volta de uma mesa. O mais velho, um major de bigode grisalho e cabelos castanhos, coloca Selene na cadeira. Ela pisca os olhos diante do brilho da lâmpada e abaixa a cabeça. O soldado fica num canto em posição de sentido.

"Levanta a cabeça", pede o major, com voz rouca. "Meu nome é doutor Jacaré." Aponta para o sargento baixo e cabeludo: "E ele é o doutor Urso. O que a senhora faz, além de subversão?"

"Sou professora do colégio Sion, não faço subversão."

"Qual matéria?"

Ela ergue um pouco a cabeça. "História e Geografia."

Jacaré coloca as duas mãos na cintura, numa pose presunçosa. "Só podia ser... O que vocês foram fazer no Chile?"

"Fui visitar meu filho..." Olha para os lados. "Onde está a moça que foi comigo?"

"Quem é ela?" pergunta Urso.

"É irmã da minha nora, mulher desse meu filho que está no Chile."

"Qual o nome do seu filho?"

"Luís Rodolfo."

Jacaré tira do bolso da camisa um bloco de papel e uma caneta. "Por que ele está no Chile?" pergunta Urso.

"Está exilado..." Ela hesita. "Mas nunca fez nada de mais no Brasil. Era estudante e..."

"Ele é um dos terroristas que foram trocados há poucos dias pelo embaixador suíço?" pergunta Jacaré.

"Não. Ele está lá desde o ano passado, faz quase seis meses que ele está lá. Foi por conta própria."

Um cabo uniformizado bate na porta e entra com as duas malas, retirando-se depois de colocá-las sobre a mesa. Urso escarafuncha, retira um pôster de Che Guevara, duas garrafas de vinho, uma máquina fotográfica e uma caixa de chocolate.

Jacaré se curva diante de Selene, apoia as mãos nas pernas e fica cara a cara com ela. "Cadê as cartas?"

"Que cartas?"

Jacaré se apruma. "A senhora vai ser revistada."

Urso apalpa Selene de cima a baixo. Sob a blusa ele detecta um pequeno volume de envelopes presos por um cinto, apanha e entrega a Jacaré. Todos os envelopes têm apenas o primeiro nome dos destinatários, mas um deles, com o nome "Raul", tem ao lado um número telefônico: 227.5362.

Jacaré abre esse envelope. A letra da carta é feminina: "Muito obrigada pela ajuda. Estou bem, mas a viagem do pessoal que chegou agora foi muito tensa, todo mundo pensou que o avião seria derrubado. Estão hospedados num albergue. O ambiente é de muita alegria. Santiago está fervendo, de calor e liberdade..."

Outra carta, destinada a "José", explica em detalhes como sair do Brasil clandestinamente, falsificação de documentos, rota de fuga, onde buscar apoio e esconderijo. Jacaré interrompe a leitura, coloca a carta dentro do envelope e junta com as outras. "Vamos deixar pro pessoal da Análise de Documentos. Tá na cara que é um esquema do pessoal da luta armada. São mensagens pros terroristas daqui. Você sabe disso..."

Selene titubeia. "Eu não... Uns brasileiros que moram no Chile pediram pra gente trazer essas cartas... pras famílias deles."

Numa sala adjacente, Marília está sendo interrogada pelo tenente Coiote, magro, dentuço e também à paisana.

"O que você faz?"

"Sou estudante, vou começar a faculdade este ano."

"Que curso?"

"Ciências Sociais."

"O curso favorito dos subversivos... Você é filha daquela senhora?"

"Não, minha irmã é casada com o filho dela, eles moram no Chile. A gente só foi visitar. Não temos nada com política."

"Fica de pé." Coiote apalpa o corpo de Marília. "Você também trouxe cartas?"

Para não continuar sendo apalpada, ela resolve falar logo.

"Eu trouxe um envelope."

"Onde você escondeu?"

"Preciso ir ao banheiro pra tirar."

Coiote a acompanha até a porta do banheiro no corredor e fica aguardando.

Na outra sala, Jacaré exige de Selene: "Tira a roupa."

Lívida, Selene recua. "O quê? Pra quê? Não tenho mais nada."

"Quero ter certeza. Tira o vestido, vamos!" grita Jacaré.

"Não, pelo amor de Deus!"

"Minha senhora, a revista tem que ser completa." Jacaré sorri malicioso. "Pode ficar sossegada, aqui ninguém gosta de coroa, só de broto, é ou não é, doutor Urso?"

"Pode crer."

De cabeça baixa e rosto corado, Selene despe o vestido, permanecendo de combinação. Urso segura o vestido, Jacaré apalpa Selene, fazendo-a se encolher constrangida. "É, parece que não tem nada escondido não. Está bem, pode se vestir. Quem vocês encontraram no Chile?"

Ela termina de se vestir antes de responder. "Só meu filho e minha nora."

"Comunista cínica!" grita Urso puxando os cabelos dela.

"Não sou comunista não. Sou católica. Participei da Marcha da Família com Deus pela Liberdade..."

"E daí? Muita gente que estava lá mudou de lado. Até o Lacerda." Jacaré vai para a sala onde se encontra Marília e Coiote mostra a ele um envelope pequeno.

"Adivinhem onde estava isso." Faz uma pausa e dá um sorriso sacana. "Dentro do Modess."

Jacaré manda Marília sentar-se na outra cadeira debaixo da lâmpada e cheira o envelope, no qual está escrito com letra feminina "a/c Raul".

"Esse Raul parece bem popular. Quem é ele?"

"Não conheço. Fiquei de telefonar antes pra saber o endereço."

Jacaré abre o envelope. Dentro há uma folha datilografada nos dois lados, com informações sucintas sobre a política no Chile, a chegada dos ex-presos políticos trocados pelo embaixador suíço e uma proposta de se criar em Santiago uma seção internacional do MR-8, para fortalecer a propaganda contra a ditadura brasileira.

Sem alterar o semblante, Jacaré repõe o documento dentro do envelope e joga-o sobre a mesa.

"Vocês são pombos-correios... Pombos não, pombas-correios... Fazem parte da conexão terrorista entre o Brasil e o Chile! Por que os subversivos trocados pelo embaixador quiseram ir pra lá? Porque agora tem o Allende na presidência. Os terroristas brasileiros pensam que o Chile é a nova Cuba. Estão muitíssimo enganados! Estamos de olho em tudo e em todos!"

Marília baixa a cabeça. "Não sou de conexão nenhuma, senhor." Ela pensa um pouco. "Como vocês souberam que a gente trazia cartas?"

Jacaré caminha em volta dela, de braços para trás. "O Fidel Castro contou pra gente... Ou foi o Allende?"

"Conhece alguém da VAR-Palmares no Chile?" pergunta Coiote.

Ela pensa, indecisa. "Vapalmares? Não é Valparaíso? Lá tem uma cidade com esse nome..."

"Se fazendo de idiota, né?" exalta-se Jacaré. "Amanhã cedo tu vai telefonar pra esse Raul. Se telefonarmos a esta hora ele pode desconfiar. Vocês vão dormir aqui hoje."

Na outra sala, Urso coloca o capuz em Selene. "Eu tenho que avisar meu marido. Ele veio me esperar no aeroporto."

"Pode deixar que a gente avisa ele" informa Urso.

As duas mulheres são conduzidas separadamente por soldados para fora da sala. Caminham com pernas bambas, em frêmito, como se estivessem à beira de um abismo.

Rubens Paiva escancara a janela veneziana no segundo pavimento de sua casa e abre os braços se espreguiçando diante do mar grandioso no outro lado da avenida. Um feixe de sol jorra no quarto.

Descalço e sem camisa, apenas com um calção de cetim, ele aspira fundo o cheiro da maresia trazido pela brisa que sopra em seu rosto gorducho. Após seis anos morando no Rio, ainda abraça essas manhãs tão enlevado quanto da primeira vez.

Ao vê-lo debruçado no parapeito da janela deste confortável casarão branco de dois pavimentos, cercado por um muro coberto com telhas francesas, em frente a uma bela praia, qualquer pessoa dirá sem relutância: aqui está um homem completo, realizado. Mora na orla marítima mais charmosa da Zona Sul, tem uma boa renda mensal, dois carros novos na garagem, uma saudável prole de quatro filhas e um filho entre 10 e 17 anos, todos estudando em boas escolas, uma mulher bonita e inteligente. Portas sempre abertas para o entra e sai dos amigos. Burburinho de adolescentes e crianças. Confluência de afetos. Dormir ouvindo o chiado das ondas. E para completar, um gato.

Não fosse feriado nesta quarta-feira, dia de São Sebastião, ele estaria vestindo terno e gravata para ir ao escritório da empresa da qual é sócio-diretor, no centro da cidade, conduzido por Oscar, o jovem motorista da casa.

Chegou ontem de viagem com a família, depois de passar as festas de fim de ano e parte das férias das crianças na fazenda do pai, no interior paulista. Gosta de viajar, mas também gosta de voltar para casa, reencontrar os amigos e o mar que o fez amar esta cidade como se nela tivesse nascido. Quando se reuniu com a filharada na sala da casa em São Paulo para falar da mudança, todos concordaram.

"Só vou se for perto da praia", condicionou Vera, a mais velha, então com 13 anos.

"Em frente" disse Rubens entusiasmado. "Uma big casa de esquina, na principal avenida do Leblon, ao lado de Ipanema. Uma vista maravilhosa."

Engenheiro com muitos prédios e pontes construídos, não podia morar na casa sem antes fazer uma reforma, até para adequá-la às necessidades da família. Uma das alterações foi transferir a entrada para a rua lateral.

A praia faz a alegria diária das crianças e é um vínculo sentimental entre ele e a sua própria infância, vivida em São Vicente, também numa casa em frente ao mar. Embora tenha ido morar em São Paulo a partir dos 15 anos e seja descendente de alemães pelo lado materno, adaptou-se facilmente ao Rio. Seu temperamento extrovertido e bem-humorado ajudou. Cultiva até o hábito carioca de colocar apelido nas pessoas. Em casa só Eunice não tem apelido.

Ela se ergue da cama e veste um robe de seda branco. É uma mulher magra e de altura mediana, aparentando fragilidade, impressão que se desfaz na voz firme e nos traços expressivos da face. Depois de fazer a abluição no banheiro e escovar seus cabelos castanhos e longos, desce para dar instruções às duas empregadas.

Rubens permanece debruçado na janela, os olhos azuis contemplando as ondas vindo avançando e se avolumando até arrebentarem espumantes na areia. Banhistas dão seus primeiros mergulhos, outros chegam sozinhos ou em grupos e estendem as toalhas coloridas, as esteiras de palha. Gaivotas planam em frente à casa por instantes e saem revoando suavemente. Mas ele não é totalmente feliz.

"Bom dia, doutor!"

Parado na calçada em frente ao sobrado, um mulato alto de meia-idade e bermuda, camisa do Flamengo no peito magro, com um carrinho de algodão-doce.

"Bom dia, Oswaldo. Como está?"

"Vai-se indo. Alguém aí quer algodão-doce?"

"Ainda é muito cedo. Mais tarde, tá? E o Mengo, ganha hoje?"

"Claro, três a zero, dois gols de Doval e um de Zanata. Os portugueses são fichinha."

O flamenguista atravessa o canteiro que divide as duas pistas da avenida e estaciona seu carrinho no calçadão, à espera dos fregueses que passam em trajes de banho. Rubens boceja displicente, alisa o bigode olhando para as poucas nuvens no céu azul. Vai ser um dia bonito, pensa, e um calor de rachar.

Nesta manhã, seu único plano é dar uma caminhada na praia e bater papo com amigos. Nada o faz desconfiar que este dia fulgurante é o último de sua vida.

Do outro lado da cidade, o coronel Tigre, de paletó azul-marinho e camisa social branca, estaciona seu Aero-Willys na rua Haddock Lobo, a menos de cinquenta metros da Paróquia de São Sebastião dos Frades Capuchinhos. O sino ressoa dez badaladas. Moreno, careca no alto da cabeça, cabelos laterais grisalhos e um bigode espesso, ele ajeita os óculos escuros no nariz e caminha altivo em direção à igreja, de mãos dadas com uma balzaquiana de vestido azul-claro, cabelos tingidos de louro em forma de coque fixado com laquê, rímel nos olhos cor de mel e unhas vermelhas.

Ao aproximar-se do portão, Tigre faz uma expressão de enfado perante as longas filas que se estendem do adro até a calçada.

"O povo, o povo..."

"O que é que tem o povo, benzinho?" pergunta sua mulher, entretida nas barracas com oferendas, miniaturas de São Sebastião, colares e lenços com a imagem do santo, refrigerantes, sanduíches.

"Esse povo é muito abestado" resmunga Tigre, com um sotaque cearense. "Todo mundo pensando que São Sebastião vai resolver os *pobrema*. É um povinho muito lesado..."

Acostumada às rabugices do marido, Elizete não o leva a sério. "É tudo gente simples, mas com muita fé no coração. É importante ter fé, pra tudo na vida... Eu vou pedir uma graça a São Sebastião, pra engravidar."

"Eu não acredito em milagre, sinceramente."

Ela vê uma freira idosa parada num dos portões e puxa Tigre pelo braço.

"Todo ano é isso, né madre?" diz Elizete.

"Graças a Deus, missa desde as seis da manhã. Essa das dez é a mais importante. Já está começando. Mas só tem lugar de pé."

Tigre empina a cabeça. "Nós temos lugar reservado. O atraso foi por causa dela. Ficou uma hora se embelezando."

"Meia hora" corrige Elizete, e sorri para a freira.
"Meia hora você passou escolhendo a roupa."
"Ainda dá tempo" diz a freira. "A missa começou ainda há pouco."
Elizete fica ansiosa. "Então vamos entrar logo."
"Preciso beber um refrigerante primeiro. Estou morrendo de sede."
"É bom mesmo, porque lá dentro está um forno." A freira sai do portão e vai para dentro do templo.

O casal segue para uma barraca. Em meio ao rumorejo circundante, Tigre pede dois guaranás e o casal fica bebendo em silêncio, ele de óculos escuros examinando as pessoas em redor, Elizete admirando a fachada do templo, de arquitetura pretensamente bizantina, com uma cena da fundação do Rio de Janeiro no painel de azulejos.

Depois de pagar ao vendedor, o coronel guarda os óculos no bolso da camisa, revelando olhos amendoados e perspicazes, segura a mão de Elizete e os dois atravessam o pátio, entre devotos endividados que pedem bênçãos, desempregados que renovam promessas, doentes que depositam ex-votos, mulheres nas barracas de velas e cravos vermelhos, mendigos e inválidos estendendo as mãos suplicantes, camelôs ansiosos apregoando bilhetes de loteria. O esbarrão de um jovem irrita Tigre e rapidamente ele enfia a mão direita por dentro do paletó, onde está o coldre com uma Walther PPK. O jovem pede desculpa e segue seu caminho. Tigre se vangloria dessa pistola, aos amigos conta que é igual à usada por James Bond nos filmes; cuida dela como cuidaria de um filho, se o tivesse.

Elizete para numa barraca que vende cravos vermelhos. "Espera um pouco."

Enquanto ela compra a flor símbolo do martírio de São Sebastião, Tigre prende a respiração, para não sentir o cheiro desagradável de velas derretidas e cravos por todos os lados. Elizete vem com um cravo na mão direita e os dois seguem apressados pedindo licença para entrar no templo.

Todos os bancos ocupados, muitos fiéis com roupa vermelha, rezando de joelhos, outros em pé nos corredores laterais, as atenções voltadas para o altar, onde está a imagem de São Sebastião, crivado de flechas, com seu ar sofrido e o torso nu, envolto por uma comprida fita vermelha. Diante da imagem, o frei Elias Cuquetto com seu paramento verde e uma voz monocórdia.

"Agora que estamos silenciosos e acomodados, como convém, quero dar as boas-vindas aos moradores da Tijuca, Grajaú, Vila Isabel e outros bairros de nossa querida cidade de São Sebastião do Rio de Janeiro. Vamos reverenciar o nosso padroeiro, no dia de sua morte, que aconteceu em 20 de janeiro de 288."

Ele interrompe sua fala para aguardar a entrada de Tigre e Elizete, que vêm pelo corredor central até a primeira fileira de bancos, onde há dois lugares marcados com papéis escritos à mão: "Reservado." O casal se persigna diante do altar e o coronel inclina levemente a cabeça cumprimentando o frei, que retribui e abre uma Bíblia no púlpito.

"Vamos iniciar lendo um trecho do Sermão da Montanha, bem adequado ao dia do nosso padroeiro: Bem-aventurados os perseguidos por causa da justiça, porque deles é o reino dos céus. Bem-aventurados sois quando, por minha causa, vos injuriarem e vos perseguirem e, mentindo, dizerem todo mal contra vós. Regozijai e exultai, porque é grande o vosso galardão nos céus; pois assim perseguiram aos profetas que viveram antes de vós."

Elizete faz o sinal da cruz, apanha na bolsa um alfinete e prende o cravo na gola do seu vestido. Depois olha sutilmente para as mulheres no seu banco, talvez querendo localizar alguma conhecida, ou verificando se o seu vestido novo atraiu a atenção delas. Uma criança chora. Sem denotar incômodo, o frei prossegue a homilia:

"Todos conhecem a imagem de São Sebastião, o santo flechado, com o peito desnudo, amarrado a uma árvore. Mas muitos não conhecem a história desse herói da fé que viveu e morreu no século III, durante o Império Romano. Ele era chefe da guarda pretoriana, sofreu perseguição e foi morto por ordem do imperador Diocleciano. Virou mártir, porque era um cristão convicto. O cristianismo era proibido pelas autoridades romanas, os cristãos eram considerados inimigos do Estado, como se fizessem parte de um movimento subversivo..."

O frei faz uma pausa e lança um olhar rápido para o coronel, como se quisesse ver a sua reação. Já o coronel pensa se o frei abusa da ironia ou apenas tenta, mediante uma analogia, ser melhor entendido pelos fiéis.

"Sebastião ajudava os cristãos perseguidos, visitava os presos, era solidário com eles, e falava de Cristo aos soldados romanos. Muitos se converteram secretamente por influência de Sebastião. Ele foi denunciado por um soldado de seu próprio exército e teve que comparecer perante o imperador para se explicar. O imperador tentou fazê-lo renegar a fé. Sebastião se manteve fiel, e Diocleciano o condenou à morte, sem direito a apelação. Sebastião foi amarrado a um tronco de árvore, semidespido, e os soldados atiraram flechas no seu peito, pra que ele tivesse uma morte demorada. Ele foi abandonado para morrer. Mas uma senhora viúva, chamada Irene, passou por ali e socorreu Sebastião, retirou as flechas do peito dele, levou Sebastião pra casa e tratou dos ferimentos."

Tigre se distrai observando os mosaicos atrás do altar, no vitral do transepto, uma ilustração da luta em que os portugueses, liderados por Estácio de Sá e ajudados por índios, mamelucos e São Sebastião, expulsaram os franceses calvinistas do Rio de Janeiro. O frei bebe um gole de água do copo colocado no púlpito.

"A coragem foi uma das principais características deste santo. Ele ajudava os cristãos perseguidos e assumia a sua fé sem temer as consequências. Se fosse um cristão fraco, de fé leviana, teria fugido para bem longe, ou abjurado, e se acomodado. Ele não. Continuou a evangelizar e também a criticar Diocleciano pelas injustiças cometidas contra os cristãos."

O coronel raramente frequenta a igreja, ao contrário de Elizete, que todos os domingos está na missa das seis. Mas hoje é um dia especial e a missa é o pretexto para ele se encontrar com o governador.

"O imperador ficou admirado e muito irritado com a ousadia de Sebastião, mandou seus guardas prendê-lo e matá-lo. O corpo, com marcas de pauladas e golpes de bolas de chumbo, foi jogado pelos soldados no esgoto público de Roma, para impedir que fosse venerado pelos cristãos. Não adiantou nada, porque São Sebastião é venerado e adorado até hoje. Ele fez como o apóstolo Paulo: combateu o bom combate."

Tigre entende nas palavras do frei um apelo subliminar à incitação de uma revolta popular. Desconfia do frei, parece-lhe ambíguo demais. Devia ficar sob vigilância.

O sermão é encerrado:

"São Sebastião é o santo protetor contra a peste, a fome e a guerra. Na Idade Média, a peste era uma doença infernal e contagiosa, dizimou milhares de pessoas na Europa. No mundo de hoje, a peste é o comunismo, que tenta destruir a família e os valores mais sagrados da civilização cristã e ocidental com suas ideias enganosas de igualdade e justiça social."

Tigre balança a cabeça, aprovando.

"O padroeiro de nossa cidade, o mártir São Sebastião, que foi tão incompreendido, nos convoca à prática da caridade, do amor e da solidariedade. Que ele interceda por todas as famílias cariocas e pelas autoridades da nossa pátria neste ano de 1971 que se inicia, principalmente o presidente do Brasil, general Garrastazu Médici, para que continue governando com sabedoria e competência, pelo bem do povo, especialmente os mais pobres."

O coronel só acha que foi desnecessário mencionar o presidente como um general. O casal vai à sacristia conversar com o frei, enquanto se forma uma longa fila de devotos para beijar a fita vermelha que envolve a imagem de São Sebastião.

Eunice entra no quarto trazendo uma bandeja com dois copos de suco de laranja, uma maçã e o *Jornal do Brasil*. Põe a bandeja no criado-mudo e separa o Caderno B para ler. Rubens bebe quase metade do suco de uma vez, dá uma mordida na maçã, apanha o jornal e senta-se na poltrona à beira da janela.

"Dentro de três anos, dois meses e dez dias vou ter de volta os meus direitos políticos." Continua lendo as manchetes.

"Você está contando mesmo o tempo que falta?"

"Até os minutos. E vou me candidatar de novo. E vou ganhar, você vai ver."

"Tomara."

De repente, ele sai da poltrona, vai até o guarda-roupa, abre uma gaveta e retira um pequeno embrulho de presente.

Ela apanha o pacote. "Sei exatamente o que é." Ele sorri. "Duvido."

"Ora, é simplesmente a milésima, ou milionésima caixa de bombom que você me dá desde que a gente se conheceu."

"Não é que adivinhou? Só que cada caixa é diferente da outra, você sabe. Esta tem trufas de chocolate com nozes e conhaque. Voilà!" exclama Rubens estalando a língua.

Ela abre a caixa e os dois ficam na cama saboreando as trufas, bebendo suco de laranja, lendo jornal, se abraçando. Adoram chocolate, mas esta é apenas uma das muitas afinidades do casal: a mesma idade (ela só um mês mais velha), ambos descendentes de europeus que imigraram para o Brasil no começo do século XX e progrediram materialmente — ele neto de portugueses e alemães, ela filha de italianos; quando se conheceram, moravam no mesmo bairro paulistano, além de gostarem de sair à noite e viajar.

"Já que você está contando o tempo pra ser deputado de novo, sabe qual vai ser o grande acontecimento do ano que vem?" pergunta Eunice.

O casal com seus cinco filhos, em 1... Ana Lúcia (Nalu), Beatriz (Babiu) e Marcelo, sentados no tapete; Eliana em pé atrás do sofá, e Vera, sentada... lado da vó Aracy, mãe de Rubens

Casamento de
Eunice e Rubens

Rubens apanha mais uma trufa e a dissolve na boca aos poucos, para prolongar o sabor.

"O grande acontecimento de 1972? Vejamos." Pensa uns segundos. "Os 150 anos da Independência. Vamos ver muita fanfarra e fanfarronice."

"Sim, mas aqui em casa o maior acontecimento do ano vai ser o aniversário do nosso casamento, vinte anos."

"Já?"

"Dia 30 de maio."

"Eu sei, boba. Eu estava brincando. É bodas de quê mesmo?"

"Porcelana."

"Será que vamos chegar às bodas de prata?"

Ela sorri. "Se você parar de engordar..."

"Isso é provocação. Tá certo, preciso perder uns quilinhos. E não sou o único nesta casa."

"Não, mas você tem extrapolado. Já deve estar com cem quilos, ou chegando perto. Nem devia estar comendo chocolate."

"E você, dona Eunice, com esses pneuzinhos aí? Hein? Hein?" Ele dá uns beliscões na barriga dela, fazendo cócegas.

"Lembra quando a gente começou a namorar?" pergunta Eunice, e morde uma trufa. "Você era tão magrinho. Dava até pena..."

"Você também, aliás."

"... e vivia me chamando pra sair. Meu pai não deixava, só se uma de minhas irmãs fosse junto."

"Ainda mais sair de moto. Naquele tempo era coisa de playboy."

"Acho que eu nunca andei na sua moto."

"Eu vendi logo." Ele se levanta e abre a janela lateral do quarto, com vista para o morro Dois Irmãos, no final da orla. "Foi só uma onda passageira. Eu sempre gostei mais de carro. Lembra do Oldsmobile azul que eu tinha quando estava na faculdade?"

"Era bonito. Mas eu gostei mais do Pontiac creme."

"Esse foi depois. Muitas vezes desci com ele a avenida Rebouças a 100 por hora. Acho que nunca te contei isso."

"Não exagera."

"Sério. De madrugada, claro. Fazia roleta paulista." Ele ri. "E a perua Dodge? Uma vez eu estava com ela cheia de material pra obra, e o sol estava tão quente que os pneus derreteram."

"E aquele fusca que capotou. Não teve isso?"

Ele sai da janela e volta a se deitar na cama. "Nem gosto de lembrar. Também, chovia pra burro na estrada pra fazenda. Pior que o fusca tava lotado. Sua mãe, coitada, levou um bruta susto."

"Eu sei. Sorte minha não ter ido. O fusca ficou virado de ponta-cabeça, não foi?"

"Ficamos emborcados dentro do carro, sua mãe gritando. Não era pra menos. Chovia pra burro, e era de noite."

"E você correu muito, como sempre."

"Mais ou menos. Digamos que sim, eu corri um pouco além do recomendável. Sorte que ninguém se machucou. E a Romiseta...? Era uma gracinha."

Um gato rajado de branco e marrom entra no quarto e começa a miar para Rubens, que senta-se na beira da cama.

"Bom dia, Pimpão! Vem cá." Ele coloca o gato no colo e alisa o seu dorso. "É o gato mais educado do Brasil. Só vem pra cama se for convidado."

Pimpão chegou na casa um dia de surpresa, ninguém soube de onde vinha, e gostou de Rubens. Aonde Rubens ia, o gato ia atrás.

"E o que a gente vai fazer pra comemorar as bodas de porcelana?"

"Podemos fazer uma festinha em família. Só com a gente de casa mesmo."

"Está certo. Depois a gente resolve. Ainda tem muito tempo."

Depois de deixar o gato no chão, Rubens estica os braços para a frente, espreguiçando-se. "Vou chamar o Waldir pra ir à praia. O Ryff também. Quer ir?"

Eunice sai da cama. "Tenho um monte de coisa pra fazer. Nem abri as malas ainda."

"Quando você descer, pede pra Maria José fazer um sanduíche de presunto e queijo pra mim. No pão de forma."

"E pra beber?"

"Outro suco, com bastante gelo."

Eunice desce a escada que dá para o salão e a cozinha, Rubens entra no banheiro. Debaixo da gostosa água fria do chuveiro sobre a banheira, ele pensa em comprar um presente de porcelana para Eunice. Hum, muito óbvio talvez, mas apropriado.

Na cela de Marília entra um soldado com um capuz nas mãos.

"Vem."

Encapuzada e conduzida pelo braço até uma saleta, ela fica de pé, sem saber onde está, respirando com sofreguidão. Daí a pouco chega Selene, trazida por Urso, que logo retira os capuzes das duas. "Podem sentar. O doutor Jacaré vem conversar com vocês."

"Ele é médico?" pergunta Selene, sentando-se.

"Aqui só tem doutor."

Jacaré entra na sala acompanhado de Coiote e examina as duas mulheres de cima a baixo.

"Bom dia. Dormiram bem?"

"Mais ou menos" responde Selene.

"Vocês sabem por que foram presas?"

Selene responde tímida: "Acho que foi porque eu e a Marília fomos as primeiras com parentes no Chile a vir de lá depois que chegaram os banidos. Mas não temos nada a ver com eles. Foi coincidência."

Jacaré olha para Urso e Coiote. "Coincidência? Sei, sei. Quem mais estava com vocês no avião?"

"Ninguém. Eu e a Marília fomos e voltamos juntas, só nós duas. Não foi ninguém com a gente."

"Quem é Raul?" pergunta Coiote.

Selene baixa a cabeça e gagueja. "Nnnão sei."

"Deixa eu dar uns choques nela, doutor" diz Urso.

Assustadas, elas gritam simultaneamente "Não!"

Urso vigia as duas na sala enquanto Jacaré chama Coiote para o corredor.

"Seguinte, pela minha experiência, pelo jeito delas, acho que estão falando a verdade. Não vamos perder tempo. Precisamos agir rápido e pegar esse Raul. Ele é o alvo, não elas."

Os dois voltam para a sala. Jacaré fala com Marília: "Você vai telefonar pro Raul dizendo que tem cartas pra ele e pedir o endereço. Aliás, 'Raul' deve ser codinome. Pergunte também o nome verdadeiro dele."

Na sala ao lado, Coiote e Urso preparam o equipamento instalado numa mesa para gravar a ligação.

"Avenida Delfim Moreira? Onde é isso?" pergunta Urso depois de ouvir o diálogo entre Marília e Rubens.

"É no Leblon, bicho", responde Coiote. "O subversivo mora na beira da praia."

"Não seja por isso. Se for necessário, a gente invade a casa", prontifica-se Jacaré.

"Necessário é, o homem tá lá dentro" informa Coiote.

"Então invadam a casa, porra", decide Jacaré. "Urso, faça um Pedido de Diligência. Tenho pra mim que vamos pegar peixe graúdo."

Sentada à mesa redonda de mármore na sala de jantar, Eunice passa manteiga numa fatia de pão. Na cadeira em frente, Eliana, de 15 anos, bebe um gole de suco de laranja. Rubens chega de bermuda, sandália de couro, jornal na mão. "Cadê a Nalu?"

Eunice despeja leite na xícara de café. "Dormiu na casa do Sebastião Nery."

"Ela é amiga da enteada dele, a Cristina" diz Eliana.

"E eu não sei? Até mandei um presente de aniversário pra ela."

"Precisamos telefonar pra Veroca. A essa hora deve estar toda encapotada lá em Londres, coitada." Eunice sopra o café com leite na xícara antes de beber.

Rubens passa geleia de morango num pedaço de pão e junta uma fatia de queijo. "À tarde a gente telefona. Vamos mandar um pouco do calor carioca pra ela."

Descendo a escada, numa camisolinha cor-de-rosa e trazendo "Beijoca" pendurada pelo braço, a caçula Babiu, de 10 anos e óculos de grandes lentes redondas, dá beijinhos nas faces de Rubens e Eunice, ergue a boneca para fazer o mesmo, senta-se e não demonstra interesse nas comidas da mesa.

"Sabe do que que eu tô com vontade? De chupar um Chicabon."

"Picolé? A esta hora?" admira-se Rubens. "De jeito maneira."

"Chicabon é muito legal, morô?" Babiu ergue o polegar direito com a mão fechada, num jeitinho desafiador e gracioso.

Eliana sorri. "A pirralha tá toda cheia de ginga carioca."

"Com ginga ou sem ginga, não é hora de Chicabon..."

"Tá muito calor." Babiu faz beicinho.

"Só depois do café" determina Eunice, séria. "Senta aí."

A arrumadeira Maria do Céu aparece na porta:

"Dona Eunice, quando a senhora terminar aí, eu queria falar um negócio."

"O que é, Maria do Céu? Pode falar. Aqui ninguém tem segredo", diz Rubens, gaiato.

Maria do Céu ri, acanhada. "É que tá faltando anil pra lavar roupa."

"Depois a gente vai ao mercado comprar, se estiver aberto. Como hoje é feriado..." diz Eunice.

"Ih, é mesmo, eu tinha esquecido." Maria do Céu sorri colocando a mão na cabeça.

Rubens come mais uma fatia de pão. "Ah, então é esse é o seu grande problema, né, Maria do Céu? Anil. Você que é feliz. Seu nome já diz tudo." Ele se vira para Eunice: "Como é que é 'do céu' em latim?"

"Caelestis."

"De hoje em diante seu nome é Maria Caelestis, ou melhor, Maria Celeste." Rubens volta-se para Eliana e Babiu: "Sua mãe sempre foi craque em latim, sabiam? Foi por isso que a gente se conheceu, não é, amor? Ela foi na minha casa ensinar latim à minha irmã Maria Lúcia. As duas eram colegas de turma no Sion. Quando me viu, se apaixonou na hora."

"Bobão." Eunice já terminou de comer, mas permanece na mesa.

"Eu também me apaixonei à primeira vista. Uma mulher bonita e inteligente, quem não se apaixonaria? Você ainda sabe latim?"

"Claro. Sei uns ditados também. Fallitur visio: as aparências enganam. Dulce et decorum est pro patria mori: Doce e honroso é morrer pela pátria."

"Hum, essa é boa, pode anotar. Eu também aprendi latim no colégio São Bento. Por exemplo: in vino veritas."

"Essa quem não sabe?" diz Eliana.

"Injuriarum remedium est oblivio. A maior vingança é o desprezo."

"E o maior desprezo é o silêncio" acrescenta Rubens.

"De gustibus non est disputandum. Gosto não se discute. Facies tua computat annos. Cada qual tem a idade que parece ter."

"Eu pareço ter 41?" pergunta Rubens.

"Parece ter uns... 90." Babiu ri.

"Está se sentindo velho?" pergunta Eunice. "É a crise dos 40. Raspa esse bigode que você rejuvenesce uns cinco anos."

"Você acha mesmo?" Rubens alisa o bigode. "Mas aí eu vou perder a minha marca registrada."

"Quando a gente se conheceu, você deixou crescer o bigode dizendo que era pra impor respeito, porque tinha cara de garoto. E tinha

mesmo. Sua cara era meio infantil, cara de anjo de igreja, lourinho, olhos azuis. Como você já não tem cara de garoto..."
"Eu tinha cara de garoto, mas o meu apelido em casa era sabe o quê? Canhão."
"Canhão?!" pergunta Eliana.
"Eu era explosivo, de vez em quando. Meio estourado." Ele acarinha a mão de Eunice. "Mas suas irmãs todas gostavam de mim, eu até ensinei elas a dançar."
"Eu domei você" provoca Eunice.
"Ser explosivo tem uma importante vantagem: você não guarda rancor, fala na hora tudo o que tem que falar e pronto" diz Rubens.
"Você ainda é explosivo, tem o pavio muito curto" diz Eunice.
"Só quando pisam no meu calo."
"Raspa o bigode, pai, está fora de moda" pede Eliana. "Agora homem está usando barba e bolsa."
"Barba e bolsa? Isso é pros jovens, fãs dos Beatles."
Babiu morde uma maçã. "Os Beatles vão acabar, ou já acabaram, sei lá."
"Já acabaram" diz Eliana.
"A música deles continuará, pra vocês. Eu prefiro Tom Jobim e Frank Sinatra e não vou usar barba nem bolsa."
"A mãe é que gosta do Frank Sinatra, não é mãe?" diz Babiu.
"Adoro 'All the way'...Você não ficaria bem de barba. Sua cara é meio gordinha."
"Eu ficaria parecendo subversivo, como dizem os milicos."
"Mas os terroristas brasileiros..." começa Eunice, e é interrompida por Rubens.
"Cuidado ao usar a palavra 'terrorista'. Tem uma diferença importante entre terrorista e guerrilheiro, resistência. Muita gente confunde, de propósito." Sua voz se torna mais pausada e professoral. "Todo governo autoritário chama de terrorista a oposição mais radical, que pega em arma. A resistência francesa e a oposição alemã contra o

nazismo também eram consideradas terroristas por Hitler, mesma acusação dos franceses à Frente de Libertação Nacional, na Argélia. O Agostinho Neto em Angola, o Nelson Mandela na África do Sul, são considerados terroristas. O Tiradentes era terrorista para os portugueses no tempo da colônia, apesar de ainda não se usar essa palavra. Não podemos fazer o jogo do governo e chamar de terroristas os que lutam armados contra os militares que derrubaram o Jango. Eu respeito a coragem deles. Mas a ditadura só vai cair se o povão for pra rua também. O problema é que o povão só quer futebol e novela. Ainda mais agora que somos tricampeões do mundo."

Eunice dá uns tapinhas nas costas dele. "Calma, calma. Não precisa fazer discurso a esta hora da manhã, tá?!"

"É que você tocou num assunto muito..."

"Eu sei, muito polêmico. Eu ia dizer que os... guerrilheiros do Brasil não usam barba. Pelo menos os que a gente vê nesses cartazes de 'Procura-se' espalhados pela cidade."

"Muitos deles nem barba têm ainda. Eu queria ver esses caras lutando na selva, cheia de mosquito e bicho, como foi em Cuba, como é no Vietnã. Em Cuba o Fidel, o Che Guevara e o grupo deles não tinham condição de fazer barba todo dia, cortar cabelo. Era outra história. Por isso hoje em dia qualquer barbudo é suspeito de subversão. Eu, mesmo sem barba, sou visado. Eles sabem que fui cassado, que sou contra tudo o que essa ditadura faz."

"Pai, o senhor fala muito em ditadura. Eu queria entender o que é isso" diz Babiu após beber um gole de leite que deixa um filete branco no seu lábio superior.

Rubens segura na mão esquerda de Babiu. "É o seguinte, benzinho, em síntese: ditadura é falta de liberdade. É um governo de poucas pessoas que não deixam o povo votar pra presidente. No Brasil é assim. E na escola você não deve falar em ditadura, senão o seu papai pode entrar pelo cano, e em cana. Em resumo, é isso, capisce?, como diria o seu vovô Giuseppe."

"Entendi."

"Sabem qual a diferença entre o Costa e Silva e o Médici?" pergunta Eliana.

Eunice responde sem muito interesse, desconfiando ser alguma piada. "Não, conta pra gente."

"É que a burrice do Costa e Silva não se media, e a do Garrastazu mede-se."

"Boazinha essa." Rubens sorri. "Mas o Médici não é burro não. Pelo contrário. Ele sabe enrolar o povo, usa o tricampeonato da Seleção pra fazer média no Maracanã, tenta passar uma imagem popular, paternal, de um presidente identificado com o povo, que gosta de futebol. Tudo fachada. Ele tem o desplante de dizer que não existe tortura no Brasil, diz que no fim do seu governo a democracia vai estar implantada. Conversa mole pra bobo dormir."

Toca o telefone afixado na parede da cozinha. Maria do Céu atende.

"Doutor Rubens, é pro senhor. É uma mulher, quer falar com o dono da casa."

"Tá. Não precisa fica olhando pra Eunice, ela não tem ciúme, confia em mim." Ele sai da sala de jantar e vai ao escritório para atender na extensão, um telefone vermelho, vertical e bojudo que fica sobre a escrivaninha.

"Eu trouxe duas cartas do Chile pro senhor. Peguei seu telefone num envelope e eu queria o endereço pra levar aí."

"Está bem. É avenida Delfim Moreira, número 80, no Leblon. Não é prédio, é uma casa, de esquina."

"O nome no envelope é 'Raul'. Seu nome é esse mesmo?"

"Não, é Rubens... E a entrada da casa é pela rua lateral, Almirante Pereira Guimarães."

Depois de desligar, ele volta para a sala de jantar. Eunice fica curiosa: "Quem era?"

"Uma mulher querendo saber o endereço daqui pra entregar umas cartas que ela trouxe do Chile. Deve ser do Almino."

"Pronto, comi tudo. Agora posso comprar meu Chicabon?" pergunta Babiu estendendo a mão. "Se o senhor não me der dinheiro e liberdade pra comprar meu picolé, então essa casa tá virando uma ditadura."

Rubens dá uma risada e enfia a mão no bolso da bermuda. "Aprendeu rápido, hein?"

A menina apanha o dinheiro e sai correndo toda fagueira portão afora.

Num quartel da Aeronáutica no centro da cidade, o brigadeiro Karlos Brenner está ansioso. Elegantemente trajado com a farda de gala — quepe branco, túnica azul-ferrete e calça da mesma cor —, ele fica parado junto ao mastro da bandeira brasileira hasteada na Praça d'Armas da III Zona Aérea, um complexo de prédios cercado por muro alto na avenida General Justo.

De braços para trás, examina atentamente todo o piso do pátio e conversa com o oficial de dia. Chegou mais cedo hoje para supervisionar a organização de uma importante solenidade.

"O ministro vai chegar de helicóptero ao meio-dia e será recebido com honra militar. Quero tudo impecável, perfeito, até as fardas. Ele vai fazer inspeção."

Os dois já verificaram os alojamentos, os aviões de pequeno porte nos hangares e a pista em que pousará o helicóptero do ministro Márcio de Souza Mello, para a cerimônia comemorativa dos 30 anos de criação do Ministério da Aeronáutica.

Afável na intimidade da família e simpático anfitrião para os amigos que recebe em sua casa no Grajaú, protegida dia e noite por sentinela, o brigadeiro Brenner revela seu temperamento irascível no quartel ou em qualquer lugar quando o assunto é política. Tem ódio ao comunismo e não admite qualquer crítica ao governo. Também odeia hippies, rock, maconheiros, homossexuais e Cinema Novo — prefere os musicais de Fred Astaire. Costuma gritar com subordinados e manda prender até quem não entende suas ordens quando são dadas, o que não é raro, de modo atabalhoado, aparentemente para testar a capacidade de retenção e rapidez de raciocínio do interlocutor. Com pouco mais de 50 anos de idade, os cabelos misturam tons brancos e louros, indicando a ascendência nórdica, reforçada pelos olhos azuis.

Hoje ele quer causar a melhor impressão ao ministro, de quem já foi chefe de gabinete, daí nascendo uma amizade que se fortaleceu por causa das ideias semelhantes.

"Chame o capitão Abelha" pede Brenner ao oficial de dia. "Quero falar com ele na minha sala."

"Sim, senhor." O oficial de dia bate continência e se retira.

A Sala de Comando, no segundo andar do prédio principal, é austera como seu ocupante: uma poltrona de couro atrás de uma grande escrivaninha de jacarandá coberta de papéis e uma foto em preto e branco do comandante quando era coronel, junto com outros jovens oficiais da Aeronáutica em uma região rural do Brasil. Na parede atrás da escrivaninha, uma foto colorida do ministro da Aeronáutica com o presidente da República. Em outra parede, dois mapas, do Brasil e do Rio de Janeiro.

Óculos na ponta do nariz, Brenner está escrevendo um lembrete num bloco de papel quando o ordenança bate na porta anunciando o capitão Abelha.

"Pode mandar entrar."

Abelha, à paisana, bate continência e se perfila, braços para trás.

"Mandou me chamar, comandante?"

O brigadeiro deita a caneta sobre a mesa, tira os óculos e estende o braço oferecendo uma cadeira à sua frente.

"Parabéns pela captura das duas mulheres ontem no Galeão."

"Obrigado, comandante."

"Estamos perto de desmantelar uma rede importante de subversivos que têm ponte com o Chile. É o senhor que vai chefiar a operação no Leblon, não é?"

"Sim, senhor."

"Eu conheço a história desse Rubens Paiva. Foi deputado, cassado na primeira lista. Eu estava de olho nele há muito tempo. Não leve para o CISA. Quero ele aqui. As duas mulheres também."

"Sim senhor."

"Como é de seu conhecimento, estamos comemorando hoje os trinta anos do Ministério da Aeronáutica. Vamos ter uma solenidade, o nosso ministro, meu amigo de longa data, vai estar presente, vai distribuir medalhas, condecorações, fazer discurso, aquelas coisas. O que é uma ótima coincidência, porque eu comunicarei pessoalmente a ele que pegamos um peixe grande."

"Positivo, comandante."

"Portanto, quando chegar com o preso, se a cerimônia ainda estiver em andamento, entre discretamente. Eu chamei o pessoal do CISA pra começar o interrogatório preliminar sem mim, porque depois da cerimônia ainda vai ter um almoço no restaurante dos oficiais." O brigadeiro se levanta e pela janela olha para uma nesga da Baía de Guanabara. "Pegou o endereço da casa?"

"Sim senhor. É um aparelho na beira da praia. Primeira vez que eu..."

O brigadeiro dá alguns passos e fica de frente para o mapa do Rio na parede. "A maioria dos subversivos mora na Zona Sul. São de classe média ou filhinhos de papai metidos a revolucionários. Outros são da esquerda festiva, mas não menos perniciosos, como o pessoal desse jornaleco pseudo-humorístico, *Pasquim*. Passaram dois meses em cana, agora em novembro e dezembro. Vamos ver se aprenderam a se comportar. A festiva só faz revolução nos bares de Ipanema, Leblon." Ele coça o queixo. "São comunistas bebedores de uísque escocês legítimo... Mas a casa desse cara aí que você vai pegar deve ser fachada. É um subversivo burguês, como dizem os jovens terroristas. Ou um burguês subversivo. De qualquer modo, deve ser um quadro da luta armada no meio empresarial. Ajuda a financiar os sequestros e deve dar cobertura a fugitivos. Já requisitou os carros?"

"Estão prontos, vamos sair daqui a pouco."

"Seu pessoal tem feito um bom trabalho de rua. O senhor está de parabéns como chefe da equipe de prisões e cercos."

"Obrigado, comandante. Pretendo continuar assim, cumprindo o meu dever."

"Sete anos depois de conquistarmos o poder, ainda temos que lutar contra esses canalhas. É uma praga, exige combate permanente... Escuta, não prometo nada, mas, se esta missão der o bom resultado que esperamos, o senhor pode ter uma promoção antecipada."

"Obrigado, comandante."

O brigadeiro encerra a conversa. "É só isso. Está dispensado."

Abelha bate continência e abre a porta para sair, mas se detém. "Se me permite, comandante, eu gostaria, se for promovido, de fazer parte da equipe de interrogatório. No ano passado fiz um curso de quatro meses na Escola das Américas. Recebi elogio público do instrutor."

Voltando a sentar-se em sua poltrona, o brigadeiro retira da primeira gaveta da escrivaninha uma foto em preto e branco, na qual ele está de pé na frente de um prédio baixo, identificado por uma placa: United States Army — School of the Americas.

"Esta foto eu tirei lá no dia da minha formatura no curso de Inteligência Militar. Foi em 1967. Vai fazer quatro anos. O tempo passa..."

"Meu curso foi de contrainsurgência. Aprendi a fazer segurança de autoridades, controle de multidão, infiltração em aparelhos subversivos, técnicas de interrogatório e operações clandestinas."

"Eu aprendi a fazer guerra psicológica, táticas antiguerrilhas, contrainsurreição, interrogatório e métodos de aterrorização. Guardo até hoje o manual."

"Que manual, comandante?"

"Ué, você não tem o manual?" Brenner abre uma gaveta da escrivaninha, apanha um livreto de 120 páginas, intitulado *Interrogatório de Contrainteligência KUBARK*, e entrega a Abelha.

"A gente estudou esse manual no Panamá. É um material precioso. Foi o primeiro lançado pela CIA pra América Latina, em julho de 1963, oito meses antes da Revolução. Parece ter sido feito pro Brasil. Eu te chamo a atenção pra duas referências muito interessantes sobre choque elétrico e um capítulo inteiro sobre técnicas de coação. Como você quer entrar nessa área, pode ficar com esta cópia. Eu tenho outra em casa."

Abelha inclina a cabeça para a frente, em reverência. "Muito obrigado, comandante. Vou ler atentamente."

"Mas não diga a ninguém que fui eu quem te dei, senão vai ter fila de gente aí na porta babando pra ter um também." O comandante dá um sorriso rápido. "Boa sorte, e não se esqueça, todo cuidado é pouco nessa operação. Às vezes pra cumprir bem uma missão é preciso matar. Mas esse sujeito eu quero vivo."

"Sim, senhor. Estamos preparados."

"Outra coisa. Nós temos um cabo aí que é meio viado... Meio não, é viado inteiro. Não existe meio viado. Você conhece ele?"

"Acho que sei quem é."

"Cabo Pôncio. Ele tenta disfarçar, mas de vez em quando desmuncheca. Não podemos denegrir a nossa imagem com um invertido enrustido. Por isso eu ordenei que ele fosse internado hoje na enfermaria. Crise nervosa. Comunista e viado, só fuzilando. Como no Brasil ainda não tem fuzilamento oficial, infelizmente, vamos fazendo o que é possível. Uma vez, quando eu chefiava o CISA, tive um preso que era comunista, preto, nordestino e viado. Já pensou?" O comandante ri. "Mandei afogá-lo numa bacia de merda. Agora esse cabo Pôncio está internado e não vai me envergonhar com aquele jeitinho afrescalhado na hora em que o ministro passar a tropa em revista. Da outra vez que o ministro esteve aqui ele descobriu que temos um viado em nosso quartel-general. A Aeronáutica é lugar de macho, porra!"

"Claro, comandante. Bom dia."

O capitão se retira e desce a escada sentindo-se feliz, foi a primeira vez que viu o comandante de bom humor, é bom sinal, a promoção pode mesmo sair, já se vê com a patente de major, venderá o fusca, comprará um carro melhor, um apartamento maior, na Zona Sul.

No pátio ele encontra o sargento Leão. "O que o comandante queria?"

"Nada de mais. Só desejou boa sorte pra gente na operação e deu parabéns pelo nosso trabalho no aeroporto."

"Vai dar tempo de ir ao jogo mais tarde?"

"Depende do que acontecer. Se o cara que a gente vai pegar abrir o bico logo, fizer uma confissão boa, outras operações vão ser feitas logo em seguida. E vai sobrar pra nós, pode crer. Pode ser também que haja confronto com vítima na casa... Acho que tu pode esquecer o jogo. Eu também queria ver o Vasco ganhar hoje. Mas o dever está acima de tudo."

"Eu queria estar liberado pelo menos à noite. Faz uma semana que não vejo minha namorada. E afinal, hoje é feriado, dia do padroeiro da cidade, caramba. Eu também sou filho de Deus."

"Tu sabe que não temos dia nem hora certa pra trabalhar. Ah, eu soube que vai ter uma vaga na coleta de dados. É moleza, os caras só fazem vigiar e tomar nota sobre o pessoal nas universidades, colégios, sindicatos e órgãos do governo. Mas ganham menos que a gente. Aí é que a porca torce o rabo. Eu quero ir pro interrogatório. A gente ganha mais grana e mete muita porrada nos filhos da puta." Ele dá um soco na palma da mão esquerda e ri.

Rubens sai do escritório com um chapéu-panamá na cabeça e um charuto apagado entre os dedos. "Vou dar uma caminhada na praia. Marquei com o Boca."

"Eu vou à praia mais tarde." Eliana levanta-se da mesa na sala de jantar.

Da cozinha vem a voz de Eunice. "Eu também."

"Ok, à tarde a gente vai à praia. Hoje o velho pai não quer fazer absolutamente nada." Ele vai à cozinha, dá uma piscadela para Eunice e ergue a voz, com uma expressão gaiata. "Mas acho que vou dar um pulo no Moraes também, chupar uns picolés..."

"Êba!" grita Babiu, e Eliana ergue os braços. "Eu também quero!"

Rubens dá um beijinho nos lábios de Eunice, um na testa de Babiu e outro na bochecha de Eliana. "E o Marcelo, ainda tá dormindo?"

"Como sempre" diz Eunice.

"À noite tô pensando em ir ao cinema, que tal?"

"Ver o quê?"

"Tá passando um filmaço. *Brasil bom de bola*. Apesar de eu não ser muito chegado a futebol, esse vale a pena. O Ely Azeredo escreveu que é o melhor filme brasileiro sobre futebol feito até hoje. Mostra a participação do Brasil em todas as Copas desde 1938, inclusive a do México."

"Eu também quero ir!" diz Babiu.

"Ué, a caçula já gosta de futebol ou é apenas ciuminho?" pergunta Rubens.

Eliana faz um trejeito manhoso. "Eu também quero ir."

Com um isqueiro Rubens acende o charuto e gira-o na boca enquanto suga várias vezes, soltando sucessivas baforadas de espessa fumaça que quase encobre o seu rosto. "Bom, então tá, todo mundo vai ver o filme. Tá passando em mais de dez cinemas. O mais perto é o Pax." Ele sopra a brasa na ponta do charuto. "Ah, o Ryff e o Waldir não podem ir à praia agora, mas eles vêm aqui mais tarde." Sobe a escada dando baforadas que espalham no ar o denso aroma. Minutos depois, ao descer, apanha o jornal na mesa da sala de jantar e sai para a rua.

No calçadão da praia, vira à direita. Cerca de cem metros adiante encontra Bocayuva Cunha, de camiseta, bermuda e chinelo. Chamado de "Baby" Bocayuva por amigos, familiares e colunistas sociais, ele é sete anos mais velho que Rubens, mas aparenta ser mais novo. Pertence a uma tradicional linhagem de políticos e ministros que se destacaram na vida pública brasileira desde o Segundo Império. Nacionalista de esquerda, foi deputado federal em dois mandatos sucessivos, o segundo interrompido pelo golpe militar de 1964. Mora numa cobertura aqui mesmo na avenida com sua segunda esposa, Dalal Achcar, prestigiada coreógrafa que já recebeu no apartamento algumas das maiores estrelas do balé brasileiro e internacional, como Margot Fonteyn e Rudolf Nureyev.

Os dois se abraçam afetuosamente. "Um bom ano pra todos nós", diz Rubens. "Que este ano traga alguma melhoria, apesar dos milicos."

"Que assim seja."

"A gente sabe que a ditadura vai continuar, e por isso nós também vamos continuar."

"Enquanto houver esperança, há solução", diz Bocayuva com um sorriso irônico, e os dois vão caminhando juntos no calçadão da praia. "E o fim do ano, passou na fazenda do seu pai?"

Rubens solta uma baforada do charuto. "É, com Eunice, as crianças e toda a parentada na fazenda do *Coronel*."

"Ele não fica chateado de você chamá-lo de coronel?"

"Que nada. Pra ele é um elogio, do jeito que ele gosta dos milicos. E parece um coronel mesmo, até no jeitão de andar. Um dia você vai conhecê-lo." Rubens aproxima a cabeça do ouvido de Bocayuva e abaixa a voz com uma impostação exagerada: "Não se meta com comunista!... É assim que ele fala comigo desde quando eu ainda estava na faculdade. Eu não levo a sério." Rubens ri. "Respeito a divergência."

"É isso aí. Seu pai ainda acha que comunista come criancinha no café da manhã." Bocayuva sorri.

"Exato. E pra não brigar, faço um pacto comigo mesmo quando vou na fazenda: evito falar de política com ele, pra não estragar o passeio. Minha mãe e minhas cunhadas agradecem."

Os dois param num quiosque e Rubens pede duas garrafas de guaraná. "E vocês, onde passaram o réveillon?"

"Em Cabo Frio."

Nos fins de semana e feriados Bocayuva se reúne na sua casa em Cabo Frio com a família e amigos, a maioria políticos, ex-políticos e empresários. Costumam passear de barco, conduzido por um pescador da região, e percorrem as ilhotas entre Cabo Frio e Búzios. A junção de céu, mar e brisa faz esquecer por algumas horas as aflições da política brasileira. À tardezinha, vão para algum restaurante bebericar e falar mal do governo, discutir futebol, Bolsa de Valores. Bocayuva é diretor financeiro de uma empresa de brita e, como a maioria dos ex-políticos cassados que permaneceram no Brasil ou passaram uma temporada no exílio voluntário, não se envolve mais em atividade política. Mas nem por isso deixou de ter problemas com o governo.

Há um ano e quatro meses, na noite de 7 de setembro de 1969, ele estava em sua cobertura jogando pôquer com Rubens, Fernando Gasparian, o jornalista Fernando Pedreira e o ex-deputado Marco Antônio Tavares Coelho quando agentes do Exército ocuparam a portaria do prédio. Três deles subiram e intimaram Bocayuva a acompanhá-los para prestar informações que ajudassem a localizar Carmina, uma de suas filhas do primeiro casamento. Ela estava envolvida no sequestro do embaixador dos Estados Unidos, Charles Elbrick, que tinha sido libertado naquela noite.

Bocayuva concordou em acompanhar os agentes; Dalal, apesar de não intimada, insistiu em ir junto. Os demais não foram incomodados. O casal foi levado sem capuz para o Batalhão de Infantaria Blindada e interrogado separadamente durante várias horas sobre Carmina, seus amigos na faculdade, nomes, endereços. Mas Bocayuva não tinha contato com ela. Após o interrogatório, o casal ficou detido num quarto do alojamento de oficiais do Batalhão.

Os órgãos de segurança tinham lançado vasta operação de busca dos sequestradores e dezenas de pessoas estavam sendo presas.

Na mesma noite os agentes invadiram a casa da mãe de Carmina, em Santa Teresa. Vera estava lá com sua outra filha, Verinha, e dois amigos visitantes, o embaixador Carlos Alfredo (Lolô) Bernardes e o ex-deputado Renato Archer, cassado.

Embora Vera não soubesse do paradeiro da filha esquerdista, também foi levada com Verinha para o Batalhão. Depois de interrogadas, foram colocadas junto com Dalal, e Bocayuva foi transferido para um quartel na Vila Militar, em Realengo. As três mulheres, frequentes nas colunas sociais, dormiam em beliches, mas a comida, as roupas e os objetos de banho e uso pessoal eram trazidos diariamente pelos seus respectivos motoristas.

Dalal pensou numa forma de comunicar a sua mãe onde Bocayuva estava, para que ela avisasse os amigos e eles se mobilizassem. Quando o motorista levou a refeição do dia, Dalal enfiou na garrafa térmica um bilhete: "Compre o disco do Gilberto Gil, *Aquele abraço*, aquele que diz 'Alô alô Realengo'. Baby gosta muito. Estamos bem, não se preocupe." Mas não resolveu muito, porque estavam todos incomunicáveis e a imprensa não podia noticiar a prisão.

Após sete dias, Dalal escreveu uma longa carta ao comandante do Batalhão explicando que não havia motivo para ela estar ali e precisava ir à Bahia para uma apresentação de sua companhia no Teatro Castro Alves. No dia seguinte as três foram soltas. Bocayuva permaneceu mais uma semana.

"Hello." Um jovem de barba ruiva e cabelos louros abaixo das orelhas interrompe sua caminhada no calçadão para cumprimentar Bocayuva no quiosque.

"Hello, sir", retribui Bocayuva e o apresenta a Rubens. "Esse é o Paddy, jornalista, colaborador da BBC, stringer, como eles dizem. É súdito britânico, mas faz questão de dizer que é irlandês. Chegou há pouco tempo, um mês e pouco, não é?"

"Já fala bem o português" nota Rubens.

"Estudei bastante durante quase um ano antes de vir para cá. Ainda estou aprendendo. Difícil está sendo aguentar esse calor. Saí de Londres com 2 graus à noite e cheguei ao Rio com 35 ou 40, nem sei mais."

"Logo você se acostuma. Tem conseguido mandar notícias sem passar pela Censura?" pergunta Rubens.

"Sim, até hoje ninguém me procurou ou telefonou pra censurar minhas matérias. Na verdade eu entrei no país dizendo que vim escrever um livro sobre a Transamazônica."

"Ah, ótimo."

"E esse é meu desejo mesmo, ser escritor. Enquanto isso não acontece, escrevo outras coisas. Já mandei matérias pra BBC dizendo que a imprensa brasileira é censurada, que existem muitas acusações de tortura, presos sem comunicação."

"Muito bem", diz Rubens.

"Sei que é muy arriscado" acrescenta Paddy.

"Tudo que é importante na vida tem risco" diz Rubens. "Viver é muito perigoso, como escreveu o Guimarães Rosa, um brasileiro que você precisa ler pra conhecer o Brasil."

"Só que não vai entender nada..." diz Bocayuva.

"Estou com vontade de fazer uma reportagem sobre a Mangueira. O carnaval está perto..."

Bocayuva dá um tapinha no braço de Paddy. "Boa ideia. Isso também é Brasil, é Rio. E vai ser uma boa oportunidade pra conhecer umas mulatas que não estão no mapa da Inglaterra, e beber caipirinha."

Paddy sorri. "Sim, ninguém é de ferro, não é assim que dizem os brasileiros? Ok, vou indo, vamos fazer contato."

"Quando eu tiver alguma denúncia... Aliás, tenho uma, sobre a marmelada na concorrência da ponte Rio-Niterói."

Paddy franze a testa. "Marmelada? O que é isso?"

"Você vai saber, é o que mais tem neste país" diz Bocayuva.

"Estou preparando um dossiê. Vou te procurar", avisa Rubens e Paddy vai embora pelo calçadão.

"Vamos ao Flag logo mais à noite?" propõe Bocayuva. "O Johnny Alf está tocando lá, com participação do Luís Eça e do Trio Mocotó. Deve ser um tremendo show. A gente toma um Dimple pra comemorar o ano-novo, com um pouco de atraso. Chama a Eunice, eu levo a Dalal, vamos nós quatro."

"Eu tinha combinado ir ao cinema, ver *Brasil bom de bola*, mas posso deixar pra sábado. Vai ficar muito tempo em cartaz. Vou falar com a Eunice e mais tarde a gente combina o horário."

Ao se despedir, Rubens pergunta a Bocayuva: "E a Carmina? Já te deu alguma notícia?"

"Não. Ela sabe que fiquei muito chateado com aquela confusão toda. Mas deve ter entrado em contato com a mãe dela. E com você, não?"

"De vez em quando ela telefona pra saber do caso da guarda do filho dela. Mas quem está cuidando disso é outra pessoa."

Caminhando de volta para casa, Rubens pensa em Carmina e nas peripécias que ele viveu para tirá-la do país quando estava sendo caçada como terrorista de alta periculosidade, com foto na primeira página dos jornais. Mas era guerrilheira por acaso. Se não namorasse um militante, talvez continuasse sendo uma anônima estudante burguesa com simpatia pela esquerda e que de vez em quando ajudava os colegas de universidade em pequenas tarefas, como mimeografar um jornalzinho com o pomposo título de *Resistência*. Foi para isso, e por influência do namorado, que alugou a casa que, por falta de outra opção, serviu de cativeiro do embaixador Charles Elbrick, sem conhecimento prévio dela. Mesmo assim, se fosse presa, certamente seria torturada e condenada como cúmplice.

A pedido da mãe de Carmina e Bocayuva, movido por espírito humanitário e pela amizade, Rubens foi a São Paulo e conversou com um amigo e também ex-deputado, Marco Antônio Tavares Coelho, quadro clandestino do Partido Comunista Brasileiro e que falou com Salomão Malina, coordenador das viagens externas do partido. Traçaram uma rota de saída para o Chile via Foz do Iguaçu, uma rota nova, usada depois que o Uruguai ficou muito visado pela repressão. Certa noite, Rubens estacionou seu carro numa rua deserta de Vila Isabel, em frente à praça Barão de Drummond, e saiu com um rapaz pálido, apesar de carioca, cabelo cobrindo as orelhas e camisa branca de manga curta. Atravessaram a praça, quase vazia, e caminharam em direção a um casal sentado num banco debaixo de uma árvore e longe do poste. Ao aproximar-se, Rubens reconheceu Carmina, ao lado de um rapaz de terno e gravata. Ela usava peruca preta e comprida que cobria parcialmente seu rosto magro, os olhos ariscos como se pressentindo perigos. Apresentou o rapaz:

"Esse é o Adriano."

Rubens sabia que era codinome. Apertaram as mãos. Adriano era gordinho e estava bem disfarçado: pasta 007 nas mãos, cabelos ralos penteados para trás acentuando o início de calvície, bigode espesso e óculos de lentes verdes. Era um dos muitos líderes estudantis que haviam aderido à luta armada depois que o governo proibiu passeatas e extinguiu os órgãos representativos das universidades. A maioria dos militantes de sua organização, o MR-8, estava presa ou no exílio. Ele começava a questionar a violência revolucionária como tática de enfrentamento da ditadura. Já não acreditava tanto na eficácia de uma vanguarda armada que conscientizasse o povo mediante sequestros de diplomatas e expropriações. Mas Adriano não falou disso a Rubens naquela noite. Tinha pouco tempo. Vivendo na total clandestinidade, raramente saía às ruas, circulava mais na Zona Norte, que conhecia bem — Grajaú, Vila Isabel, Sampaio, Engenho de Dentro, Engenho Novo, onde nascera.

Rubens lhe apresentou o rapaz como Ernesto, quadro do PCB que participaria da missão, e garantiu que providenciariam a fuga de Carmina, conseguiriam um passaporte falso. Ela ficaria escondida no apartamento de Rubens em São Paulo até o momento propício de sair do Brasil.

"A rota será pelo Paraguai. A do Uruguai está queimada. Ela vai pra Foz do Iguaçu acompanhada, atravessa a Ponte da Amizade, pode pegar um ônibus até Assunción, e de lá um avião até o Chile" disse Ernesto.

"Está bem organizado o esquema" disse Adriano.

Além de sair do país, outra prioridade de Carmina era obter a guarda de seu filho de 3 anos, que morava com o pai, de quem estava separada. Adriano iria tentar mantê-la informada sobre o andamento dessa pendência através de Rubens.

"Eu te telefono de vez em quando" disse Adriano, e desapareceu com Carmina no escuro da praça.

Dias depois, Rubens buscou Carmina num apartamento em São Conrado e a levou para o pequeno apartamento que mantinha em São Paulo, na rua Doutor Vilanova. Foi ao mercado, comprou mantimentos e voltou para o Rio de Janeiro no dia seguinte. Ele usava esse apartamento para abrigar temporariamente outras pessoas perseguidas.

O dia escolhido para a fuga foi um domingo de jogo Brasil e Inglaterra, na Copa do Mundo no México, em junho do ano passado. Carmina assistiu ao jogo com Rubens e dois militantes do PCB. Todos torcendo para que o Brasil ganhasse, sobretudo porque facilitaria o plano.

A apertada vitória da Seleção Brasileira por um a zero foi comemorada nas ruas com rojões, buzinas, uivos, cantoria. Os dois comunistas bateram palmas sóbrias e criticaram a alienação do povo brasileiro.

"Se canalizassem essa energia pra revolução, este país seria outro" disse um deles.

"É o circo. Se o Brasil ganhar esta Copa, aí é que todo mundo vai esquecer a fome, o analfabetismo, a falta de escola, a falta de casa, a miséria..." disse o outro.

Minutos após o final do jogo, Carmina se despediu de Rubens e saiu, de óculos claros e a peruca preta, com os dois comunistas, todos em camisetas verde-amarelas, entraram no fusca estacionado na Doutor Vilanova, com bandeirola brasileira presa à antena.

Anoitecia. O fusca entrou na rua Maria Antônia, cheia de gente que gritava viva a Seleção, soltava rojões, carros buzinavam, garotas sentadas nos capôs dos automóveis sacudiam bandeiras do Brasil e de times paulistas, rádios tocavam em alto volume a marchinha "noventa milhões em ação/ pra frente Brasil/ do meu coração/ Todos juntos vamos/ pra frente Brasil/ salve a Seleção!"

Vencido o demorado congestionamento, o fusca conseguiu sair de São Paulo e seguiu em direção ao Paraná.

Depois que Carmina chegou ao Chile, tem telefonado para a casa de Rubens a fim de saber informações a respeito de seu filho, conseguidas por Adriano.

Interrompendo seus pensamentos, Rubens entra num botequim para comprar tabletes de Drops e caramelos.

"É pra escadinha, não é?" pergunta o português no caixa.

Entrando em sua casa pelo portão lateral, Rubens não repara num Opala amarelo com teto de vinil preto estacionado no meio-fio a poucos metros de distância, com três homens dentro.

Sentado ao lado do motorista no Opala, o capitão Abelha, de óculos escuros, acende mais um cigarro espreitando a casa na esquina.

"É ele" diz para Chacal, no volante. Leão no banco traseiro se inclina e coloca a cabeça entre os dois. "E agora, o que que a gente faz?"

"Vamos esperar o Dumbo e a cobertura. Se o cara sair de novo, tu segue ele." Abelha aumenta o volume do rádio, "ó o Paulinho da Viola aí, vamos ouvir o Paulinho, pra relaxar", e cantarola batucando no painel, com o cigarro na boca. "Meu coração tem mania de amor/

amor não é fácil de achar/ a marca dos meus desenganos ficou, ficou/ só um amor pode apagar..."

Grupos de banhistas passam devagar na calçada em direção à praia. O sol realça o colorido das cangas e toalhas enroladas na cintura das garotas. Na avenida, os carros diminuem a velocidade e buzinam para os pedestres imprudentes. Outros estacionam na calçada e deles saem mais banhistas.

Abelha sente um pouco de inveja. Recém-separado após um casamento de cinco anos, gostaria de estar na praia jogando frescobol com uma dessas morenas. Mas agora tem que se concentrar na missão, cumpri-la com eficiência.

"Vivendo e aprendendo, é o que eu sempre digo. Estou na seção de operações e capturas faz oito meses, desde a criação do CISA. Já dirigi e participei de diligências e cercos a subversivos em muitos bairros da cidade, prendi vagabundo em aparelho de todo tipo, quitinete, apartamento de classe média, casa no subúrbio, até em barraco de morro, mas nunca entrei num aparelho de frente pra praia, e numa avenida movimentada de brotos."

Dá mais uma tragada. Nos últimos meses sobra pouco tempo para diversão. Praia, só raramente. Sua pele está ficando desbotada. Os amigos que nesta época do ano não saem da quadra da Império Serrano nas noites de sábado estranham a ausência dele nos últimos meses. Onde está o garotão que não perdia um ensaio da escola, a praia, o futebol nos fins de semana? Ele responde apenas que está trabalhando muito, sem detalhar. Não se incomoda de trabalhar em fins de semana, à noite e nos feriados de sol. Detesta rotina e gosta do que faz. Desde adolescente tem mania de ler histórias policiais de livrinhos baratos comprados em banca de revista e sempre se identificou com os detetives. Sabe, entretanto, que quando está trabalhando não é um personagem de ficção, é um agente de segurança do governo e está vivendo uma situação real, que sempre lhe causa uma boa emoção. Olha de novo o relógio.

"Leão, vai dar uma sacada na frente da casa."

O sargento mulato desce pela porta traseira. Atrás dele seguem dois casais de banhistas de meia-idade em trajes de praia. Leão atravessa a avenida e vai até a carrocinha de algodão-doce parada no calçadão. Compra um algodão-doce de Oswaldo, conversa um pouco com ele e volta para o Opala.

"Nenhuma alteração, capitão. Tudo continua quieto. As janelas da frente estão abertas, dois carros na garagem. E a entrada é por aqui mesmo."

"Tá oká. Entra aí, pra não dar bandeira. E vê se não suja o carro com essa meleca doce aí, pô." Impaciente, Abelha olha mais uma vez para o relógio de pulso. "E o Dumbo que não chega, tá demorando pra cacete."

No rádio uma vinheta anuncia: "O Globo no ar!"

"Escuta aí" diz Abelha.

"*Os órgãos de segurança continuam promovendo uma intensa caçada aos sequestradores do embaixador suíço Giovanni Enrico Bucher. O diplomata, que foi libertado quatro dias atrás, reassumiu seu cargo na embaixada, mas pretende viajar na próxima sexta-feira para a Suíça. Os órgãos de segurança não informaram detalhes sobre as investigações. Sabe-se que o cativeiro onde o embaixador passou quarenta dias em poder dos terroristas foi uma casa em Rocha Miranda, Zona Norte do Rio...*"

Abelha diminui o volume e atira na calçada o toco do cigarro. Ele desconhece os antecedentes do homem que veio prender. Disseram-lhe apenas que tem ligações com subversivos brasileiros exilados no Chile, e portanto deve ter ligação com o sequestro do embaixador. Nunca subestima um suspeito. Sempre atribui alta periculosidade a todos.

Duas peruas Kombi estacionam atrás do Opala, uma em cada lado da rua. Chacal coloca o braço esquerdo para fora, acena para os ocupantes das peruas fazendo sinal de positivo.

Abelha gira o botão do rádio, "A cobertura chegou. Só falta o Dumbo", não encontra nada que o agrade. Sua atenção é atraída pelo letreiro pichado no muro do outro lado da rua: POR UM BRASIL LIVRE E INDEPENDENTE.

"Esses idiotas falam em liberdade e querem transformar o Brasil numa grande Cuba. Lá não tem liberdade nem ordem nem progresso. Mas os subversivos estão perdendo a guerra... Tu precisava ver, Chacal, como foi moleza descobrir essa rede terrorista entre o Brasil e o Chile. Bastou pegarmos duas mulheres que traziam umas cartas."

"Existe mesmo uma rede?" pergunta Leão.

Abelha dá um sorriso de superioridade. "Óbvio. Agora que o Allende virou presidente, o Chile é o Shangrilá da canalha comunista brasileira. Por que os banidos trocados pelo embaixador suíço quiseram ir pra lá? É uma rede, cara. Estão montando uma base, fazendo treinamento lá, como fazem na Rússia, em Cuba. Mas vão se foder, temos informantes às pampas. Esses terroristas brasileiros são muito otários. Ficam mandando cartinha pros camaradas no Rio... Vamos ter muito trabalho pela frente. É bom pra vocês. Podem pegar uma promoção pra segundo-sargento."

Chacal fica todo malemolente. "Podes crer. Na maior... Esse cara que a gente vai pegar é aquele que tem uma filha que a gente tava procurando?"

"Aquela do sequestro do embaixador americano?" pergunta Abelha, e acende outro cigarro. "Não, não é filha dele não. Mas é do mesmo esquema. É o pessoal que tá por trás desses sequestros todos. Dão grana pra execução dos planos, tá entendendo? Essa casa é de quem tá cheio do ouro, e ouro de Moscou. Se for mesmo um aparelho, como tudo indica, só pode ser de pessoal quente, um chefe terrorista com fachada de grã-fino."

Leão resolve ser espirituoso. "Ou o contrário, grã-fino disfarçado de terrorista." Só ele ri. "Será que tem arma lá dentro?"

"Deve ter, né, bicho. A gente encara. A ordem é meter bala geral e perguntar depois. Não podemos dar bobeira."

"Só não entendi por que o comandante pediu pra gente levar o cara pra Zona Aérea, e não pro CISA, onde ficam os presos, e onde as duas mulheres estão, ou estavam."

"Ele tem interesse especial nesse caso, porque..."

Chacal vê pelo retrovisor uma bela mulata que vem pela calçada, de bata colorida até o meio das coxas e cabelo black power. "Espera, olha só o que vem vindo aí. Pelo amor de Deus, meu irmão, isso atrapalha qualquer campana..."

Leão estica o pescoço. "Demais. Seria bom prender umas duas dessa acusando de subversão e levar pra casa. A gente ia se divertir legal. O que tu acha da ideia, capitão?"

"Esqueçam isso agora, o mais importante pra nós é darmos tudo nesta missão. E conseguir depois uma promoçãozinha de leve. Tenho fé em Deus. Só o fato de acontecer no dia de São Sebastião já é um bom sinal."

"Se sair a promoção, tu vai continuar no mesmo trabalho?" pergunta Leão.

"Não estou a fim", responde Abelha, e escarra pela janela do Opala. O catarro quase bate na perna de um garoto de short que passa na calçada, bola na mão, com um amiguinho. "Quero ir pra equipe de interrogatório. É disso que eu mais gosto..."

Chacal acende um cigarro. "O que eu menos gosto é do horário. Trabalhar 24 horas sem parar e folgar 72 não é pra qualquer cristão."

"É que tu ainda não tá acostumado." Abelha tira os óculos escuros para contemplar uma morena de bermuda que vem da praia. "E o nosso Vasco? Ganha de quanto hoje, Leão?"

"Sei lá. Eu sou Flamengo tenho uma nega chamada Teresa. Se a gente fosse enfrentar vocês, ganharia de dois a zero. Mas como vamos jogar na preliminar, e contra portugueses, vamos dar de dois a zero." Ele pensa um pouco. "Não, três a um."

A multidão de várias idades se organiza em alas na frente da igreja de São Sebastião dos Capuchinhos para participar da procissão. Na primeira ala se posicionam freiras e padres de diferentes irmandades, confrarias e movimentos de apostolado leigo, com suas bandeiras e estandartes: Filhas de Maria, Congregados Marianos, Apostolado da Oração, Ligas Católicas, Legião de Maria. No meio do povo as mulheres, muitas com véus na cabeça, seguram velas acesas, rosários, terços, cravos vermelhos. Algumas abrem sombrinhas para se proteger do sol. Escoteiros arregimentados pela igreja orientam a multidão a deixar metade da pista liberada para o trânsito de veículos. Os frades capuchinhos, de túnica marrom e cabeça coberta por capuz pontiagudo, se alinham na frente da primeira ala, onde estão o frei Elias, o coronel Tigre e Elizete.

Penitentes usando roupa vermelha se espremem para tocar no andor com a imagem de São Sebastião, retirada da igreja e que está sendo erguida para a carroceria de uma caminhonete do Corpo de Bombeiros.

"É a mesma imagem trazida em 1565 por Estácio de Sá, pra fundação da cidade", diz orgulhosamente o frei. Elizete contempla o santo embevecida. Batedores da Guarda Civil e da Polícia Militar abrem espaço na rua para o cortejo. Uma ambulância segue atrás da multidão que inicia vagarosa a caminhada pelas ruas, cantando, passando em frente a janelas e postes decorados com galhardetes vermelhos. No calor de 35 graus, muitas pessoas bebem a água oferecida pelos escoteiros com seus cantis ou entram em bares para comprar refrigerantes. Há devotos, crianças também, caminhando descalços, como pagamento de promessa. Duas mulheres idosas desmaiam de tanto calor e são atendidas pela ambulância.

Chegando à Praça Cruz Vermelha, a procissão para diante de um grupo liderado pelo arcebispo do Rio de Janeiro, dom Jaime de

Barros Câmara, e pelo governador Negrão de Lima, com seus secretários e assessores. Frei Elias cumprimenta as duas autoridades e apresenta o coronel Tigre e sua esposa. Um fotógrafo clica os apertos de mãos. Imediatamente o coronel pede o telefone dele, dizendo que pretende depois solicitar uma foto.

Suando, Rubens entra na cozinha, bebe um copo de água gelada e sobe a escada da sala para o segundo pavimento. Eunice está no quarto desfazendo mais uma mala.

"Conheci na praia um jornalista inglês, na verdade irlandês. O Bocayuva me apresentou. Manda notícia pro Serviço Mundial da BBC. É aquela rádio de ondas curtas que a gente escuta de vez em quando."

Eunice separa as roupas para serem lavadas. "Eu sei..."

"Ele chegou há pouco tempo. Tem cara de hippie, mas me pareceu sério."

"E está gostando de trabalhar no Brasil?"

"Por enquanto a Censura não encheu o saco dele. Nem pode. O governo não tem como censurar imprensa estrangeira, senão cria um problema diplomático. No máximo pode expulsar o jornalista."

Rubens apanha uma toalha e vai ao banheiro, no corredor. Antes de entrar, dá uma paradinha e volta ao quarto:

"Ah, o Bocayuva convidou a gente pra ir ao Flag hoje à noite. Tem um show bom lá. A Dalal também vai. Podemos deixar o cinema pro fim de semana e fazer um reencontro de ano-novo, ouvindo Johnny Alf. Não é melhor?"

"Está bem. As meninas não estão muito interessadas em ver filme de futebol. Falaram naquela hora só de farra."

"E o dorminhoco, já levantou?"

"Não. Só lá pelo meio-dia."

Rubens entra no banheiro, abre a torneira da banheira e tampa o ralo. Fica sentado dentro, folheando uma revista *Veja*, com os cotovelos apoiados nas bordas, sentindo a água fria subir devagar.

Meia hora depois ele ainda está na banheira quando Eunice bate na porta. "O Ryff chegou."

"Fala pra ele subir."

Babiu entra no quarto que divide com Eliana trazendo nas mãos caramelos, Drops e o rádio portátil que estava na sala de jantar; coloca tudo na mesa quadrada encostada à parede, debaixo de um pôster de Paul McCartney.

"O Papai Noel taí." Dá uma risadinha para Eliana, que está de short e camiseta sentada em frente ao espelho do guarda-roupa, terminando de pentear os cabelos. Inquieta, Babiu gira o botão do rádio, "Procura uma música pra gente dançar", e desembrulha uma bala de caramelo. Depois de encontrar uma música, Eliana apanha sobre a mesa um vidro de esmalte cor-de-rosa.

Ryff bate na porta do banheiro e ouve Rubens, "Entra aí!" Submerso na banheira, ele joga a revista no chão ladrilhado e aperta a mão do amigo. Ryff é um jornalista de baixa estatura, cabelos e bigode brancos. Foi secretário de imprensa do presidente João Goulart e perdeu seus direitos políticos junto com Rubens, poucos dias depois do golpe militar.

"Feliz 71!" Ele sorri e senta-se numa cadeira branca ao lado da banheira. "Como é que vai?"

"Tudo em paz. Remando sempre, até na banheira."

"Foi bem de ano-novo?"

"Passamos na fazenda do meu pai. Vamos ver o que este ano nos reserva. Vai ser mais calmo do que o ano passado. Não vamos ter Copa do Mundo com tricampeonato nem eleições. Já sequestro de diplomata... é bem possível que continue. Seja o que for, vamos continuar falando e fazendo o que pudermos, senão a gente cai num pessimismo inútil, que não leva a nada. O que há de novo?"

"Hoje à tarde estou de plantão no jornal. Vamos ver quantas matérias a Censura vai mandar cortar ou vetar. Na Pesquisa eles não se metem muito. De qualquer maneira, é uma merda escrever um texto pensando se alguém vai telefonar pra redação ou mandar um bilhete proibindo a publicação. Eles estão muito de olho agora em notícia sobre o Chile e os sequestradores do suíço."

"Falando nisso, o seu jornal deu hoje que as empresas chilenas já estão em polvorosa."

"É verdade. Estão se organizando pra enfrentar as mudanças econômicas, com medo."

"O Bocayuva acha que se o Allende avançar muito, vai ser derrubado pelos militares, como aconteceu aqui. Não sei, não, o Allende tem muito mais apoio popular do que o Jango tinha. Vamos ver no que vai dar o socialismo com empanadas e vinho tinto, como eles dizem..."

"Você esteve lá, não é?" pergunta Ryff.

"Em novembro... Puxa, há quanto tempo que a gente não se via, hein? Fui pouco depois da posse do Allende."

"E o que você achou?"

"Uma coisa incrível. Primeiro fui a Nova York visitar meu irmão Carlos, ele está em tratamento médico."

"Teve alguma melhora?"

Rubens baixa os olhos, entristecido. "Não. Ele está desenganado. Deram no máximo seis meses de vida. Coisa chata pra burro, nem gosto de pensar." Logo se recobra. "Bem, de Nova York fui passar dois dias em Santiago. Os chilenos estão muito animados, deu pra sentir nas ruas, na cara das pessoas. O país vive uma alegria sem tamanho, muitas passeatas de apoio ao governo, a palavra de ordem é 'Allende, Allende/ el pueblo te defende'. O povo tem um nível de consciência política fantástico, ninguém está indiferente, todo mundo tem uma opinião e pode falar de tudo, abertamente, nas ruas, nos bares, nas esquinas. É uma maravilha, a liberdade é uma maravilha. Pra nós então, que não temos democracia há quase sete anos, é muito bom ir ao Chile. Acho que no Brasil só houve coisa parecida na época do Jango e do Juscelino. Uma semana em Santiago me lavou a alma. Queria ficar mais uns dias, mas estava de bengala, com o pé engessado."

"O que aconteceu?"

"Poucos dias antes da viagem, quando eu já estava com passagem marcada, caí do cavalo em Angra dos Reis, aliás o cavalo também caiu. Foi feio. Quebrei a tíbia do pé direito. Viajei pra Nova York mancando mesmo, queria dar um apoio moral ao meu irmão. Já estou melhor, pelo menos tirei o gesso, e não ficou sequela, aparentemente. Ah, estive com o Almino e o Darcy em Santiago."

Três batidas na porta. A voz é de Maria do Céu. "Doutor Rubens, o doutor Waldir chegou, está lá embaixo."

"Está bem. Fala pra ele que eu desço daqui a pouco." Rubens se inclina para Ryff. "Dois homens trancados no banheiro, tudo bem, mas três é demais, aí vira bacanal", e dá uma gargalhada estrondosa e prolongada que ecoa na casa inteira. Uma gargalhada dionisíaca.

Ryff se levanta. "Eu vou lá falar com ele enquanto você termina seu banho."

Quando Rubens desce a escada, Waldir Pires está sentado numa poltrona da sala conversando com Eunice e Ryff.

"Salve, doutor Waldir Pires!" Rubens o abraça calorosamente. "Vamos pro escritório."

Também com os direitos políticos cassados, Waldir era consultor-geral da República do presidente João Goulart, encarregado de examinar os aspectos jurídicos e constitucionais dos projetos do governo, como os decretos de nacionalização das minas de ferro, a encampação das refinarias, a reforma agrária e a Lei de Remessa de Lucros, que disciplinou os investimentos das multinacionais no país.

Em vez de ligar o ar-condicionado no escritório, Rubens abre a janela para arejar o ambiente. Em seguida retira de uma gaveta da escrivaninha uma caixa de charutos e um cortador de prata. Waldir e Ryff sentam-se no sofá de couro preto.

"Vão beber o quê?" pergunta Rubens cheirando o charuto antes de acendê-lo. "Sugiro como alternativa um vinho branco gelado."

Waldir sorri. "Chileno?"

Rubens estala a língua. "Não. Sauvignon Blanc. Uma delícia de aroma. Eu vou de vermelhinho."

"Prefiro um suco, já que vou trabalhar logo mais" diz Ryff.

Rubens acende o charuto com uma lasca de cedro e vai à sala. Apanha uma garrafa de Campari no aparador, uma garrafa de vinho branco na geladeira da cozinha e pede a Maria José para fazer suco de laranja.

De volta ao escritório com as garrafas nas mãos e o charuto entre os dentes, ele para na porta. "Vamos lá pra fora? Está um dia bonito demais pra ser desperdiçado aqui dentro."

Os três seguem para o jardim lateral da casa, junto ao muro, e sentam-se nas cadeiras em volta de uma mesa branca de plástico. Maria do Céu traz numa bandeja os cálices e o suco.

"Traz também pra gente um queijo picadinho, tá?" pede Rubens, e ergue seu copo para brindar com os dois amigos.

"A 1971 e ao futuro deste gigante dorminhoco, deitado eternamente em berço esplêndido! Ninguém segura este país. Muita ordem, paz social, desenvolvimento e outros babados."

CAPÍTULO II

"Sabemos que ninguém toma o poder com a intenção de devolvê-lo. O poder não é um meio, é um fim."

GEORGE ORWELL, 1984

Rubens e Eunice no aeroporto de Brasília, quando ele era deputado

Waldir demonstra preocupação. "Tinha uma tremenda blitz em Copacabana quando eu vinha pra cá. Muitos soldados com fuzis, metralhadoras, cães farejadores. Estavam revistando os carros, abrindo porta-malas e capôs. Não me pararam, felizmente."

"O governo botou na rua todo o aparato repressivo pra pegar os sequestradores do embaixador suíço. Por aqui não tem nada, né, Rubens?" diz Ryff, que mora a dois quarteirões daqui, no Edifício dos Jornalistas.

"Por enquanto... Eu conheci o embaixador Bucher pessoalmente. É uma bicha louca muito simpática. Sem brincadeira, deve ter sido terrível para ele ficar quarenta dias num cativeiro. Eu pensava que o governo não fosse ceder. Mas desta vez as negociações foram mais complicadas do que nos sequestros anteriores."

Waldir bebe um gole de vinho. "Esse negócio de assaltar banco, sequestrar embaixador, é um equívoco total. Só fortalece a repressão... Só no ano passado, quantos sequestros? Três."

"É, do cônsul japonês, do embaixador alemão e do suíço." Ryff apanha um pedaço de queijo. "A situação está ficando esquisita. Não sei onde isso vai parar."

"Esquisita sempre foi, desde 64." Rubens gira o charuto na boca com os dedos polegar e indicador. "Piorou depois que o governo radicalizou, com o AI-5. Essa é que é a verdade."

Waldir balança a cabeça concordando. "E vai piorar mais ainda, a repressão vai ficar cada vez mais feroz."

"Mas enquanto a economia estiver crescendo", Rubens sopra a baforada para cima, "e no ano passado cresceu dez por cento, dificilmente o povo ou a classe média vai protestar, além do que já protestou quando havia condições. Quando chegar a televisão colorida então, este ano ou ano que vem, aí é que a massa vai ficar toda feliz. A Bolsa está tendo a maior alta da história. O Bocayuva tem ganhado muito dinheiro investindo em ações. Eu digo pra ele, cuidado, Bolsa é loteria, você ganha, mas também de uma hora pra outra pode perder uma bolada."

"O próprio Médici reconheceu, a economia vai bem, o povo vai mal" lembra Ryff. "Frase de efeito, claro."

Waldir coloca mais vinho no seu cálice. "E falou o óbvio, o povo sempre esteve mal. Mas eu acho que, mesmo com as grandes limitações atuais, o povo está reagindo, não está indiferente. A campanha pelo voto nulo nas eleições de novembro foi bem-sucedida. Eu fui contra o voto nulo, mas reconheço que significou uma tomada de posição contra o regime, apesar do arrastão repressivo que o governo lançou poucos dias antes da eleição."

"Protestar é sempre positivo, de qualquer forma e jeito, pelo menos mostra que o país está vivo. Eu fui contra a campanha do voto nulo, prejudicou a oposição. Por isso a Arena fez maioria esmagadora, tanto na Câmara quanto no Senado." Ryff bebe mais um gole do suco de laranja e enxuga o bigodão com um lenço.

"O voto no MDB fortaleceria a oposição institucional" diz Waldir.

Rubens saboreia um gole de Campari com soda e gelo. "O governo não está nem aí pra voto nulo, voto em branco, abstenção. Deve ter gostado. Quanto menos gente votar, melhor pra eles. Não vejo a hora de recuperarmos nossos direitos políticos. Faltam apenas três anos e três meses."

"Isto é, se tivermos um bom comportamento" ironiza Waldir com um ligeiro sorriso.

"Vamos recuperar nossos direitos oito meses antes das próximas eleições legislativas. Você vai se candidatar?" pergunta Ryff a Rubens.

"Talvez. Vai depender da con-jun-tu-ra. Enquanto não houver liberdade geral, eu não me candidato a nada. O que vocês acham?"

"Você deve se candidatar sim, se houver liberdade" estimula Waldir.

"E você também, Wadir" diz Ryff.

"Não tenho pensado nisso, sinceramente. Prefiro continuar com meus negócios na pedreira, que estão indo bem, graças a Deus."

"O básico, o pilar de qualquer eleição é a liberdade. Se não acabarem com a censura à imprensa, aos livros, aos filmes..." diz Ryff.

Rubens coloca mais gelo no copo. "É isso mesmo. De que adianta lançar uma candidatura, ganhar e ser cassado de novo? A cada hora o Médici fala uma coisa. Quando tomou posse, falou que pretendia deixar o governo com a democracia definitivamente instaurada. Aliás, o Castello Branco e o Costa e Silva falaram a mesma coisa. Esse pessoal é bom de bico. Não quero ser pessimista, mas também não vou ser um sonhador."

"Já sei, você é um sonhador realista" sorri Waldir.

"Escuta essa, uma historinha boa." Rubens tilinta as pedras de gelo no copo de Campari com soda. "Um ministro telefonou pro Canecão e pediu pra falar com o gerente." Rubens imposta a voz. "Eu quero reservar 15 lugares para assistir ao show desta noite." Bebe um gole. "O gerente respondeu, muito educado, seria uma honra para a nossa casa receber o ministro e seus amigos, mas infelizmente não é possível conseguir 15 lugares esta noite, se quiser pra amanhã... O ministro falou com a esposa ao lado e depois disse ao gerente: Nós já combinamos com nossos amigos. Alguns podem ir outro dia, mas tem dois casais de São Paulo que vão embora amanhã cedo. Pode reservar seis lugares então? O gerente ficou meio irritado. Senhor ministro, não posso reservar nem seis nem dois lugares, nenhum. A lotação está esgotadíssima para hoje. O ministro falou de novo com a esposa e depois com o gerente, aí já estava meio nervoso: está bem, nós vamos outro dia, eu estava querendo ir ao Canecão só por curiosidade, não costumo sair à noite. Mas fique sabendo, bar que não tem lugar pra mim, eu fecho, ouviu bem? Eu fecho!"

Entre risos, Rubens continua. "O gerente se acalmou e ainda disse: está bem, senhor ministro, mas o Canecão não é um bar, é uma casa de espetáculos..."

No seu quarto, Eliana está deitada na sua cama lendo uma revista enquanto Babiu brinca com "Tippy", uma boneca que anda de velocípede. De repente Babiu aspira profundamente o ar.

"O pai tá lá embaixo! Tá sentindo o cheiro do charuto?"

As duas vão à janela. Rubens e Waldir prestam atenção em Ryff.

"Só acredito em abertura a partir do dia em que acabar a Censura à imprensa, às artes. A gente é gato escaldado e tem que ficar com um pé atrás."

"Claro" concorda Rubens. "Porque quando acabarem os dez anos da cassação de nossos direitos políticos, o governo, se continuar nessa marcha, pode criar uma lei pra impedir as candidaturas dos ex-cassados, pelo menos dos mais perigosos, como nós."

"Ou deixar você se eleger e impugnar a posse, sob qualquer pretexto, pra humilhar mais ainda" diz Waldir.

"É possível mesmo" diz Rubens. "A cada hora o governo fala uma coisa..."

"Oi." Babiu acena sorridente na janela.

Rubens ergue a cabeça. "Oi, meninas!" Waldir e Ryff também olham para cima. As duas acenam para eles.

"Olha quem tá aqui!" Rubens aponta Ryff. "A Babiu deu um apelido a você. Qual é mesmo o apelido dele, fofinha?" Rubens ergue a cabeça novamente e elas não estão mais na janela. "Ficou com vergonha. Ela te chama de Papai Noel."

Os três olham para cima sorrindo, a tempo de ver Babiu e Eliana se retirarem novamente da janela.

"Ei! Ele gostou do apelido. Não gostou, Ryff?"

"Claro. É uma honra ser o bom velhinho. Só falta a barba. No próximo Natal vou trazer um saco cheio de presente."

"Estão ouvindo?" Rubens ergue a cabeça.

Ouve-se uma risadinha de Babiu.

"Mas você estava falando no banheiro que encontrou o Darcy Ribeiro e o Almino em Santiago" diz Ryff.

"Ah sim. Encontrei os dois no Chile, aliás fui lá pra vê-los, e convenci pelo menos o Almino a voltar pro Brasil."

"Que bom. E quando ele vem?" pergunta Waldir.

"Está tentando conseguir o salvo-conduto. Eu disse a ele que a repressão ainda está dura, que o movimento de oposição popular se esvaziou, enfim, pintei o quadro real da situação, que a ditadura se estabilizou e não sabemos quanto tempo isso ainda vai durar, mas que ele não corre o risco de ser preso. E realmente não existe nenhum inquérito contra ele na Justiça Militar. Eu disse: o Waldir voltou há quase um ano, e que o Waldir era, e é, um grande subversivo. O Ryff, outro subversivo perigoso, também voltou, está trabalhando, e não na clandestinidade. Eu também nunca fui incomodado, se bem que eles me vigiam, tenho certeza, meu telefone deve estar grampeado, e acho que sou seguido de vez em quando. Não é paranoia, não."

"Eu acredito, isso é bem possível, sim" concorda Waldir. "Eu também devo estar sendo vigiado. Às vezes eu nem entro no meu prédio pela porta da frente."

"Mas ainda não fomos incomodados pessoalmente. O Bocayuva também não", continua Rubens. "Enfim, falei pro Almino que apesar dos pesares estamos levando a vida dentro de uma relativa normalidade. O problema é que a embaixada brasileira em Santiago está com uma tremenda má vontade pra conceder o salvo-conduto. Está dificultando, enrolando. Eu vou ver se dou um jeito de desenrolar o processo através de um contato no Itamaraty."

"Vai ser bom receber o Almino, engrossar o movimento da oposição" diz Waldir. "Mesmo sem poder fazer muita coisa agora, pelos menos vamos acumulando forças pra quando chegar a hora."

Ryff enrola uma ponta do bigode. "O Geraldo Vandré cantou naquela música, lembra? Quem sabe faz a hora, não espera acontecer."

"É, mas agora ele está fazendo hora no exílio, e não pode voltar tão cedo." Waldir sorri.

Rubens fica absorto. "Me lembro de um discurso vigoroso do Almino contra os golpistas, na Câmara. Mas no dia 31 de março eu estava no Rio com o Gasparian, falando com o Jango."

Quando o grupo de empresários paulistas, cariocas e gaúchos chegou ao Palácio das Laranjeiras, o presidente estava na sala da biblioteca, com a perna direita estirada sobre o sofá de couro. Uma antiga fratura ocorrida numa queda de cavalo em sua fazenda prejudicara os movimentos dessa perna. Sentia um abatimento que começara no café da manhã ao ler os jornais. Cada manchete era um soco no seu rosto. Embora o Congresso Nacional estivesse funcionando e debatendo normalmente os problemas do país, o *Correio da Manhã* perguntava no editorial: "Até que ponto o presidente da República abusará da paciência da Nação? Até que ponto pretende tomar para si, por meio de decretos, leis, a função do poder legislativo?"

Era o apogeu de uma campanha sistemática iniciada um ano antes, tão logo o presidencialismo foi restaurado e Jango adquiriu plenos poderes para governar. No mês seguinte o embaixador norte-americano Lincoln Gordon foi a Washington e apresentou um relatório ao Departamento de Estado acusando o governo brasileiro e os partidos aliados de estarem infiltrados de comunistas. E exatamente num momento em que o ministro da Fazenda, San Tiago Dantas, fora a Washington para renegociar dívidas e buscar créditos junto ao Fundo Monetário Internacional. Havia sim alguns esquerdistas no governo e comunistas abrigados em partidos legais, mas nenhum com vocação revolucionária. Queriam o reformismo gradual, dentro das regras democráticas e capitalistas. Mas Jango estava encurralado e sabia disso.

Após cumprimentar os empresários um por um, ele ocupou seu lugar na cabeceira de uma grande mesa, ao lado do ministro da Fazenda, Nei Galvão. O primeiro a falar foi Fernando Gasparian, membro do Conselho Nacional de Economia e presidente do Sindicato das Indústrias de Fiação e Tecelagem do Estado de São Paulo. Era acionista majoritário da América Fabril, uma das maiores indústrias têxteis do país, mas o setor estava em crise e ele reclamou.

"O acirramento da luta política está deixando o país intranquilo e prejudicando a economia."

Jango acendeu um cigarro e procurou acalmar a todos. "Eu sou a pessoa mais interessada na manutenção da ordem. Eu quero, através das reformas, fazer o Brasil alcançar a harmonia social. Quem está intranquilizando o país, ou pelo menos pretendendo, são os políticos conservadores, que espalham boatos, pra criar um clima de confusão e tirar proveito. Mas estão muito enganados os que pensam que podem atingir o meu mandato. As Forças Armadas estão ciosas da manutenção da ordem, o povo está vigilante e consciente do seu papel."

Quem estava enganado era Jango: tropas do Exército já marchavam de Juiz de Fora para o Rio. Aquele era o seu último dia como presidente.

Na manhã seguinte, 1º de abril, Rubens e Gasparian saíram às ruas de Copacabana e viram com repulsa e aflição as patrulhas de soldados do Exército armados de fuzil com baioneta calada, bandos de jovens gritando "Viva Lacerda!", "um, dois, três, Brizola no xadrez!", tanques de guerra nas esquinas, motoristas buzinando seus carros na avenida Atlântica, chuva de papéis picados caindo das janelas dos prédios onde mulheres agitavam lenços brancos e bandeiras do Brasil. Nenhum tiro. Nenhuma reação das "forças populares" que barrariam o golpe, provocando até uma guerra civil, como previram analistas políticos governistas no Rio de Janeiro. Nem o Comando Geral dos Trabalhadores reagiu. Houve apenas algumas correrias no centro de algumas cidades. Onde estava a ameaça comunista?

Os dois apressaram a volta ao hotel, apanharam suas maletas e seguiram para o aeroporto Santos Dumont. Antes de embarcar para Brasília, Rubens pediu um favor a Gasparian, que ia para São Paulo:

"Não esquece de telefonar pra Eunice quando você chegar, diga pra ela não sair de casa nem deixar as crianças saírem."

"Pode deixar. E me telefona dizendo como estão as coisas por lá."

No aeroporto de Brasília, Rubens pegou um táxi. A tarde estava nublada, chovia, o asfalto brilhava. Na Esplanada dos Ministérios ele viu caminhões do Exército cheios de soldados armados. Desceu do táxi e entrou na Câmara dos Deputados. Nos corredores, salões e gabinetes só se falava da sublevação militar. No plenário se sucediam discursos passionais a favor e contra Jango, que já estava voando para Porto Alegre. O deputado mineiro João Herculino subiu à tribuna:

"É com pesar, profundo pesar, que comunico a esta Casa que a Constituição começou a ser rasgada no meu estado. O deputado Sinval Bambirra foi preso, a sucursal da *Última Hora* em Belo Horizonte foi fechada, seu diretor foi preso, os ônibus foram requisitados pelo governo estadual, a gasolina foi requisitada, as casas de comércio e os bancos estão fechados."

Aplausos dos deputados oposicionistas da União Democrática Nacional (UDN), partido da burguesia urbana e das classes médias conservadoras. Gritos revoltados na bancada do Partido Trabalhista Brasileiro (PTB), formado por ex-getulistas, socialistas, nacionalistas, reformistas e comunistas, com base maior no sindicalismo urbano.

Dirigia a sessão o presidente da Câmara, deputado Ranieri Mazzilli, do Partido Social Democrático (PSD), de centro-direita, representante das oligarquias rurais e do interior do país. Ele apertou repetidamente a campainha de advertência na mesa. "Peço aos nobres deputados que ocupem seus lugares. Há um orador na tribuna. Peço a colaboração para que a presidência tenha condições de prosseguir sem tumulto os trabalhos."

Em seguida o udenista moderado Laerte Vieira foi ao microfone no corredor do plenário para fazer um anúncio alarmante.

"Temos informação, através dos jornalistas, de que todo o serviço de teletipo e telex desta Casa está cortado. Ligações telefônicas interurbanas também. As estradas de acesso a Brasília estão bloqueadas!"

Seu colega de partido, Amaral Neto, subiu à tribuna para contestar a autoridade de Jango:

"Indigno será aquele que hoje concordar com a submissão, com a transformação em boi de canga de um Congresso que não pode acocorar-se diante de um poder já agora ilegítimo, ilegal, desordeiro e patrocinador da desordem neste país."

"Apoiado!"

"Fora!!"

"Muito bem!"

"Imoral nato!"

Houve quem propusesse a transferência imediata do Congresso Nacional para Goiânia ou São Paulo. A ideia foi considerada impraticável. Os governistas estavam num impasse, entre o rancor e a frustração.

"Uma coisa que me deixa invocado até hoje", Rubens solta uma baforada fina, "é a greve convocada pelo CGT pra começar exatamente no dia do golpe. Não foi greve geral como se queria, mas os ônibus e os trens do subúrbio pararam, que eu me lembre. Isso facilitou o trabalho dos golpistas, porque tirou o povão das ruas. E a greve, curiosamente, ou melhor, estranhamente, acabou no dia seguinte ao golpe. O certo seria manter a greve, até pra se contrapor aos milicos. Eu penso até hoje se foi coincidência ou uma manobra colaboracionista. Porque o CGT estava infiltrado de provocadores."

"Ou simplesmente falta de tato político." Waldir fica de pé, para esticar as pernas. O sol, já quase no meio do céu, começa a entrar no jardim. "Houve um excesso de greves, desgastaram o governo quando ele mais precisava do apoio popular. Se os sindicatos tivessem feito uma trégua de uns meses..."

"Com certeza" confirma Ryff. "Mas havia organizações sindicais que ajudaram na conspiração, até dos Estados Unidos, mandavam dinheiro pra financiar a campanha contra o Jango."

Waldir coloca mais vinho no cálice. "Mas o Congresso até que reagiu à altura, dentro das limitações do momento."

Rubens apaga o charuto no cinzeiro em cima da mesa. "Eu não era de discursar, gostava mais das articulações nos bastidores. Mas o Almino era um autêntico Cícero, fez um discurso brilhante no dia do golpe."

"Foram eles que deflagraram a intolerância, quebraram a legalidade e querem agora, nesta noite, com uma impostura realmente revoltante, fazer crer à nação que somos nós o poder ilegal."

A ovação encobriu as vaias de udenistas e pessedistas no fundo do plenário. Almino continuou, gesticulando com os dois braços:

"Nesta hora grave da nação, quando o país, realmente debaixo de um clima emocional intenso, vive instantes decisivos de sua História, o que fazem os representantes das elites dirigentes? Preocupam-se com os problemas do povo? Discutem as grandes teses ou caem num moralismo farisaico, como fez ainda hoje à tarde o deputado Antônio Carlos Magalhães, sem nenhuma visão, sem nenhuma grandeza, sem nenhuma perspectiva do momento que estamos vivendo. Elites demissionárias, elites caducas, elites sem perspectivas, sem mensagens, sem raízes, sem fundamento."

Waldir bebe um gole de vinho. "Eu me lembro que o Congresso estava todo cercado de soldados quando eu e Darcy voltamos pro Palácio, depois de nos despedirmos do Jango na Base Aérea. Subimos correndo até o quarto andar do Palácio, sabendo que podíamos ser presos. Estávamos recolhendo papéis das gavetas quando chegou o general Fico. Eu disse a ele: 'General, o senhor não cumpriu a promessa que fez ao presidente da República.' Ele perguntou: 'Que promessa?' O Darcy se encrespou: 'Não permitir o cerco ao Congresso, general! Não se pode cercar o parlamento com tropas militares! Como o senhor faz uma coisa dessa contra o país, contra a democracia?' O general disse 'estou apenas cumprindo ordens', e nos mostrou um telegrama assinado pelo general Costa e Silva, já autodenominado ministro da Guerra. O telegrama determinava ao Exército que assegurasse o funcionamento dos Três Poderes. Em seguida o Fico me passou um outro telegrama com a resposta dele a Costa e Silva: 'Comunico prezado chefe que poderes estão com funcionamento assegurado.' Eu questionei na hora: 'Ministro da Guerra de quem, general?' Darcy ficou bravo: 'Ele não é o seu chefe, general! Ou é? Ah, já percebi tudo, o senhor também virou gorila. Já estou vendo os pelos crescendo!' O general Fico virou as costas e saiu sem dizer nada. Eu e Darcy ainda estávamos na sala, já era quase meia-noite, e Doutel chegou esbaforido. 'O Moura Andrade quer consumar o golpe! Vai dizer que o Jango abandonou o governo.' Darcy ficou possesso. 'Impeachment eles não vão conseguir.' Eu falei: 'Precisam de dois terços dos votos e a oposição não tem esse número. Mas temos que fazer alguma coisa, e depressa.' Darcy teve uma ideia. 'Já sei. Como chefe da Casa Civil eu posso mandar um comunicado ao Congresso, informando que o presidente se encontra em território nacional. E é verdade, porra.' Eu me empolguei, 'é mesmo, vamos fazer isso agora', e logo comecei a datilografar o texto. Darcy assinou o ofício e Doutel saiu feito um foguete, desceu correndo a rampa do Palácio, nunca tinha visto ele correndo daquele jeito, atravessou a rua e num minuto chegou ao Congresso."

Rubens gira o copo para derreter o gelo no Campari, engole outro pedaço de queijo e acende de novo o charuto. "Eu fui com o Bocayuva pra uma reunião no apartamento dele. Como ex-líder do PTB, ele ainda tinha influência. O Almino chegou logo depois com outros deputados. A gente ficou analisando como reagir. A certa altura o telefone tocou. Era a secretária do Moura Andrade. Estava convocando os deputados e senadores para uma sessão extraordinária do Congresso, às duas horas da madrugada. Pensamos que fosse trote, mas era verdade. Preparamos lanches. Funcionários da Câmara foram buscar o pessoal que não tinha carro, porque táxi não circulava naquela hora."

Ele solta uma baforada no ar. "Eu estava no plenário, lotado de deputados e senadores, já que era uma sessão conjunta. Acho que nunca houve uma sessão mais tumultuada no Congresso do que naquele início da madrugada de 2 de abril."

O deputado petebista Roland Corbisier subiu à tribuna para fazer uma denúncia gravíssima:

"A sede da UNE, no Rio de Janeiro, foi invadida, vandalizada e incendiada, a *Última Hora* foi totalmente depredada, e sedes de sindicatos também. É o fascismo se instalando no Brasil!"

Um udenista berrou: "Foram os comunistas que incendiaram a UNE!"

Em seguida o petebista Sérgio Magalhães transmitiu um comunicado dramático:

"Atenção, colegas nossos acabam de ser presos, o deputado Neiva Moreira, o deputado Max da Costa Santos e o deputado Elói Dutra, homens que têm a garantia da Constituição brasileira, porque fazem parte desta Casa. Estão presos, provando já a arbitrariedade e o abuso do regime de exceção que se instalou no país."

Doutel chegou açodado, foi direto para a Mesa e entregou o ofício ao presidente da sessão. Moura Andrade leu em segundos e falou ao plenário:

"Comunico ao Congresso Nacional que o senhor João Goulart deixou, por força dos notórios acontecimentos de que a nação é conhecedora, o governo da República."

Aplausos e protestos prolongados. Gritaria. Tumulto. Diante do microfone do plenário, Doutel pediu a palavra como líder do PTB e insistiu que o ofício trazido por ele fosse lido para os parlamentares. Auro ignorou o apelo. Sérgio Magalhães também o pressionou a divulgar o texto. O senador aquiesceu.

"Há sobre a mesa um ofício do senhor Darcy Ribeiro, que vai ser lido pelo senhor primeiro-secretário."

O senador Adalberto Sena leu. "Senhor presidente do Congresso Nacional, o senhor presidente da República incumbiu-me de comunicar a Vossa Excelência que, em virtude dos acontecimentos nacionais das últimas horas, para preservar de esbulho criminoso o mandato que o povo lhe conferiu, investido na chefia do Poder Executivo, decidiu viajar para o Rio Grande do Sul, onde se encontra à frente das tropas legalistas e no pleno exercício dos poderes constitucionais com seu ministério. Atenciosamente, Darcy Ribeiro, chefe da Casa Civil."

Doutel foi ao microfone: "Aí está, senhor presidente, Vossa Excelência e toda esta Casa estão cientes de que o presidente da República, legitimamente eleito, se encontra em território nacional, no exercício do seu poder."

Moura Andrade ouviu solenemente, em seguida pediu silêncio e soltou a sua voz trovejante:

"Atenção, o senhor presidente da República deixou a sede do governo, deixou a nação acéfala (*gritos de protestos*), numa hora gravíssima da vida brasileira, em que é mister que o chefe de Estado permaneça à frente do seu governo. Abandonou o governo (*protestos indignados*), e esta comunicação faço ao Congresso Nacional. (*Protestos. Tumulto. Auro faz soar a campainha.*) Esta acefalia, esta acefalia configura a necessidade de o Congresso Nacional como poder civil imediatamente tomar a atitude que lhe cabe nos termos da Constituição brasileira (*palmas misturadas a gritos*), para o fim de restaurar nesta pátria conturbada a autoridade do governo e a existência de governo. Não podemos permitir que o Brasil fique sem governo, abandonado. (*Vaias. Tumulto.*) Há sob a nossa responsabilidade a população do Brasil, o povo, a ordem. Assim sendo, declaro vaga a presidência da República! (*Palmas prolongadas, vaias e gritos.*) E nos termos do artigo 79 da Constituição declaro presidente da República o presidente da Câmara dos Deputados, Ranieri Mazzilli!"

Tancredo Neves, normalmente calmo, agitou furiosamente o braço direito na direção de Moura Andrade e desabafou toda a sua ira: "Canalha! Canalha! O presidente da República não precisa de licença do Congresso Nacional pra se ausentar de Brasília!"

No meio das imprecações, vaias e aplausos, o secretário da Mesa, deputado Paulo Affonso Martins de Oliveira, quase inaudível, convocou os parlamentares para a posse de Ranieri Mazzilli no Palácio do Planalto dali a poucos minutos. E Moura Andrade mandou desligar os microfones. Um deputado atirou um microfone do plenário na direção dele. O fio era curto e o senador não foi atingido. Vários deputados subiram os degraus até a Mesa e tentaram reabrir a sessão. No empurra-empurra, o grandalhão Rogê Ferreira, do PSB paulista, conseguiu abrir espaço e deu duas escarradas no paletó de Auro. Outro deputado tentou dar um soco no senador, mas atingiu o seu chefe de gabinete, Nerione Nunes Cardoso. Petebistas tentaram impedir que Auro deixasse o plenário. Nerione propôs saírem por uma porta oculta que havia atrás da Mesa. O senador rejeitou com veemência:

"Seu Nerione, um presidente do Senado não foge pela porta dos fundos!"

Moura Andrade e seu grupo se livraram do bafafá protegidos por uma roda de seguranças e parlamentares aliados, desceram correndo para o subsolo do prédio e entraram em dois automóveis Bel-Air que arrancaram para o Palácio do Planalto.

"Quando soubemos que o Moura Andrade tinha oficializado o golpe no Congresso", lembra-se Waldir, "eu e o Darcy resolvemos deixar na mesma hora o Palácio. Na saída do elevador cruzamos com pessoas que iam pra cerimônia do Mazzilli."

A posse no pequeno gabinete da presidência da República, no terceiro andar, foi apenas simbólica. Pouco mais de vinte pessoas compareceram, entre elas o embaixador Lincoln Gordon, levando o apoio incondicional dos Estados Unidos. Mazzilli sabia que permaneceria poucos dias, ou horas, como presidente interino. Fez um breve pronunciamento, concluído com uma frase que muitos entenderam como uma cruel ironia: "Tenho a satisfação de anunciar que reina a paz em todo o território nacional."

"Aí começou a nossa odisseia, não é, Rubens? Se não fosse você, e sua experiência com avião, eu e o Darcy teríamos sido presos."

Enquanto Mazzilli recebia cumprimentos no Palácio do Planalto, Waldir entrou no seu carro e partiu pelas ruas desertas na madrugada, sem correr muito, entre os tanques de guerra parados na Esplanada dos Ministérios. Em frente a um prédio na Asa Sul ele estacionou e subiu para o apartamento de um amigo que tinha dado refúgio à sua família. Encontrou Yolanda deitada, mas acordada — não conseguira dormir.

"Vou pra Porto Alegre, com o Darcy. Vamos ajudar na resistência."

Apanhou uma mala e começou a juntar peças de roupa, escova de dentes, toalha e sabonete. Seus cinco filhos, de 2 a 11 anos, estavam dormindo em dois cômodos. Waldir se aproximou devagar das camas deles e deu um beijo suave em cada um.

Yolanda o levou de carro para a Base Aérea e se despediram com beijos e um longo abraço. "Quando eu chegar a Porto Alegre eu te telefono", disse Waldir com um nó na garganta.

Um major da Aeronáutica recebeu com surpresa a presença de Waldir àquela hora da madrugada.

"O que o senhor está fazendo aqui?"

"Vou esperar o Darcy Ribeiro. Vamos pra Porto Alegre."

"Ninguém mais pode decolar da Base, doutor Waldir. Aqui todo mundo já aderiu ao novo governo. O senhor pode até ser preso."

Darcy chegou minutos depois e ainda acordou por telefone um piloto da presidência da República para tentar convencê-lo a transportá-los num Caravelle.

"Sinto muito, doutor Darcy" disse o piloto, num tom sonolento. "O brigadeiro Eduardo Gomes ordenou que nenhum próprio nacional pode levantar voo sem ordem expressa dele."
Não havia nada mais a fazer. Era impossível viajar naquela noite. Os dois foram separadamente para os apartamentos onde se refugiavam. Estavam na clandestinidade.
"A conversa está boa, mas eu preciso ir." Ryff se levanta e estende a mão para se despedir. "Vou almoçar rápido em casa e ir pro jornal."

Rubens respira fundo enquanto a memória vasculha junto com Waldir aqueles dias atribulados.
O salão do apartamento de Bocayuva ficou lotado de deputados na noite de 2 de abril. Discutiam as alternativas, e as incógnitas. Estavam desorientados. Jango já partira naquele dia para o exílio no Uruguai. A imunidade parlamentar não valia mais nada. Onde estavam o tão falado dispositivo militar e o apoio popular que evitariam o golpe? Rubens sentou-se numa cadeira junto ao sofá e leu em voz alta um trecho do editorial de *O Globo*:
"Salvos da comunização que celeremente se preparava, os brasileiros devem agradecer aos bravos militares, que os protegeram de seus inimigos. Devemos felicitar-nos porque as Forças Armadas, fiéis ao dispositivo constitucional que as obriga a defender a Pátria e a garantir os poderes constitucionais, a lei e a ordem, não confundiram a sua relevante missão com a servil obediência ao Chefe de apenas um daqueles poderes, o Executivo..."
Em seguida leu o editorial do *Correio da Manhã*:
"O sr. João Goulart não pode permanecer na Presidência da República, não só porque se mostrou incapaz de exercê-la como também porque conspirou contra ela, como se verificou pelos seus últimos pronunciamentos e seus últimos atos."

"Toda a imprensa apoiou o golpe, só a *Última Hora* que não" disse Temperani Pereira, um paranaense radicado no Rio Grande do Sul, de pernas grandes num corpo pequeno e meio corcunda, muito respeitado na bancada trabalhista pelos seus consequentes discursos que analisavam em profundidade os problemas nacionais.

"Vai haver mesmo cassação de mandato?" perguntou Salvador Losacco, ligado ao Partido Comunista, embora eleito pelo PTB.

"É mais que provável" disse Fernando Sant'Anna, e lembrou uma das decisões tomadas na última reunião com Jango na Granja do Torto: "Mas por enquanto, quem tem mandato parlamentar tem imunidade, teoricamente, e deve ficar em Brasília, tentando resistir."

"O Darcy e o Waldir não têm mandato, podem ser presos" preveniu Bocayuva.

"Podem não, com certeza estão sendo procurados" enfatizou Marco Antônio.

"Precisam sair não só de Brasília, mas do Brasil" continuou Bocayuva.

"O melhor destino é o Uruguai, pra juntar forças com Jango" propôs Almino.

"Como ir pro Uruguai?" perguntou Temperani. "O aeroporto está cercado de soldados e tanques, a Base Aérea também. Até por terra é difícil sair de Brasília. Esta cidade tem só duas saídas. Estamos ilhados!"

Rubens estava pensando, e decidiu rápido. "Eu vou tirar eles de Brasília. Podem deixar comigo, eu dou um jeito." E sorriu enigmaticamente.

Naquela mesma noite ele foi para o seu apartamento concebendo um plano, simples na logística, mas bastante arriscado naquela circunstância.

Na manhã seguinte, cerca de seis horas, Rubens telefonou a um amigo jornalista, D'Alambert Jaccoud, que trabalhava na sucursal brasiliense da *Folha de S.Paulo*.

"Você pode dar um pulo aqui em casa? É importante, e urgente."

Quando D'Alambert chegou, Rubens o apresentou a um amigo engenheiro que havia trabalhado na construção da cidade e conhecia bem a topografia local. "Vou alugar o avião de um amigo em São Paulo pra tirar o Waldir e o Darcy de Brasília. Como não dá pra sair pelo aeroporto, quero encontrar um terreno que dê pra um monomotor pousar sem ser visto pela torre de controle."

Saíram logo em seguida no carro do engenheiro. Num terreno ermo, Rubens verificou que o solo era muito irregular para aterrissagem de avião. Seguiram para outro local, próximo ao lago Paranoá. O terreno parecia mais favorável.

"Acho que dá pra pousar" avaliou Rubens. "É bem plano e tem espaço de sobra."

Entretanto, após alguns passos eles tropeçaram em pequenos montes de terra endurecidos. O chão estava infestado de cupinzeiros. O avião poderia derrapar. Os três começaram a tentar corrigir o problema chutando as casas de cupim durante uns minutos, mas viram que havia muitos e Rubens resolveu desistir também daquele local.

"A gente vai ficar horas chutando cupim. Além disso, se o avião pousar aqui e decolar logo em seguida, pode dar mais na vista do que se pousar no aeroporto. Acho que é melhor um lugar perto do aeroporto mesmo."

Rumaram para uma estradinha de terra e Rubens pediu para estacionar próximo à cabeceira da pista de decolagem do aeroporto. Desceram do carro e caminharam até uma clareira onde o avião poderia pousar rapidamente, com espaço para decolar. Na volta, Rubens arrancou com os dois braços um arbusto e o colocou na beira da estrada, para marcar o local.

Pouco antes das quatro da madrugada de sábado, 4 de abril, ele bateu na porta do apartamento em que Waldir e sua família estavam hospedados. Enquanto o aguardava fazer a mala, Rubens alertou Yolanda:

"Você não deve ir ao embarque. É perigoso, vamos ficar escondidos no meio do mato até o avião chegar."

De mala na mão e chapéu de feltro na cabeça, Waldir beijou o rosto dos cinco filhos adormecidos e abraçou ternamente Yolanda. "Eu te telefono assim que chegar a Montevidéu", e saiu com Rubens.

Os dois entraram num fusca dirigido por Luiz Filardi, ex-secretário de Almino Affonso no Ministério do Trabalho. Depois de apanhar Darcy numa casa no Lago Sul, o carro entrou solavancando na estradinha de terra e mal iluminada por poucos postes de luz. Ainda não tinha amanhecido. Luiz estacionou no trecho marcado com o arbusto, desligou o motor e os faróis e permaneceu no carro, enquanto os três saíam caminhando no matagal rasteiro, entre pequenas árvores esparsas, de troncos finos e galhos retorcidos. Pararam atrás de um arbusto, de onde podiam ver a pista e a iluminada torre de controle. Nenhum movimento, exceto soldados de um destacamento da Aeronáutica que patrulhavam a pé o aeroporto.

O avião chegaria de manhã, nos primeiros minutos após a abertura do tráfego aéreo. Darcy e Waldir sentaram-se em cima de suas malas e Rubens sobre um jornal que havia trazido. Bocejando acabrunhados, olharam para as muitas estrelas cintilantes, parecendo tão próximas que seria possível tocá-las. Uma chuva intermitente caíra durante o dia em diferentes áreas da cidade, como era comum naquela época do ano, e o frio da madrugada exalava um cheiro de ar puro, mato e terra úmida.

Por alguns minutos os três ficaram calados. Só se ouvia o sopro leve do vento no matagal. Waldir afundou o chapéu na cabeça, triste, pensando na família, não sabia quando poderia revê-la. Uma corujinha passou voando de um galho a outro e ficou a uivar. Darcy acendeu um cigarro, protegendo a chama do isqueiro com a mão esquerda, e disse: "O poder é de fato uma gangorra. Cinco dias atrás estávamos no palácio..."

"E agora estamos no mato, e sem cachorro" gracejou Rubens, mas nem ele riu. "Não foi por falta de aviso. O golpe já vinha sendo ameaçado e até anunciado há muito tempo. A questão é: por que fomos derrotados?"

Darcy puxou mais uma tragada. "Vamos ter tempo pra descobrir. Mas perdemos só o poder. O poder não é nada, é sempre passageiro. Não perdemos a decência, a envergadura."

"É um consolo, consolo bem presente na angústia", disse Rubens. "Isso é da Bíblia, Salmo 18. Lembrança do colégio São Bento. Aprendi muita coisa lá, sobre santos, feriados religiosos e as chamas do inferno."

Waldir espirra e limpa o nariz com um lenço. "O jeito é manter a cabeça erguida e acreditar que os militares não vão conseguir governar com tanques, pelo menos por muito tempo."

Pássaros de variados cânticos acordaram nas árvores ao primeiro clarão da manhã e o sol morno bateu em cheio nos rostos sonolentos dos três homens agachados, como meninos brincando de esconde-esconde. "Uma quartelada típica de republiqueta latino-americana, com ajuda decisiva de los gringos" disse Rubens.

De repente, ouviram um ronco de avião. Um Cessna monomotor amarelo aterrissou, um homem desembarcou. Era um amigo de Rubens, fazia parte do plano, para justificar a vinda do avião de São Paulo.

O avião taxiou para decolar. Eles ficaram à espreita. O teco-teco reduziu a velocidade. Eles ficaram de pé. Rubens deu um rápido abraço em Darcy e Waldir. O avião estacionou a uns vinte metros de distância e os dois correram para entrar, Waldir segurando o chapéu na cabeça, Darcy com a mala debaixo do braço.

Na torre de controle, o operador suspeitou: por que aquele aviãozinho necessitava de tanta pista para decolar? Havia parado? Estava com problema técnico? Pelo rádio, ordenou ao piloto que retornasse. O piloto tinha sido instruído a seguir para uma fazenda no Mato

Grosso, perto da fronteira com a Bolívia. Não sabia que a fazenda era do ex-presidente João Goulart, desconhecia também os dois passageiros que transportava e o motivo da viagem. Já no ar, começou uma manobra de retorno, mas Darcy o agarrou pelo braço:

"Não volte! Vamos! Vamos embora!!"

O avião subiu. Rubens ficou agachado atrás da moita, observando, até o avião se tornar um ponto no céu.

Na fazenda, um outro avião iria reabastecer o monomotor e de lá Waldir e Darcy seriam levados para o Uruguai. Eles apertaram os cintos e suspiraram profundamente. Começava a maior aventura de suas vidas.

Com o charuto na boca, Rubens despeja água tônica no Campari. "Eu ainda achava que não seria preciso me exilar. Afinal de contas, eu não era da cúpula do governo, não era uma liderança nacional, tinha pouco mais de um ano de mandato. E ninguém havia sido cassado ainda. Mas como a gente era da linha de frente do governo, sempre em contato direto com o Jango nos almoços no Alvorada, o Almino e o Bocayuva acharam melhor se esconder uns dias, até a poeira baixar. Fomos os três pra uma fazenda do sogro do Bocayuva na Bahia. Outro voo clandestino. Dessa vez eu mesmo pilotei. Não lembro bem como foi, só sei que saímos de um mato em Brasília até o Aeroclube de Salvador, a menos de um quilômetro do aeroporto Dois de Julho, que estava ocupado por um regimento do Exército. Mas não tivemos nenhum contratempo. Dali pegamos um carro que foi nos buscar, já estava tudo combinado. Na fazenda tivemos uma desagradável surpresa: os camponeses não sabiam nada do que estava acontecendo no país, não tinham a mínima ideia. Escutavam notícias no rádio, *Repórter Esso*, mas não entendiam a gravidade do que se passava. Então vimos como os movimentos populares das cidades estavam distantes da realidade social do campo. Depois de quatro dias na fazenda, ouvimos na *Hora do Brasil* uma notícia sobre um discurso do Marco Antônio na Câmara, fazendo uma dura crítica ao golpe. Pensamos: então o Congresso continua funcionando, e decidimos voltar pra Brasília. Chegamos no meio da tarde. Fomos pra Câmara. O pior estava pra acontecer."

Num corredor, Bocayuva ouviu do senador Auro Moura Andrade a confirmação: vai ter cassação de mandatos e de direitos políticos. No plenário lotado, continuava a mixórdia de indignação e aplausos, agora por causa de um Ato Institucional emitido pelo Comando Supremo da Revolução — general Costa e Silva, vice-almirante Augusto Rademaker Grünewald e brigadeiro Correia de Mello — e anunciado à imprensa por Costa e Silva como o início de uma "nova República". O Ato autorizava a junta militar a cassar mandatos, demitir funcionários públicos e suspender direitos políticos de qualquer cidadão por dez anos.

Quase no final da sessão, Bocayuva subiu à tribuna e todos ouviram em silêncio.

"Não há a menor dúvida, rasgou-se a Constituição de nosso país. Começaram as arbitrariedades. Não bastou a esse Comando que se diz revolucionário, que alega estar defendendo a legalidade, que prendesse deputados, governadores, líderes sindicais. Agora os chefes militares anunciam a cassação de mandatos de deputados e senadores. E todos nós sempre fomos a favor de que se fortalecessem as Forças Armadas brasileiras. Todos nós aqui sempre votamos os orçamentos militares, porque tínhamos imprimido nos nossos corações, com o orgulho de patriotas e de brasileiros, que as Forças Armadas eram dignas do esforço que todo o povo brasileiro fazia para mantê-las como guardiãs da ordem, da Constituição e dos mais sagrados interesses do povo. Que fiquem esses chefes militares marcados com o estigma da traição à soberania do nosso povo, pelas medidas arbitrárias, pelo rasgar da Constituição, pela cassação de mandatos, segundo se anuncia. E que fique aqui a minha advertência aos colegas que não estiverem nesta primeira lista: muito possivelmente haverá uma segunda, uma terceira, até que este Congresso seja fechado, se não reagir já, com patriotismo, a essas arbitrariedades do poder armado. A única força que nós, poder desarmado, temos é a força de nossa coragem moral, é a força de sustentar as nossas opiniões, é a força de dizer a todo o país, ao povo brasileiro, que queremos o bem-estar de nossa pátria. Estaremos sempre ao lado do povo, devotados ao interesse popular, lutando pela soberania de nossa nação. E não hão de ser prisões e cassações que irão afastar o nosso povo da senda e do destino glorioso que esta nação um dia há de ter."

A maioria do plenário aplaudiu e gritou "muito bem!" Às oito horas da noite Bocayuva foi para o seu apartamento. Mal abriu a porta da sala e deparou com oito policiais — tinham arrombado o apartamento. Levado preso para o Batalhão de Guardas Presidenciais, ficou sozinho numa sala, sob vigia de um sentinela do lado de fora. Quase uma hora depois, um coronel foi falar com ele acompanhado de outros oficiais.

"Qual o seu nome?"

"Sou o deputado Bocayuva Cunha."

O coronel deu um sorriso de deboche. "*Foi* deputado, né?"

Bocayuva permaneceu na sala por mais duas horas e foi libertado.

Na tarde do dia seguinte, 10 de abril, diante do plenário, o deputado Lenoir Vargas presidiu a sessão convocada apenas para a leitura de um ofício enviado pelo Conselho de Segurança Nacional, informando que o Comando Supremo da Revolução havia cassado o mandato e suspendido por dez anos os direitos políticos de 36 deputados, quatro suplentes e um senador. Houve choro e ranger de dentes.

"Pior do que em 37!" esbravejou o deputado Celso Passos, udenista, mas já decepcionado com a radicalização dos golpistas.

"Esta é a lição de democracia que vamos legar aos nossos filhos!" ironizou o petebista Mário Maia, que não estava na lista, ainda.

Alguns cassados lacrimejaram, outros tentaram apresentar à Mesa requerimentos de recurso à Comissão de Constituição e Justiça, mas Lenoir Vargas rejeitou todos, encerrando a sessão com apenas 12 minutos de duração.

O nome de Rubens não estava entre os cassados. Um alívio que durou somente até a manhã seguinte. Era sábado e houve uma sessão extraordinária para a leitura de um novo comunicado, com a lista completa dos cem primeiros cassados, incluindo os deputados anunciados na véspera e o acréscimo de mais quatro, Rubens entre eles.

Bocayuva telefonou a todos os cassados para uma reunião no seu apartamento, a fim de decidirem o que fazer. O deputado petebista San Tiago Dantas também compareceu, sendo recebido com a reverência merecida por quem fora embaixador na ONU, ministro das Relações Exteriores, ministro da Fazenda e "Homem de Visão 1963". Apesar desse currículo, ele também temia ser degolado. Mal cumprimentou Bocayuva, foi logo indagando:

"Eu também estou na lista?"

"Não, professor" respondeu Almino. "Pode ficar sossegado, o senhor não está na lista. Pelo menos nessa primeira. Mas cuidado, a Campanha da Mulher pela Democracia quer a sua cabeça. Um grupo dessas senhoras procurou o general Syseno Sarmento, o novo chefe de gabinete do Costa e Silva, e pediu a sua cassação. Consideram o senhor um serviçal de Moscou, porque promoveu nossas relações diplomáticas com a Rússia."

San Tiago sorriu e pôs a mão no ombro de Almino, paternalmente. "Não se deixe prender. Um homem público que se preza não deve se deixar prender. É humilhante, é negativo. Vá pro exílio. Esse regime aí vai durar no máximo uns dois anos. Os militares não sabem governar, não entendem de política, só entendem de guerra."

"É disso que eu tenho medo, professor" disse Bocayuva.

"Eu vou a São Paulo, com uma missão" continuou San Tiago. "Eles decidiram que o novo presidente da República vai ser eleito pelo Congresso, não é? Pois eu vou convidar o general Kruel a se candidatar."

Almino ficou surpreso. "O Kruel nos traiu, professor, ele aderiu aos golpistas logo no primeiro dia."

"É verdade, mas com ele nós ainda temos condições de diálogo. Nele eu confio. Não é um gorila."

Naquela mesma noite, Almino e Bocayuva correram para a embaixada da Iugoslávia, onde já estavam outros refugiados. Rubens não queria ir.

Babiu brinca de pula-pula em cima da cama, quase deixando cair seus óculos. Eliana dança um rock que toca no rádio.

"Virou festa lá em cima..." Rubens ergue a cabeça para a janela. Waldir esvazia seu cálice e se levanta. "Preciso ir. Não é por causa da música não."

"Fica pro almoço."

"Agradeço, mas combinei com a Yolanda que almoçaria em casa hoje. Se eu não for, levo uma bronca" desculpa-se Waldir. Rubens o leva para dentro da casa a fim de despedir-se de Eunice, que acaba de chegar do mercado com Maria do Céu trazendo duas sacolas cheias de mercadorias: "A gente estava numa sessão nostalgia. Conversa de saudosista. São as mesmas histórias, que a gente nunca esquece de lembrar."

Rubens o abraça. "Então o almoço fica pro fim de semana. Sábado."

"Combinado."

"Traga a Yolanda e as crianças" pede Eunice.

"Vamos comer um pato no tucupi, tá certo? Chega mais cedo pra gente ir à praia. Não gosto de ficar no sol muito quente, senão viro um camarão."

Rubens leva Waldir até o portão lateral da casa e diz: "Sabe quem está na cidade? O Pio Correia, aquele embaixador fascista que não deixou o Almino e outros exilados ficarem no Uruguai. Vai almoçar hoje com empresários no Country."

"Que tenha uma boa indigestão." Waldir sorri e os dois apertam as mãos.

No quarto, Babiu amarra um lenço de seda na cabeça e continua dançando com Eliana, alegres e brincalhonas. A porta se abre e aparece a cabeça de Rubens.

"Festinha boa, hein?"

"Vem dançar, pai" diz Eliana.

Rubens entra no quarto. "Eu só danço bolero, valsa..." Ele mexe o corpo desajeitadamente, tentando acompanhar a dança solta das meninas. "E o Marcelo, não acordou ainda?"

"Que nada" diz Eliana. "Só vai acordar uma hora da tarde. Ainda mais que é feriado."

"Esse moleque tá muito folgado... Chega. Já dancei demais."

Uma Veraneio azul-claro estaciona na frente do Opala e dela sai um homem baixo, gordo e suado. Dentro permanecem o motorista e um terceiro agente.

"Porra, Dumbo, que demora foi essa?" reclama Abelha.

"O trânsito no Centro estava meio engarrafado, por causa de uma procissão..."

"Já saíram dois caras da casa. Podíamos ter pegado eles também. Mas eu precisava do reforço pra invadir. É preferível não atacar do que entrar numa fria e ter baixas."

"Lamento, não foi culpa minha. Bota a culpa no São Sebastião."

"Ok, já perdemos muito tempo, vamos entrar. Metraca na mão, se preparem pra um possível confronto. Não sabemos quantas pessoas estão lá dentro, podem, devem ter armas, fuzil, metralhadora, granada e o escambau. Qualquer movimento suspeito, a ordem é passar fogo e falar que foi troca de tiros."

Abelha tira os óculos escuros, guarda no bolso da camisa, apanha uma submetralhadora no banco de trás e desce do Opala com Chacal e Leão, armados de pistolas. Os três se juntam a Dumbo. Da Veraneio saem Gavião e Besouro, também com pistolas nas mãos. Abelha ergue um braço acenando para as duas Kombis e caminha à frente dos cinco colegas a passos rápidos para o portão lateral da casa.

Na cozinha, Maria José ouve a campainha tocar e vai atender. É uma senhora negra de cabelos grisalhos cobertos por um lenço. Trabalha para a família há muitos anos, ajudou a criar os cinco filhos do casal.

"Quero falar com o Rubens." Abelha encena um sorriso.

Ela está habituada a atender a visitas frequentes, não reconhece ninguém no grupo, mas supõe que sejam amigos.

"Vou chamar. Um momento, faz favor."

"Não se incomode. Ele me conhece." Abelha abre o portão rapidamente e todos entram apontando as armas, passam por Maria José, entram pela porta, atravessam depressa a antessala onde fica um lavabo. O último a entrar tranca rapidamente a porta enquanto os demais se posicionam no salão. Maria José fica estatelada. Chacal e Gavião seguem para a sala de jantar e a cozinha, Maria do Céu vem descendo a escada e, ao ver os homens armados, cruza as mãos no peito, num espasmo. "O que é isso?"

Rubens e Eunice estão no escritório sentados no sofá, bebendo suco de laranja e jogando gamão, com o tabuleiro sobre uma cadeira. Maria José bate na porta e entra, com olhos arregalados.

"Doutor Rubens, têm uns homens aí na porta querendo falar com o senhor."

Num instante, Rubens percebe algo estranho na fisionomia dela. Sem perguntar nada, sai cismado do escritório, encosta a porta atrás de si e não dá nenhum passo: à sua frente está o capitão Abelha, parado no meio da sala, com a metralhadora apontada.

"Quieto aí! É cana dura!"

Lívido, Rubens se vira para entreabrir a porta do escritório e dizer a Eunice: "Não se assuste, mulherzinha. Fique calma."

Dumbo e Besouro se aproximam com pistolas apontadas, Rubens ergue um braço para tentar impedir a entrada deles, mas os dois empurram a porta e invadem o escritório. Os outros se posicionam nos cantos da sala e no pé da escada, armas em punho, olhando para todos os lados e para o alto da escada. Leão fica junto à porta da sala.

Sozinha em seu quarto, Babiu está pulando corda quando escuta o zum-zum lá embaixo. Interrompe a brincadeira por alguns segundos, mas não pensa em nada. Seu pai recebe amigos quase diariamente, como os dois que estiveram conversando durante a manhã. Sua cabecinha de 10 anos ainda está impregnada de recordações das divertidas aventuras nas férias que passou na fazenda do avô, os pulos na piscina com os primos e primas, as brincadeiras com as galinhas e os cachorros, os passeios a cavalo e no jipe do avô pelas plantações de banana-nanica e tangerina, vó Ceci tocando a sineta pra avisar que o almoço estava pronto e todos correndo para devorar a comida gostosa.

Ela apanha "Tippy" e vai ao quarto de Nalu e Vera. Eliana está deitada sozinha na cama lendo uma revista.

"Amanhã vou chamar minhas amigas pra vir aqui. Ainda falta quase um mês pro início das aulas. Quero brincar de queimada, amarelinha, bambolê, pula-corda, pique-esconde..."

"Está bom." Eliana está interessada mais na leitura, até ouvir o alvoroço proveniente da sala. "Que barulheira é essa?"

Babiu não dá muita importância. "Vai ver que chegou visita de novo."

"Parece briga. Eu vou lá embaixo. Espera aí." Eliana deixa a revista na cama e sai do quarto. Babiu fica curiosa, também pressente alguma coisa incomum acontecendo. Ela aguarda um minuto, apanha

"Tippy" pelo braço e também vai ver. Mas no patamar da escada ela fica estática: homens com armas apontadas para seus pais sentados no sofá, Eliana encolhida ao lado deles, as duas empregadas em pé, desconcertadas.

"Babiu, vem pra cá" chama Eunice.

A menina desce correndo a escada e senta-se ao lado da mãe.

"Tem mais alguém lá em cima?" pergunta Abelha.

"Só um garoto, está dormindo" responde Rubens.

Abelha faz um sinal com a cabeça para Gavião e Besouro. Os dois sobem a escada para confirmar.

Aturdida, Eunice pensa que são ladrões. Mas a cidade ainda não tem assaltos armados a prédios residenciais ou casas, muito menos durante o dia. Rubens se esforça para controlar a situação. "O que vocês querem? Quem são vocês?"

"Somos da Aeronáutica. Viemos buscar o senhor e a senhora pra prestar depoimento. Coisa de rotina, só uns esclarecimentos. E vamos revistar a casa."

"Revistar por quê? Cadê o mandado de busca? Cadê a identificação de vocês?"

"Não tem mandado, não tem identificação, esqueci em casa."

"Não precisa revistar nada. Aqui não tem nada de mais, é uma casa de família."

Gavião e Besouro descem a escada. "Não tem mais ninguém. Lá em cima só o garoto mesmo, tá dormindo" confirma Besouro.

Abelha instrui Chacal e Leão: "Peguem todos os livros de capa vermelha ou com a palavra 'vermelho' no título."

Os dois agentes entram no escritório. Rubens permanece sentado no sofá, imóvel, sabe que qualquer movimento pode ser interpretado como reação. Está habituado a dar ordens, a tomar decisões, nunca foi submisso a ninguém, mas tem que se controlar.

No escritório, Chacal e Leão remexem na estante, as gavetas da escrivaninha, retiram livros, uma agenda telefônica, papéis timbrados da empresa, cartões de visita. Voltam para a sala e mostram a Abelha os livros de capa vermelha apreendidos: *O senhor embaixador*, de Erico Verissimo, *Um retrato do artista quando jovem*, de James Joyce, uma edição antiga de *Saneamento urbano e rural*, de E. W. Steel; apreendem também *O ano vermelho*, de Moniz Bandeira, *O vermelho e o negro*, de Stendhal, e *Chapeuzinho Vermelho*, de Charles Perrault, com ilustrações de Gustave Doré.

"Ok, bota tudo num saco pra gente levar" pede Abelha.

Aos poucos Rubens se recompõe e encara Abelha. "E a intimação para o depoimento?"

"Não tem nada escrito!" exclama Abelha, e em seguida suaviza o tom. "O depoimento é só uma formalidade. Vai ser rápido. Não se preocupe."

"Eu não estou preocupado. Vocês é que estão nervosos. Por favor, guardem essas armas, se acalmem. Aqui não tem bandido, vocês estão assustando as meninas. Eu vou prestar o depoimento. Mas a minha esposa fica, ela precisa cuidar das crianças..." Ele se levanta do sofá. "Vou subir pra trocar de roupa, ok? Ninguém vai reagir, ninguém vai fazer nada, fiquem calmos."

Os agentes baixam as armas, porém mantendo-as nas mãos. Rubens sobe a escada, seguido por Gavião e Besouro até dentro do quarto, e fica irritado com esses homens que sem motivo invadem sua casa e ameaçam sua família com armas. Precisa ter sangue-frio, como nos vários momentos de perigo que já passou, se bem que nunca chegaram a este ponto. Sempre soube de invasões de residências e prisões arbitrárias por motivos políticos. Jamais imaginou que aconteceria em sua própria casa.

A porta lateral da sala se abre e entra Nalu, 14 anos, cabelos louros e longos, sorridente. "Oi", cumprimenta também os quatro homens em pé na sala, pensando que são amigos de seu pai. Ela está com a amiga Cristina, também adolescente.

Sentada numa poltrona embaixo da escada, Eunice responde sem se levantar. Eliana no sofá não fala nada e Babiu se mantém abraçada a "Tippy".

Nalu fica intrigada de início, mas brinca. "Que cara é essa, gente? Tem alguém passando mal?"

"Não, não é nada não." Eunice continua séria.

"Vou à praia. Só vim pegar um biquíni e uma camisa. Cadê o pai?"

Eliana aponta para a escada. "Está no quarto."

Nalu sobe correndo a escada e a amiga fica sentada na sala, ao lado de Eliana.

"Oi minha filha, tudo bem?" Rubens está sentado na cama, calçando as meias. Nalu se surpreende ao ver os dois homens no quarto, com um sorriso artificial para ela. Já viu muitos amigos de seu pai na sala, no escritório, na mesa de jantar, sabe que ele recebe amigos até quando está na banheira, mas nunca viu nenhum dentro do quarto dele, nem os mais íntimos. E estes são homens estranhos, calados, não parecem à vontade. Seu pai tampouco. Ela também estranha que ele esteja vestindo terno, sua roupa de trabalho habitual nos dias de semana e às vezes quando sai à noite, mas nunca em fins de semana e feriados.

"Pensava que ia encontrar o senhor de calção, chinelo. Vai trabalhar hoje?"

Ele evita olhar para ela. "Surgiu um compromisso, inesperado. Dormiu bem na casa da Cristina?"

"Sim, tudo normal."

"Como é que ela está?"

"Bem. Ela veio comigo, está na sala. Vamos à praia. Vim só pegar um biquíni e..." Nalu sorri.

"E...?" Rubens olha para ela. "Já sei: dinheiro."

"Não. Me empresta uma camisa sua? Pra usar como saída de praia. Está se usando muito."

"Está bem... não camisa nova." Ela examina o guarda-roupa e escolhe uma camisa estampada.

"O Sebastião trouxe a gente de carro. Ele disse que na volta da praia vem aqui falar com o senhor."

Rubens disfarça o embaraço. "É melhor assim. Não posso falar com ele agora, estou de saída."

Seu amigo Sebastião Nery, jornalista, ex-deputado estadual, cassado, e padrasto de Cristina, também é visado pelos órgãos de segurança e se entrar na casa pode ser levado junto.

Rubens apanha na gaveta do criado-mudo sua carteira com documentos e dinheiro, dois charutos que ele coloca no bolsinho superior do paletó, respira fundo e desce para a sala com os dois agentes. Eunice continua sentada na poltrona, agora com Babiu no colo e Eliana no sofá mordiscando o lábio inferior.

"Oi, Cristina." Rubens dá um beijinho no rosto dela. "Já usou o presente de aniversário que eu te dei?"

"Já. A saia é linda. O senhor tem bom gosto. Obrigada mais uma vez."

"O senhor vai trabalhar?" pergunta Babiu.

"Não. Vou só resolver uns negócios. Volto logo. Fica aí bem comportadinha com sua mãe e a Eliana, está bem?" E se vira para o capitão Abelha: "Eu gostaria de ir no meu carro."

Abelha concorda. "Pode ir. É mais confortável, né doutor?"

Em vez de ir no seu carro, Rubens pede a Eunice a chave do carro dela. Depois de apanhar a chave sobre o aparador, ele acena dando tiauzinho a todos, Babiu corre até ele, cinge seu pescoço com as mãos e dá um beijo na testa.

Sem explicação, Abelha comunica a Rubens que quatro homens permanecerão na casa, chefiados por Dumbo.

"Não assustem as crianças" pede Rubens, e sai com Abelha e Chacal pela porta da frente, que dá para o estacionamento descoberto onde ficam os dois carros da família. Chacal leva um saco de estopa com o material apreendido na casa.

Rubens abre o portão, entra no Opel Kadett grená, conversível, com capota de vinil preto, e assume o volante ao lado de Abelha, que colocou os óculos escuros. Chacal senta-se no banco de trás.

"Pra onde a gente vai?" pergunta Rubens.

"Pode seguir por Ipanema até Copacabana. Depois eu explico" diz Abelha.

Rubens acelera e vira à esquerda na avenida Delfim Moreira, dobrando a esquina, seguido pelas duas Kombis. Maria do Céu fecha o portão, ao lado de um agente.

Num dos quartos lá em cima, Marcelo dorme o sono dos inocentes.

Na movimentada rua Visconde de Pirajá, Rubens pergunta de novo a Abelha. "Pra onde a gente vai exatamente?"

"Pode seguir direto pra Copacabana até o Leme e pegar o Túnel Novo."

"Qual é o nome do lugar onde eu vou prestar depoimento? E qual é o assunto?"

Abelha vira o rosto para fora da janela. "Não sabemos de nada. Nossa missão é apenas te levar."

"O que é que vocês querem de mim, afinal?"

"Não esquenta a cabeça, tu vai saber quando chegar lá."

"Mas lá onde?"

Abelha se cala. Rubens ultrapassa carros, muitos com adesivos nos vidros traseiros, *Brasil: ame-o ou deixe-o*, em letras verdes e amarelas. Ele pensa no telefonema da mulher que disse ter trazido cartas do Chile. Quem seria? O que sabem a meu respeito? Se for a ajuda que dei a algumas pessoas, não podem provar nada.

Um congestionamento interrompe o tráfego na avenida N. S. de Copacabana. Automóveis e ônibus enfileirados. Rubens afrouxa o nó da gravata, tenta relaxar olhando para a calçada onde passeiam jovens cabeludos e barbudos de macacão jeans, Cruz de Nero no pescoço, garotas de minissaias ou saias compridas até os pés, umbigos à mostra. Numa parede um cartaz em letras pretas anuncia *Deixa Sangrar — Gal Costa e Som Imaginário — Teatro Opinião*. A fila de veículos vai aumentando. Ele tamborila os dedos no volante.

"Não estou entendendo, engarrafamento em pleno feriado. O comércio todo está fechado e que eu saiba não tem procissão por aqui."

Abelha e Chacal continuam quietos. Um mendigo se aproxima da janela de Rubens, estende a palma da mão encardida. Rubens tira da carteira uma nota de dez cruzeiros e dá para ele. O mendigo arreganha seus dentes podres:

"Que São Sebastião o ajude, patrão."

Dois quarteirões adiante, a causa do engarrafamento: soldados do Exército com capacetes na cabeça e fuzis pendurados nos ombros, policiais civis e agentes dos órgãos de segurança bloqueiam a avenida. Estão pedindo documentos aos motoristas, revistando carros com cães farejadores, entrando nos ônibus em busca de suspeitos — basta um passageiro ser jovem com aparência de estudante ou não portar documento de identidade.

"Devem estar procurando os sequestradores do embaixador suíço. Pelo menos acho que não vão revistar o meu carro."

Abelha apenas acompanha com o canto dos olhos os gestos de Rubens, braço esquerdo apoiado na janela do Opel, as mãos no volante começando a suar. Ele afrouxa a gravata e prossegue em marcha lenta no meio da fileira de carros e ônibus.

"E o Vasco, ganha do América?" pergunta Chacal no banco de trás.

"Espero, né" responde Abelha. "Mas tu sabe como é futebol, uma caixinha de surpresa."

Rubens fica quieto. Não torce para nenhum time, raramente vai ao Maracanã, só acompanha jogos durante a Copa do Mundo. No ano passado assistiu a todas as partidas da Seleção tricampeã. No jogo final, viu o primeiro tempo em casa com a família e o segundo com amigos no apartamento de Bocayuva.

Um soldado negro e magro, empunhando uma metralhadora, aproxima-se do Opel.

"Seus documentos e os do carro."

Abelha interfere estendendo o braço por cima de Rubens com a carteira do CISA na mão. "Somos da Aeronáutica, estamos em serviço." O soldado examina os dois lados do documento e dá uma olhadela no interior do veículo. "Está bem, podem ir."

Rubens manobra o carro para a direita, "Vou sair desse engarrafamento", e entra numa rua transversal que termina na avenida Atlântica, com obras de duplicação, e menos tráfego. Em dez minutos o Opel chega ao fim da avenida. Ao atravessar o Túnel Novo, Rubens sente a mão de Abelha tocando seu braço:

"Dá uma parada ali no Canecão."

Ele estaciona no meio-fio, em frente à casa de espetáculos, olha rapidamente a fachada um painel enorme anunciando o show em cartaz, Simona, Simonal.

"Passe pro banco de trás" diz Abelha. "Daqui pra frente eu vou dirigir. O lugar pra onde vamos é meio difícil de achar... E cuidado, não tente fugir. Tem um pessoal aí atrás dando cobertura, e eles podem te dar uns tiros e ainda prender a sua família toda."

Rubens olha enviesado para Abelha, sai do carro, vê as duas Kombis paradas atrás, a poucos metros de distância, e senta-se no banco de trás.

Um quarteirão depois, Chacal lhe pede: "Baixa a cabeça."

"Pra quê?"

O tom fica agressivo. "Não interessa."

Rubens obedece, Chacal empurra a cabeça dele até quase tocar nos joelhos e enfia-lhe um capuz preto.

"Fica assim, não levanta a cabeça. Só quando eu mandar."

Dentro da casa, um silêncio de fel e atonia. As cinco mulheres — Eunice, Babiu, Eliana, Maria do Céu e Maria José — estão proibidas de sair à rua ou telefonar. Seus movimentos são permanentemente bisbilhotados por Besouro e Leão, enquanto Gavião e Dumbo ficam sentados no sofá.

Eunice tenta compreender esse emaranhado. Por que buscaram Rubens? Ele deixou a política faz tempo. Por que estes homens ficaram aqui? O que pretendem? Quem são eles realmente? Ela que nunca enfrentou grandes problemas na vida, pessoais ou financeiros, ela que sempre foi uma mulher alegre e despreocupada, cercada de afeto dos pais e das três irmãs, ela que sempre gostou da liberdade de viajar e conhecer países, ela que sempre conviveu com famílias grandes, em sua casa, na casa dos seus pais e dos sogros — ela agora experimenta pela primeira vez um penoso sabor de desamparo. Gostaria de telefonar para seus pais ou os pais de Rubens, todos moram em Santos e São Paulo. Prisioneira em sua própria casa, ameaçada por intrusos que intimidam sua família. Gostaria de gritar-lhes: o que vocês querem do Rubens?, por que não vão embora?

"Podemos subir pro nosso quarto?" pergunta Eliana.

"Sim, claro" responde Gavião.

Eliana sobe a escada com Babiu e as duas vão para a janela do quarto de Vera e ficam olhando a praia. Eunice também sobe com Maria do Céu e procura transmitir segurança às filhas.

"Esses homens vão ficar um pouco na casa, seu pai vai voltar logo, tudo vai ficar bem." Ela se vira para Maria do Céu. "Vai lá na cozinha e fica de olho no que eles fazem. Eles vigiam a gente, mas a gente também deve vigiá-los."

"Posso fazer um café pra eles?"

Eunice responde contrariada. "Essa não, Maria do Céu. Eles invadem minha casa, ameaçam minhas filhas com armas, levam meu marido, e ainda vamos servir cafezinho? Absolutamente. Eu não sou mesquinha, mas neste caso... Nem café nem almoço."

Maria do Céu desce, atraindo a atenção dos quatro homens, agora sentados no sofá da sala. Leão se levanta, vai à cozinha e pede a ela um copo de água.

Enquanto ele bebe, Maria do Céu olha dissimuladamente para ele, para a camisa vermelha e a calça preta boca de sino. Leão aproveita para fazer umas perguntas.

"É bom trabalhar aqui?"

Ela começa a lavar algumas xícaras. "É bom, sim. Dona Eunice é uma ótima patroa."

"Deve ter muita visita, né?"

"Ah, sim, quase todo dia. O doutor Rubens conhece muita gente. A casa é bem movimentada. Já me acostumei."

"Como é o pessoal que vem visitar? Jovem? Barbudo?"

"Ah, vem gente de tudo quanto é tipo e idade. Jovem, velho, criança, amigos e namorados das meninas, e gente assim que nem você."

"Como assim? Mulato, cabelo black power e bonito que nem eu?"

Maria do Céu sorri, "Você é muito convencido", e vira de costas para arrumar as coisas na pia.

Babiu desce a escada, passa pela sala e segue em direção ao portão lateral, mas é interrompida pelo chamado de Leão:

"Ei, aonde você pensa que vai?"

"Vou comprar algodão-doce ali em frente."

Dumbo sai do sofá e vai até ela. "Espera aí. Não pode sair, não."

"Por que não?"

Dumbo não sabe o que dizer. Maria José desce a escada e intervém. "Deixa a menina ir, moço!"

"Não, não pode sair porque... vai chover."

Babiu faz uma careta. "Vai chover nada. Tem sol lá fora. Tá pensando que eu sou bobinha, é?"

"Deixa ela, moço" insiste Maria do Céu.

Leão intervém. "Então diga uma coisa pra gente: você gosta do seu pai?"

"Claro."

"Do que você mais gosta nele?"

Ela sorri. "Da risada."

"Sei. E por quê?"

"É uma risadona alta, dá pra escutar em todo lugar da casa."

"E onde você vai comprar o algodão-doce?" pergunta Dumbo.

Babiu lhe vira as costas. "Aqui pertinho, na calçada da praia." E sai apressada.

"Não demora, senão a chuva te pega." Dumbo volta para o sofá.

Encostado na porta da cozinha, Leão cruza os braços olhando para Maria do Céu. "E você, gosta de algodão-doce ou de picolé?"

No centro da cidade, Abelha dá algumas voltas nas ruas próximas ao quartel da III Zona Aérea durante dez minutos, para fazer Rubens perder a noção de tempo e lugar. Diante da guarita, Abelha mostra a carteira, o sentinela ergue a cancela, o Opel entra devagar, vira à esquerda, estacionando em frente ao prédio principal, comprido, no qual ficam a parte operacional do quartel e o gabinete do comandante. As duas Kombis não entraram. Seus ocupantes foram almoçar na Cinelândia.

Abelha e Chacal conduzem Rubens encapuzado até um elevador de porta pantográfica que os leva ao segundo andar. Entram numa sala onde estão Urso, Coiote e Jacaré, este sentado atrás de uma escrivaninha. Todos com farda da Aeronáutica. Abelha e Chacal se retiram.

Rubens permanece de pé, encapuzado, sem saber onde está e com quem. Escuta a respiração dos três homens à sua frente e a sua própria, acelerada, sob o capuz. Todos ficam calados no primeiro minuto, até Jacaré determinar:

"Tira o paletó."

Rubens obedece, Urso revista os bolsos e apanha os dois charutos. Coiote retira o relógio de pulso e os objetos dos bolsos da calça: um lenço, a carteira com dinheiro, documento do carro, carteira de motorista, um cartão do Diner's Club e uma carteirinha de piloto expedida pela Diretoria de Aeronáutica Civil. Urso retira também o cinto da calça e os cadarços dos sapatos. Tudo é colocado sobre uma mesa. Jacaré apanha a carteirinha e examina por um instante.

"Rubens, você é 'piloto privado' mesmo, ou esta carteirinha é falsa?"

"Tenho brevê há muitos anos. Eu voava pra supervisionar obras nas estradas." Sua voz sai baixa e abafada. "Dá pra tirar o capuz?"

"Não, não dá" diz Jacaré.

"Assim não consigo falar direito."

"Estamos te ouvindo muito bem."

"Não estou podendo respirar direito. Me disseram que eu vinha prestar um depoimento de rotina."

Jacaré troca sorrisos sardônicos com seus colegas. "E é um depoimento de rotina. Só queremos umas informações e te liberamos em seguida."

Urso retira a gravata de Rubens. "O homem é bacana, aí, gravatinha de seda..."

"Você tem filhos, Rubens?" pergunta Jacaré, num tom falsamente amistoso.

"Tenho, cinco."

"Cinco? Puxa! Família grande, hein?" Coiote examina a carteira de motorista e o documento do carro.

"Você trabalha em quê? Ou é militante profissional?" pergunta Urso.

"Sou engenheiro civil e diretor de uma empresa no Rio e outra em São Paulo. A do Rio é a Geobrás."

Jacaré apanha uma cadeira, faz um sinal para Urso colocar Rubens sentado, de frente para a parede, e retira-lhe o capuz.

"Não mexe a cabeça. Fica de cara pra parede" ordena Jacaré. "O que você acha da revolução?"

"Que revolução?"

"Não banque o sonso. Você sabe, a revolução de março de 64..."

"Eu sempre fui contra, não vou mentir só porque estou na frente de vocês. Isso não significa..."

"O que acha do presidente Médici?" pergunta Coiote.

"Eu vim prestar esclarecimento ou ser interrogado? Se eu vim pra ser interrogado, então preciso telefonar pra um advogado." Fala com convicção, mas sabendo que não será atendido.

"Ele é metido a engraçado" diz Urso. "Antes queria tirar o capuz. A gente tirou. Agora quer telefonar. Logo logo vai querer um cafezinho, uma cerveja."

Coiote zomba. "Deve trabalhar na *Família Trapo*."

"Isso não é um interrogatório." Jacaré cruza os braços ao lado dele. "Estamos conversando apenas. Onde e quando você se formou?"

"Na Universidade Mackenzie, em São Paulo, 1954."

"Qual foi seu envolvimento político na faculdade?" pergunta Jacaré.

"Fui presidente do diretório e fiz parte da diretoria da UEE."

"UEE? O que é isso?"

"União Estadual dos Estudantes. Todo estado tem uma, ou tinha, até ser proibida. Era responsável pelas mobilizações políticas e campanhas acadêmicas dos universitários."

Coiote rosna. "Um antro de subversivos."

"Você é comunista?"

"Não. Nunca fui nem sou..."

"Recebe algum jornal comunista?"

"Não."

"Mas tem ideias socialistas."

"E já esteve em Moscou, não esteve? Foi lá buscar dinheiro do Kominform pros comunistas brasileiros."

"Ou foi fazer um curso de guerrilha?"

"As duas coisas, tá na cara."

Rubens sacode levemente a cabeça. "Fui participar de um congresso internacional de arquitetura e construção civil em Londres, e aproveitei para passear com minha mulher e outro casal pelos países que a gente não conhecia. Ficamos uns dias em Moscou."
"Esse foi o pretexto" contrapõe Jacaré. "O motivo mesmo foi pegar dinheiro dos russos e fazer curso de agitação, pra fomentar a guerra de classes no Brasil." Ele se exalta. "É ou não é? Confesse!"
"Confesso, eu confesso que sempre quis melhorar este país, ou pelo menos ajudar, desde a época de estudante..."

Em março de 1952, quando nos reunimos no auditório da Universidade Mackenzie para o IV Congresso da União Estadual dos Estudantes, a gente estava confiante nas medidas nacionalistas do governo Getúlio. Eu não gostava muito dele, tinha sido um ditador no Estado Novo. Mas no segundo mandato ele melhorou, enviou à Câmara dos Deputados um projeto de lei pra criar a Petrobrás. Outro projeto importante nessa linha criava a Eletrobrás e também tramitava na Câmara quando realizamos o congresso. Por isso eu estava vibrando quando discursei para a estudantada.

"Nossa prioridade nestes dias históricos de mudança tem que ser a reorganização da UEE. Precisamos acabar com a crise interna, com as divisões, e reconquistar os colegas dos centros acadêmicos que se desfiliaram, como o pessoal da Faculdade de Direito do Largo de São Francisco, a Juventude Universitária Católica, que vem se recusando a participar da nossa entidade. Vamos procurar o presidente deles, o Plínio de Arruda, pra conversarmos sobre isso. Só com união vamos fortalecer o nosso movimento!"

Alisei o bigodinho ralo e fiz uma pausa, satisfeito com a torrente de aplausos. O auditório estava lotado de rapazes e garotas, muitos empunhando cartazes com palavras de ordem. Eram a vanguarda política da juventude paulista. Bebi um gole de água, afrouxei o nó da gravata e desabotoei o colarinho. Meu terno de linho branco estava um tanto amarfanhado, deliberadamente. Nunca gostei de ostentação, mesmo tendo pai empresário e dono de fazenda no interior de São Paulo.

"Não podemos continuar divididos, sem rumo. A UEE paulista precisa ser mais dinâmica, cerrar fileiras em torno de um presidente que possa realmente defender os nossos interesses como estudantes e os interesses do país, especialmente no campo da energia. Por isso a UEE deve eleger pra presidente o nosso colega Fernando Gasparian. Ele tem o mesmo pensamento que move a parte mais lúcida dos estudantes e do país. Ele é contra as desigualdades sociais, contra os entreguistas que querem abrir as portas do Brasil pra tudo quanto é capital estrangeiro! Vamos acordar este país gigante e transformar o berço esplêndido numa oficina de trabalho e produção!"

Mais aplausos. Gasparian sorriu. Neto de imigrantes armênios que haviam construído um império industrial no ramo têxtil, ele também era um dos que mais lutavam pelos ideais nacionalistas. Isso fortaleceu nossa amizade. Ele se levantou e começou a falar, com bastante segurança e firmeza:

"Na presidência da UEE paulista, vamos fortalecer e ampliar a campanha 'O petróleo é nosso'. O projeto que o Getúlio mandou para o Congresso precisa ser melhorado. O petróleo tem que ser monopólio do Estado, a concessão para grupos privados seria uma luta entre o leão e o ratinho. O capital estrangeiro é bem-vindo, desde que controlado pelos brasileiros. Também temos que pressionar a Câmara dos Deputados a aprovar logo o projeto de lei que cria a Eletrobrás. Nós estudantes vamos continuar na linha de frente dessa luta. Abaixo os entreguistas e traidores dos interesses nacionais! Abaixo o monopólio da Light e da Bond and Share no setor de energia! Pela criação da Petrobrás! Pelo ensino público e gratuito! Pela unidade estudantil!"

O pessoal que a gente chamava de entreguista, embora minoria entre os políticos, tinha o apoio dos grandes empresários e da imprensa. Eles queriam a participação total das multinacionais na exploração das riquezas estratégicas do país. E nós nacionalistas defendíamos o Estado como propulsor do desenvolvimento. Se o Brasil não criasse uma empresa estatal para o petróleo, essa riqueza iria cair nas mãos dos testas de ferro das grandes corporações estrangeiras. Tínhamos muitos aliados, uma influente parcela de oficiais do Clube Militar. Comícios se sucediam nas principais cidades, com discursos dos generais Horta Barbosa, Estilac Leal e Leônidas Cardoso, e os estudantes plantavam torres simbólicas de petróleo.

A vitória de Gasparian pra presidir a UEE também aumentou a minha liderança, éramos do mesmo grupo. Mas eu não podia assumir muitos compromissos na política estudantil. Meu projeto mais importante então era pessoal: estava de casamento marcado, mesmo ainda faltando dois anos pra me formar. Já durava cinco anos o meu namoro com Eunice Facciolla, estudante de Letras Neolatinas também na Mackenzie. Era a primogênita das quatro filhas de Giuseppe, um imigrante italiano de Bari que chegou a São Paulo recém-casado com Olga Donati, de Modena, trazendo apenas um baú repleto de sonhos. No começo ele trabalhou na lavoura de café, progrediu, instalou no Brás um comércio de arroz e ganhou muito dinheiro. Comprou casa de praia em São Vicente, foi morar num sobrado em Higienópolis, bairro com mansões e palacetes art nouveau, ruas largas e arborizadas. Os barões do café e seus filhos tinham os últimos modelos de carros importados, passeavam ao lado de madames com chapéus, luvas e cachorrinhos de pedigree, sem faltar o guarda--chuva pra proteger da garoa. Eram paulistanos quatrocentões do café society e se consideravam aristocratas de sangue, esnobavam os novos-ricos, especialmente imigrantes como os carcamanos sem estirpe. Eunice foi discriminada quando começou a estudar no colégio

Sion, que ficava perto de sua casa. Mas conseguiu se impor, era uma das melhores alunas, fluente em latim, um predicado admirável na década de 1940.

Depois do casamento ficamos no mesmo apartamento em que eu morava, no centro de São Paulo, e continuamos a nossa vida — íamos juntos para a faculdade de manhã, de vez em quando eu tinha aulas de tarde e de noite. Nossa felicidade aumentou com o nascimento de Vera, em setembro de 1953, e então mudamos para um sobrado no Largo de Pinheiros.

No ano seguinte, quando eu estava cursando o último ano na faculdade, fui eleito presidente do Centro Acadêmico Horácio Lane, e uma das minhas primeiras iniciativas foi reativar a *Folha Mackenzista*. Nessa época fiz um curso de piloto, sempre gostei de avião, estreei voando num monomotor da universidade.

Foi um ano de grandes emoções nacionais. Em São Paulo comemoramos, no começo de julho, o 4º Centenário da cidade, com três dias de muita festa. As lojas decoraram as vitrines com flâmulas e bandeirinhas, pratos pintados e broches celebrando a data. Eu e Eunice fomos para as ruas no meu Oldsmobile azul. Missa campal em frente à nova catedral da Sé, desfiles cívicos no Vale do Anhangabaú, espetáculos circenses no estádio do Pacaembu, shows e concertos no Parque Pedro II, bailes e festas nos clubes, carnaval nas principais avenidas, festival internacional de cinema no Cine Marrocos com a presença dos maiores artistas de Hollywood, desfiles de carros antigos, inauguração do Monumento às Bandeiras no Parque do Ibirapuera. Na última noite teve uma inesquecível chuva de estrelas, a multidão se deslumbrou no Viaduto do Chá com os triângulos de papel prateado atirados de aviões da FAB e iluminados por gigantescos holofotes. Fogos de artifícios encerraram a festa colorindo o céu.

Pouco mais de um mês depois, o país ficou estarrecido quando Getúlio se matou com um tiro no peito no Palácio do Catete. Mas

O ano terminou democraticamente, com eleições legislativas em dezembro.

Nos preparativos para o V Congresso da UEE paulista, os estudantes começaram a articulação pra eleger o sucessor de Gasparian. Certa noite, num bar em Pinheiros, me surpreenderam com uma proposta.

"Vamos lançar uma chapa, encabeçada por você, vai ser o novo presidente da UEE" me disse Almino Affonso, um estudante de Direito recém-chegado do Amazonas e que eu tinha conhecido no congresso anterior. Nossas ideias eram semelhantes e logo ficamos amigos. Ele era neto de político — seu avô paterno foi senador e constituinte de 1891 —, e morava numa república estudantil no Pacaembu. Era um bom orador, carismático, com raciocínio claro. Até venceu um Concurso Nacional de Oratória, com um discurso sobre Ruy Barbosa e a liberdade. Gasparian também estava junto. Eu recusei a proposta.

"Não posso me candidatar a presidente. Não tenho tempo. Além de casado e com uma filha pequena, ainda trabalho meio período numa empresa do meu pai. Como eu vou fazer tudo isso, estudar e presidir a UEE? De jeito nenhum."

Eu era diretor técnico no escritório da Companhia Paiva Madeireira, que comercializava cedro, pinho, caixeta, ingá e outras madeiras nobres extraídas da Mata Atlântica. Como contraproposta, indiquei Almino pra presidente e entrei na chapa como 3º vice-presidente. Outros dois estudantes completaram a chapa da diretoria e pra secretário-geral foi escolhido um católico praticante, Maurício Laterza. O Centro Acadêmico XI de Agosto lançou uma chapa com o estudante de Direito José Gregori pra presidente. A nossa chapa ganhou e durante a gestão de Almino a UEE cresceu, teve a adesão da Juventude Universitária Católica, liderada por Plínio Arruda Sampaio, estudante, socialista e tão católico que tinha o apelido de "Padre". Até então a JUC se preocupava mais com a evangelização do meio universitário e com temas culturais, apesar de muitos membros já fazerem política estudantil nos diretórios acadêmicos.

"Chega, chega de lero-lero" interrompe bruscamente Jacaré. "Não temos tempo pra isso. O que você falou só prova que já naquela época você era agitador."

Rubens, ainda sentado na cadeira e de frente para a parede, demora uns segundos para retrucar. "Já me chamaram de nacionalista, burguês progressista, socialista, mas nunca de agitador. Porque não sou mesmo. Sempre fui diretor ou dono de empresa."

"E por que, sendo empresário, você se mete com subversão e terrorismo?" pergunta Coiote.

"Que subversão? Que terrorismo? De onde vocês tiraram isso?"

"Sabemos que você tem contatos com subversivos brasileiros do Chile" diz Urso.

"Contatos? Que contatos?"

"Dê os nomes dos subversivos que você conhece aqui e no Chile."

"Não conheço subversivo nenhum no Chile."

"E aqui no Rio?"

"Não sei do que vocês estão falando."

Um soldado bate na porta. Urso vai atender.

"O comandante está chamando pra cerimônia. O ministro já vai entregar as medalhas."

Os três abotoam suas túnicas azuis. Jacaré acena com a cabeça para Urso, que coloca o capuz em Rubens.

"Leva ele pro X-9. Depois a outra turma continua... Tu vai ver só quando o comandante chegar, seu merda!" grunhe Jacaré.

Um soldado conduz Rubens encapuzado por um corredor, outro soldado vindo em sentido contrário estica a perna na frente dele. Rubens tropeça e cambaleia.

"Cuidado com o degrau." O soldado ri.

Lá embaixo, na Praça d'Armas, soldados, sargentos e oficiais de todas as patentes se perfilam orgulhosos diante do mastro com a bandeira do Brasil ondeando ao vento.

CAPÍTULO III

"Que país é este? Que povo o habita?
E quem é o prisioneiro acorrentado
à rocha fustigada pela ventania?
Por qual crime ele recebe tamanha punição?"

ÉSQUILO, PROMETEU ACORRENTADO

O hotel Slavija, em Belgrado, onde os exilados brasileiros se hospedaram

Ex-políticos cassados e jornalistas nos fundos da embaixada da Iugoslávia em Brasília, maio de 1964. Em pé, a partir da esquerda: D'Alembert Jaccoud, Almino Affonso, não identificado, Lício Hauer, Salvador Losacco, a esposa zelador da embaixada, Beatriz Ryff, Raul Ryff, Fernando Sant'Anna, Amaury Silva, Lamartine Távora, Rubens Paiva, Maria da Graça Dutra, Sílvio Braga Benedicto Cerqueira. Agachados, a partir da direita: Maurílio Ferreira Li a filha do casal iugoslavo, Deodato Rivera e o zelador

A procissão chega cantando à avenida Chile e se concentra em frente à Catedral Metropolitana, ainda inacabada, com uma cúpula incompleta em formato de cone. Diante do pórtico foi montado um grande altar, atrás do qual sentam-se dom Jaime, frei Elias e outros sacerdotes. Na primeira fila da plateia estão sentados o governador, o coronel Tigre e Elizete. A multidão ocupa todo o pátio da igreja e a passarela de pedestres sobre a avenida. O sol arde na cabeça do povo atento para a missa campal, iniciada com um cântico do coro da Paróquia Imaculada Conceição.

O arcebispo termina uma preleção sobre o santo padroeiro. "São Sebastião foi mártir, e portanto nos encoraja para os sacrifícios, incluindo este de resistir a um sol causticante. Sigam o exemplo de São Sebastião, em seu amor à verdade, pela qual foi torturado duas vezes. São Sebastião foi exemplo para nossa época de contestações, quando muitos no mundo inteiro tentam descobrir novas doutrinas."

Em seguida ele abençoa os fiéis e a cidade, com uma oração proferida pausadamente, acompanhado pela multidão:

"Deus onipotente, que conheceis todas as enfermidades, fraquezas e tribulações desta vida, fazei com que a todos nos valha a intercessão de são Sebastião, glorioso mártir e protetor dos cristãos. São Sebastião, meu intercessor, vós que sofrestes os ferimentos e recebestes no corpo as flechas da indiferença e da vingança, sofrendo vil e infamante processo, pela glória de Nosso Senhor Jesus Cristo, dignai-vos a interceder para que possamos obter do Altíssimo a graça de salvação das nossas almas. Rogai por nós! Honra e glória vos renderemos em todos os dias de nossas vidas. Amém."

Com um lenço cor-de-rosa, Elizete limpa uma lágrima, cuidadosamente, para não tocar no rímel.

Sem capuz, Rubens olha em volta. Um cubículo quadrado. Paredes pretas. Uma porta de ferro com janelinha gradeada. Do sanitário turco emana um cheiro ardido de urina e fezes. Nem tapando o nariz ele consegue evitar a náusea. Senta-se no colchão de palha estirado num canto, sem lençol nem travesseiro. Pernas esticadas, costas na parede, intrigado. O que querem? O que sabem dele? Será porque ajudou perseguidos políticos? Menos por piedade ou ideologia que por solidariedade humana, generosidade, exigência de seu temperamento, e por ser contra o governo.

Um som de banda marcial ressoa próximo. Ele fica de pé, espia pela janelinha: nada, exceto uma parede branca com faixa azul num corredor vazio. Com a mão direita em concha atrás da orelha, consegue ouvir melhor. Vozes masculinas cantando, *e o sol da liberdade em raios fúlgidos/ brilhou no céu da pátria neste instante*, que lugar é este? o que está acontecendo?, *se o penhor dessa igualdade/ conseguimos conquistar com braço forte*, senta-se de novo no colchão, encolhe as pernas e se debruça nos joelhos, de olhos fechados, *ó pátria amada idolatrada, salve, salve/ Brasil, um sonho intenso, raio vívido*, mas eles devem saber que nunca assaltei banco, nunca matei ninguém, não ajudei a sequestrar ninguém, *em teu seio, ó liberdade/ desafia o nosso peito à própria morte*, eles não têm prova nenhuma contra mim.

Após alguns minutos de silêncio lá embaixo, um homem começa a falar. "Há quase sete anos a nossa pátria era uma anarquia generalizada em todos os setores públicos e privados. A indisciplina se alastrava nas Forças Armadas, os sindicatos paralisavam a produção, os camponeses queriam a revolução agrária, os comuno-sindicalistas estavam na iminência de tomar o poder. Graças à gloriosa Revolução de Março de 1964 temos hoje a ordem, a tranquilidade e o progresso no seio da família brasileira. Impusemos uma grande derrota ao movimento comunista internacional e aos desordeiros sem bandeira. Precisamos estar sempre vigilantes contra a solerte infiltração de vivandeiras e agitadores que atentam contra o caráter pacífico e ordeiro de nossa sociedade e tentam impingir um sistema de vida infenso à civilização cristã e ocidental..."

Sede. Calor. Ele desabotoa a camisa de cima a baixo, sacode-a para se refrescar. Deita-se de costas no colchão, apoiando a cabeça nas mãos espalmadas, fecha os olhos, pensa, agora é que meu pai vai me encher o saco, não te disse pra não se meter em política?, não aprendeu nada com a cassação do seu mandato? Lembra-se da cara que o pai fez quando lhe anunciou, no último ano da faculdade, sua intenção de se filiar ao Partido Socialista Brasileiro.

"Como é que um diretor de empresa vai ser membro de um partido comunista? Onde tu está com a cabeça?"

"Não é comunista, pai. É socialista."

"Mesma coisa. Não tem diferença nenhuma" alegou Jayme, um homem corpulento, com uma calvície acentuada e barriga proeminente. Sempre se orgulhou de ter vencido na vida por esforço próprio, sem ajuda de ninguém. Filho de um português pobre que chegou da Ilha da Madeira e começou a trabalhar em Santos como verdureiro num mercado, Jayme sempre teve muita habilidade para negócios. Ainda jovem se associou a um inglês, dono de uma empresa de exportação de laranjas. Anos depois, quando o inglês teve que voltar para seu país, Jayme comprou a parte dele na empresa por um bom preço e posteriormente fundou a Paiva & Companhia, empresa de despachos aduaneiros instalada na rua XV de Novembro. Centenas de sacas de café chegavam de trem aos armazéns das docas de Santos e eram embarcadas por estivadores suados para dentro de navios com destino aos mercados norte-americano e europeu. Jayme ganhou muito dinheiro fazendo despachos de exportação, importação, cabotagem, intermediando serviços de transporte e armazenamento. Até alugava projetores de filmes, importados dos Estados Unidos. Em 1931 comprou no Vale do Ribeira uma chácara de mil alqueires que foi transformada na Fazenda Caraitá.

"Não demora e tu vai querer socializar nossas empresas e tomar a fazenda pra dar aos peões."

Rubens riu. "Pode ficar tranquilo, pai. Afinal de contas, como diz a mamãe, a Paiva & Companhia é a vaquinha onde toda a família vem mamando a vida inteira. Vamos deixá-lo com seu latifúndio e suas empresas. Não só as suas, de todos. O PSB é uma esquerda democrática, não quer nacionalizar nada. Nosso lema é socialismo com liberdade. É um partido pequeno, mas tem muita dignidade e coerência... Puxa, pai, eu quero fazer alguma coisa pra melhorar o Brasil. Um país desse tamanho não devia ser tão subdesenvolvido..."

Jayme olhou para cima e suspirou. "Ah, quanto idealismo."

Para não assustar ainda mais o pai, Rubens nem lhe falou que estava também fazendo um curso sobre problemas brasileiros ministrado pelo historiador Caio Prado Júnior, um intelectual de grande prestígio nos meios universitários, ex-deputado estadual pelo Partido Comunista e cujos livros faziam muito sucesso entre a juventude estudantil. No curso, intensivo, ele analisava as causas do atraso econômico e social do Brasil com uma interpretação marxista, criticando a estrutura arcaica do campo, a predominância estrangeira nos setores econômicos estratégicos, a disparidade educacional no país — quase a metade da população adolescente e adulta era analfabeta — e o baixo nível de consciência política do povo.

Apesar desse aprofundamento na realidade brasileira, Rubens não pensou em se filiar ao Partido Comunista, nem Caio fazia proselitismo neste sentido — ele próprio deixara de ter um vínculo orgânico com o partido, pois era discriminado por ser intelectual e membro de uma tradicional família paulistana. O PCB ainda era stalinista e cultuava o obreirismo, idealização do operariado como o motor da revolução.

No seu escritório, Rubens continuou se reunindo com os amigos uma vez por semana para analisar a conjuntura brasileira, confusa depois do suicídio de Getúlio Vargas. Eles queriam o desenvolvimento de uma indústria nacional e melhorias na qualidade de vida do povo, redução das desigualdades, tudo mediante reformas graduais. E chegaram à conclusão de que deveriam se filiar ao Partido Socialista Brasileiro.

Antes o grupo visitou dois intelectuais de esquerda que haviam sido filiados ao PSB: o sociólogo Antonio Candido e o crítico de cinema Paulo Emílio Salles Gomes, recém-chegado de uma temporada de oito anos na França. O partido tinha apenas três representantes na Câmara dos Deputados (João Mangabeira, presidente nacional, Hermes Lima e Domingos Velasco) e defendia uma transição pacífica para o socialismo, com pluripartidarismo, sem revolução armada, sem ruptura com os princípios da democracia liberal.

Não demorou muito para o grupo de Rubens perceber que, apesar de pequeno, o PSB tinha muitas divisões internas: havia uma facção à esquerda, minoritária mas influente, liderada por Febus Gikovate, Fúlvio Abramo, Plínio Gomes de Melo e Lívio Xavier, todos ex-trotskistas, além de Paul Singer e Eveline Pape; uma facção radical com laivos stalinistas; outra eleitoralista, liderada pelo deputado estadual Rogê Ferreira. Mas uma facção à direita era dominante, ligada a Jânio Quadros, eleito prefeito de São Paulo e governador com apoio do partido.

Apesar das divergências, o grupo de novos filiados estava muito entusiasmado e comparecia todo sábado às reuniões na sede do partido, uma casa na rua Tabatinguera e cujo aluguel Gasparian e Rubens ajudavam a pagar.

Mas a crise interna se agravou na campanha eleitoral para presidente, em 1955. O PSD e o PTB lançaram Juscelino Kubitschek, contra o udenista Juarez Távora. Na Convenção Nacional do PSB, realizada no Rio de Janeiro, a ala janista saiu vencedora com a proposta de apoiar Távora. A ala esquerda e nacionalista foi excluída dos cargos de direção do partido. Muitos filiados saíram ou foram expulsos.

Rubens permaneceu, mas se afastou das brigas partidárias para se envolver em outro projeto, também de caráter político. Como os grandes jornais eram todos defensores da abertura total da economia ao capital estrangeiro, os nacionalistas queriam ter uma publicação para difundir suas ideias. Gasparian sugeriu o relançamento do *Jornal de Debates*, semanário político fundado em 1946 e que estava desativado. Rubens aprovou e os dois foram ao Rio de Janeiro pedir autorização a Mattos Pimenta, criador do jornal e dono do título. Ele apoiou imediatamente. O grupo convidou o publicitário Marcus Pereira para ser diretor do jornal. Rubens e Gasparian contribuíam para o financiamento e faziam parte do conselho editorial, que tinha ainda o publicitário Marcus Pereira e Almino Affonso.

Durante todo o ano de 1955 o *Jornal de Debates* circulou como uma trincheira da causa nacionalista e apoiou a candidatura de Juscelino. Mattos continuava morando no Rio, mas sempre opinava sobre as matérias e era colaborador regular, com artigos destacados. Também assinavam artigos Gondin da Fonseca, Olímpio Guilherme, Raimundo Magalhães Jr., Osório Borba, deputado Dagoberto Salles, Hermes Lima, Osny Duarte Pereira, todos com posições nacionalistas claras. O jornal também publicava opiniões divergentes, pois o seu lema era uma frase de Voltaire: "Não concordo com uma só palavra do que dizeis, mas defendo até a morte o vosso direito de dizê-lo."

Rubens se viu na obrigação de organizar bem o seu tempo, para conseguir administrar a empresa, frequentar reuniões políticas e do jornal e dar atenção à família, que aumentou com o nascimento da segunda filha, Maria Eliana, no meio daquele ano.

Lentos passos de botas ressoam no piso do corredor, interrompendo suas divagações. Ele fica de pé para olhar na janelinha. O ruído das botas está mais próximo. Um soldado da Aeronáutica para diante da cela. Rubens o chama.

"Ei! Por favor."

O soldado se vira para ele, sem falar nada.

"Eu quero água e qualquer coisa pra comer."

Ignorando os apelos, o soldado vira as costas e continua sua ronda no corredor.

"Estou com sede e fome, pô! Quero telefonar!"

Os passos se distanciam e o corredor fica silencioso novamente. Rubens volta a sentar-se no colchão. Minutos depois, um outro militar discursa lá embaixo, mas Rubens não distingue suas palavras. Coloca os braços sobre os joelhos. Estão querendo me dar um susto, só pode ser, não têm nada contra mim. Pior vai ser aguentar a lenga-lenga do meu pai, eu bem que avisei, deixa a política pra lá, eu admiro seu idealismo, meu filho, sempre respeitei sua independência, nunca deixei de ajudá-lo e sinto orgulho do seu sucesso, mas esqueça a política, com militar não se brinca, a economia está indo bem, o governo está investindo em grandes obras, Transamazônica, ponte Rio-Niterói, que vai ser uma das maiores pontes do mundo, o metrô de São Paulo. Também começaram a fazer uma rodovia ligando Santos ao Rio de Janeiro, tu pode ganhar muito dinheiro com sua empreiteira, desde que controle a língua e não fique metendo o pau no governo e andando com comunista. Não é da noite pro dia que se vai melhorar a vida desse povo. Aprendi a nunca falar mal dos militares, mesmo antes da Revolução...

"Golpe militar" corrigiu Rubens, sentado ao lado do pai na ceia do último Natal, na fazenda Caraitá. Em torno da grande mesa redonda na sala de jantar do casarão estavam seus três irmãos e as duas irmãs, mais as três irmãs de Eunice, todos com seus cônjuges e filhos, cerca de vinte crianças e adolescentes, sentados nas duas outras mesas ao lado. O velho Jayme dominava a conversa, com seu habitual jeitão imponente.

"Eles estão no poder, meu filho, é estupidez brigar com quem está no poder. Seus negócios podiam estar melhores, construção civil é o ramo que mais cresce no país. Além das obras públicas, o mercado imobiliário tem dado lucros astronômicos. E tu prefere meter o pau no governo. Obras públicas seguem critérios políticos."

Jayme sente orgulho da fazenda, a maior no Vale do Ribeira, junto ao rio Iguape, uma bela região com vales, riachos, cachoeiras, flora diversificada, cavernas, trilhas. Ele plantou sobretudo banana, exportada para Argentina e Uruguai, e nos últimos anos passou a produzir mexerica fora de época, vendida só dentro do Brasil.

"As concorrências são cartas marcadas, todo mundo sabe" contrapôs Rubens. "A corrupção está correndo solta, a imprensa não pode noticiar essas coisas também. Os militares deram o golpe dizendo que iam combater o comunismo e a corrupção. Só que a corrupção aumentou. A licitação da ponte Rio-Niterói tem marmelada, já se sabe quem vai ganhar, e eu estou preparando uma denúncia disso."

A ceia entrou pela madrugada, entre relâmpagos e trovoadas de uma chuva ininterrupta.

"A única política que tu deve fazer com os militares é a política de boa vizinhança."

Rubens deu uma risada, quase engasgando com o pedaço de peru assado que mastigava.

"Boa vizinhança? Com os milicos? Só quando eles pararem de perseguir, prender, torturar, censurar... Eu admiro muito a sua capacidade pra negócio, pai, o senhor é um autêntico self-made man, um lutador de sucesso. Seus negócios vão bem. Sempre vou ser grato pelo apoio que o senhor me deu no início da minha empresa. Mas ninguém vai me fazer ignorar as mentiras, as injustiças e a violência que a ditadura está impondo a este país. Nada vai mudar minhas ideias. Se não mudou quando eu ainda era um jovem estudante, vai mudar agora? Eu tenho a política no sangue, desde quando estudava no colégio São Bento, já naquela época eu gostava de falar, até defendi uma moção de repúdio ao fechamento do Partido Comunista, apesar de não ser comunista."

Jayme fica sério. "Eu não sabia disso. Tu nunca me falou..."

"Ih, gente, chega de política, pelo menos hoje" interveio Aracy com determinação. "É Natal, poxa. Dia de paz, não de polêmica."

"Foi o Coronel que começou" esquivou-se Rubens.

Depois da ceia, os homens foram para o alpendre, as mulheres para a cozinha levando os utensílios da mesa, crianças e adolescentes se juntaram num dos quartos, onde estavam os seus brinquedos novos. Rubens e Jayme sentaram-se lado a lado em cadeiras de balanço na varanda. Um casal de araras dormia num poleiro. A chuva diminuíra.

"Sabe onde eu comecei a ter consciência política?" disse Rubens olhando para a casinha em forma de castelo medieval, onde ficavam dois cães doberman. "Aqui mesmo, na fazenda Caraitá."

"Eu sei" disse Jayme. "Me lembro de você conversando com os empregados sobre problemas sociais brasileiros, como se eles entendessem."

"Foi na convivência com eles que eu descobri, in loco, como vive uma das regiões mais miseráveis do Brasil, com altos índices de mortalidade infantil e analfabetismo."

"Era muito pior quando comprei a fazenda. Dei emprego a muita gente, banquei obras em Eldorado, mandei construir escola, asilo, chafariz, dei dinheiro pra formatura das crianças pobres." Jayme bebeu um gole de vinho e declamou: "Mudam-se os tempos, mudam-se as vontades/ muda-se o ser, muda-se a confiança/ todo o mundo é composto de mudança/ tomando sempre novas qualidades. O grande Camões estava certo, como sempre. Todo mundo muda, conforme o tempo, conforme o lugar. Você também precisa mudar, meu filho."

Rubens sorriu. "Eu não. O senhor é que precisa mudar. E eu gosto mais do Oswald de Andrade."

Prostração. A testa suando. Ele despe a camisa e se deita sobre ela no colchão de palha. Jayme nunca entendeu que a política para ele não era um fogo de palha, um arroubo de juventude, mas uma opção vital. Tenta esquecer o pai, pensar em qualquer outra coisa para relaxar. Mais um homem começa a discursar lá embaixo. Rubens aguça os ouvidos. Não consegue entender as palavras.

Uma chave abre com ruído metálico o trinco da porta de ferro. Dois soldados entram, um deles com capuz na mão, o outro com algemas.

"Que horas são?" pergunta Rubens depois de vestir a camisa e ser encapuzado.

"A mesma de sempre."

A porta se fecha atrás de Rubens, algemado com os braços para a frente, sons de botas pisando num corredor, eu não devia ter vindo espontaneamente, mas seria pior pra Eunice e as crianças, a hospedagem que dei a perseguidos, os encontros com o militante clandestino, se a coisa ficar feia pro meu lado, não vou permitir humilhação nem intimidação.

Retirado o capuz, ele sente no rosto o ar gelado de uma sala em penumbra e uma lâmpada ofuscante sobre sua cabeça. Janelas fechadas. Só se ouve o zumbido do ar-condicionado. Uma voz ríspida ordena:

"Senta aí."

Rubens baixa os olhos para acostumar-se à luminosidade e consegue perceber, num vislumbre oblíquo, três vultos difusos que se aproximam e ficam parados à sua frente: Camelo, alto, magro e de barba preta, Morcego, parrudo e careca, e Jacaré, que fala com severidade. "Tira a camisa."

"Prefiro ficar assim." Rubens procura antever o que pode esperar deles.

Jacaré fica nervoso: "Tira a camisa, porra!"

Rubens obedece. "Está havendo um engano. Não sei o que vocês sabem de mim, mas estão me confundindo com outra pessoa. Vim prestar um esclarecimento, um depoimento rápido. Foi o que me falaram."

Por ser calorento, não sente muito o impacto térmico desejado pelos agentes. Morcego recolhe a camisa.

Jacaré chega mais perto. "Escuta bem, sabemos tudo a seu respeito, estamos de olho em você há muito tempo. É melhor abrir o bico e evitar que a gente perca a paciência. Estamos com pressa. Conhece a Carmina?"

Camelo liga um gravador. Rubens abaixa a cabeça, calado. Morcego completa: "É uma terrorista que ajudou a sequestrar o embaixador americano e mora no Chile."

"Não conheço."

Jacaré mostra uma carta para Rubens. "Esta carta veio com seu nome no envelope. Ela te escreveu o seguinte: 'Muito obrigada pela sua ajuda. Nunca vou esquecer. Se não fosse você eu estaria presa ou até morta. O Adriano tem novidade sobre aquele meu caso? Estou precisando muito resolver isso...' E então, lembrou dela?"

Rubens sente a garganta seca. "Podem fazer o favor de me dar um copo d'água?"

"Depois... Qual foi a ajuda que você deu a ela?" pergunta Jacaré.

"Ela é filha de um amigo meu. Falei com ela sobre o Chile, informações gerais. Ela ia pra lá e não conhecia o país. Só isso."

Camelo olha para um pedaço de papel. "Você também esteve no Chile. Exatamente em novembro do ano passado."

"Sim, estive em Santiago uns meses atrás."

"Foi fazer o quê?" pergunta Morcego.

"Fui visitar um amigo, é uma pessoa pública, muito conhecida, Almino Affonso."

"Outro subversivo. Está na nossa mira." Jacaré cruza os braços na frente dele. "Sabemos que você é da linha auxiliar da guerrilha."

"Quem são os outros subversivos que você ajudou?" pergunta Camelo.

Rubens fala com firmeza. "Pessoal, vocês estão enganados comigo. Eu sou empresário, fui deputado federal, deixei a política faz tempo, e não por vontade própria. Não conheço nenhum subversivo. Sempre lutei no campo das ideias, tentando melhorar o Brasil. Nunca peguei em arma."

Jacaré se inclina para junto da cabeça dele. "Queremos os sequestradores do embaixador suíço! Sabemos que foi o bando do Lamarca! E tu conhece o Lamarca!"

Surpreso, Rubens coloca a mão no peito. "Eu conheço o Lamarca? De onde vocês tiraram isso? Nunca vi o Lamarca na minha vida. Nunca falei com ele. Não tenho nada a ver com Lamarca, com sequestro. Nada, nada. Sou contra sequestro, sou contra luta armada. Sinto muito, mas vocês estão completamente equivocados."

"Ele é metido pra dedéu." Morcego olha sério para Jacaré.

Os três homens ficam observando Rubens e repentinamente interrompem o silêncio com uma saraivada de berros:

"Onde você vai encontrar o Adriano?"

"Quem são seus amigos do Chile?"

"Quais livros você lê?"

"Onde estão os sequestradores do embaixador?"

"Onde está o Lamarca?"

"Fala, comunista safado!"

"Desembucha, filho da puta!"

Rubens se esforça para manter a calma. Não quer provocá-los, mas tampouco demonstrar medo. "Preciso telefonar pra um advogado. Eu tenho direito."

Camelo desliga o gravador.

"Não vem com esse papo idiota." Jacaré dá um pescoção em Rubens, fazendo-o cambalear. "Depois que tu falar, a gente chama um advogado."

"Ele tá é querendo o doutor Volts... Vamos dar choque primeiro na boca ou no pau?"

"Não, vamos começar com afogamento."

"Não, pau de arara é melhor."

"Depois a cadeira de dragão."

"Ele vai gostar também da coroa de cristo."

"Nada disso. Bota o capuz nele e leva de volta pra cela." Jacaré pisca para Morcego. O capuz é enfiado na cabeça de Rubens.

Camelo o puxa pelo braço. "Fica de pé."

"E minha camisa?" pergunta Rubens.

De repente ele é surpreendido com murros na barriga e nas costas. Empurrado novamente para a cadeira, geme sentindo dores nas costelas, no estômago. Respira fundo. Já passou por diferentes situações de perigo, na política, nas aterrissagens de avião num campo de terra na fazenda do pai, aprendeu muitas coisas na vida — a construir prédios e pontes, a administrar empresa, a criar filhos. Mas nunca aprendeu a aceitar uma humilhação.

"É uma barriga boa pra treinar boxe. Melhor do que saco de areia." Camelo ri.

"Vamos treinar muito hoje."

Na Praça d'Armas, o ministro Márcio de Souza Mello termina de entregar as medalhas Santos Dumont e de Mérito Militar a vinte militares e civis. A parte final da cerimônia é um combate simulado entre soldados usando tiros de pólvora seca, e como desfecho, uma cena lírica: uma bela jovem piloto e paraquedista entrega ao ministro um buquê de rosas vermelhas. Aplausos, muitos aplausos.

O comandante Brenner sorri satisfeito. A solenidade transcorreu de acordo com a programação. Nenhum imprevisto desagradável ou gafe. Ao lado do ministro e de meia dúzia de oficiais da Aeronáutica, ele deixa o pátio e se dirige para o restaurante, no terceiro andar de um prédio anexo ao principal. Durante o almoço, Brenner conversa longamente com o ministro Souza Mello e recebe parabéns pela captura de um subversivo graúdo.

A poucos metros do gabinete do comandante, numa sala do segundo andar do prédio principal, Selene e Marília estão sentadas em tamboretes de madeira, ambas sem capuz. Gritos prolongados de dor ecoam numa sala vizinha. De pé ao lado delas, um soldado ereto, fuzil no ombro.

Dois homens fardados entram, apressados, conversam num canto da sala em voz baixa e se afastam. Os gritos se repetem, provenientes da mesma sala, ininterruptos, em crescente volume, rugidos pavorosos, arrancados das vísceras. Elas sentem um calafrio. Minutos depois, um dos homens retorna e segura Marília pelo braço.

"Vem comigo."

Conduzida para a sala de onde vieram os gritos, ela vê sentado atrás de uma mesa um homem corpulento, de bigode e sem camisa, rosto suado com marcas de equimoses, olhos vermelhos. Marília sente compaixão e temor.

"Conhece ele?" pergunta Jacaré.

Ela balança a cabeça negativamente.

"Responde com a boca!"

"Não conheço."

Camelo se dirige a Rubens. "Conhece ela?"

"Não... Nunca vi... essa moça antes." Sua voz está entrecortada e roufenha.

"Como não conhece?" exorta Jacaré. "Essa é a Marília, estudante de Sociologia, sua companheira de subversão. Foi ela que telefonou pra sua casa dizendo que tinha cartas pra você. Então?... Fala, porra!"

Rubens abaixa a cabeça. Morcego vem por trás, fala macio, "Responde, é melhor pra você", espera alguns segundos e dá um violento

golpe nos ouvidos dele com as duas mãos em concha. Rubens faz uma careta, ergue os braços instintivamente para se proteger e ouve um zunido sibilante. Marília vira o rosto.
"Ele é de qual organização?" pergunta Camelo.
"Não sei! Eu não sei quem ele é! Juro!"
Puxada pelos cabelos, Marília é reconduzida para o tamborete. Minutos depois, um oficial fardado aparece na porta e Selene se levanta para falar com ele. É o major Nereu de Matos Peixoto, chefe de gabinete do comandante Brenner. Os dois conversam por um minuto, Selene volta para o tamborete e cochicha para Marília:
"Estamos salvas, se Deus quiser. Aquele oficial é marido de minha prima. Ele disse que vai ajudar a gente, que foi um equívoco a nossa prisão."
Na outra sala, Rubens está zonzo: o sibilar nos ouvidos dura uma eternidade.

Encerrada a missa campal, a procissão diminui de tamanho — muitas pessoas vão para casa —, mas não de fé. A maioria se reagrupa para ir caminhando até a praça do Russel, onde se encontra a estátua de São Sebastião. Lá será representado um Auto sobre a vida do santo.

As autoridades não participarão desta etapa do cortejo. Nem o coronel Tigre. Ele quer conversar mais com o governador Negrão de Lima, que dentro de poucos dias entregará o cargo ao seu sucessor, Chagas Freitas. O coronel conhece bem a arte de cultivar relações e bajular autoridades.

Um soldado da Aeronáutica chega inesperadamente e interrompe o colóquio do coronel, falando no seu ouvido: "O comandante pediu pro senhor se apresentar com urgência."

Sem perguntar nada ao soldado, Tigre se despede do governador, do arcebispo e do frei Elias e se retira com Elizete para o estacionamento ao lado da catedral. Ele sabe o motivo da chamada urgente, mas não conta à esposa.

"Tenho que ir pra Zona Aérea. Não posso te levar em casa, senão chego atrasado e o comandante me come o fígado."

Fora os oficiais e amigos íntimos, ninguém sabe exatamente a sua função na Aeronáutica. Elizete só sabe que recentemente ele foi promovido. Já foi mais curiosa, nos primeiros anos de casamento. Hoje em dia desconfia do que ele faz, mas não se interessa. Fica satisfeita com a sua justificativa sucinta: segredo militar, não se meta nisso.

Ele enfia a mão no bolso da calça, puxa a carteira e entrega uma nota para ela. "Toma, pra você pegar um táxi."

Elizete apanha o dinheiro. "A que horas você volta?"

"Só Deus sabe. Ou São Sebastião. Está tendo uma cerimônia lá, talvez depois disso eu saia."

"Acho que eu vou com a procissão até a Glória, ver a encenação do martírio do santo."

Após um beijinho na boca, ele entra no seu Aero-Willys, parte em alta velocidade e dobra uma esquina. Elizete segue em direção ao Largo da Carioca, entra num bar, compra uma ficha telefônica no caixa, dá uma olhadinha furtiva para a rua e disca um número no aparelho preto fixo na parede.

Empertigado, braços para trás, pisando devagar com os sapatos envernizados, o brigadeiro Brenner entra na sala acompanhado de um soldado armado de fuzil e que fica junto à porta.

"Ah, é o deputadozinho..." o brigadeiro sorri ao se aproximar de Rubens, sentado na cadeira, algemado, dorso inclinado e os cotovelos apoiados nas pernas. No instante seguinte o brigadeiro retifica, dedo em riste: "Ex-deputado. Finalmente tenho a satisfação de conhecê-lo."

Rubens fica ereto e vê Brenner tirando o quepe da cabeça e as luvas brancas de pelica, para colocar tudo sobre uma mesa redonda no canto da sala. "Desculpe o mau jeito do pessoal. Às vezes metem os pés pelas mãos."

"Me meteram os pés e as mãos, isso sim."

"Você é um homem inteligente, foi político, e há de entender que nossa missão é muito, muito difícil." Sua voz sai neutra e aliciadora. "O preso chega aqui por algum motivo, ninguém vem pra cá inocente, sem nenhuma culpa no cartório... Como está se sentindo?"

"Me sinto como o embaixador suíço."

Brenner fica curioso. "Esse que foi sequestrado recentemente? Por quê?"

"Ele também ficou encapuzado no cativeiro."

"Encapuzado pelos terroristas, seus amigos."

Um ordenança entra com um jarro de água e dois copos, deixando-os sobre a mesa, e se retira.

"Eu não tenho amigo terrorista. Sou contra o terrorismo, já falei isso várias vezes. Sempre atuei na política dentro da legalidade." Olha para o jarro. "Pode me dar um copo d'água? Estou com muita sede. E fome."

"Daqui a pouco eu providencio. Primeiro vamos bater um papo. Estou disposto a ouvir tudo o que você tem a dizer sobre as suas atividades. Não quero me chatear de estômago cheio. Almocei um delicioso pato assado com batata sauté, creme de espinafre e arroz com açafrão, e um vinho do Porto. Estou saciado, e muito tolerante, por enquanto."

Cabisbaixo, Rubens sente o estômago roncar. O brigadeiro caminha enfatuado em volta dele, analisando-o, como se quisesse adivinhar seus pensamentos.

"Sinceramente, não gosto de violência, apesar de até colegas de farda já terem me apelidado de 'Carrasco', uns comunas enrustidos. Tenho um elevado conceito entre os oficiais superiores e meus subordinados.

No fundo eu me considero apenas um soldado, dedicado à carreira e ao meu país, um patriota, com uma conduta digna e responsável no cumprimento do dever. Em suma, eu sou um brasileiro comum. Bom pai, bom marido, gosto de receber meus amigos em casa quando estou de folga, e desejo ver o Brasil melhorar, com progresso e ordem. O povo brasileiro é pacífico, cordial, e o governo trabalha para o povo. Mas os subversivos como você ficam querendo atrapalhar."

Rubens tenta ser cauteloso: "O senhor é inteligente e sabe que o... golpe de 64 não veio exatamente pra defender as causas do povo."

O brigadeiro quase encosta a boca no rosto de Rubens e grita pausadamente. "Não foi golpe!" Ele dá uma volta em torno da cadeira, nervoso. "Foi o cumprimento da vontade popular! Vocês defendiam a política do Kremlin! Queriam impor a ditadura do proletariado! Transformar o Brasil num satélite da Rússia! Nós salvamos o Brasil da anarquia, de comunas como você, e estamos aperfeiçoando a democracia."

Rubens mexe levemente a cabeça. "Nunca fui comunista. Cansei de dizer..."

"Mas já foi a Moscou. Eu sei que já foi."

"Fui sim, como turista, eu e minha mulher. Ficamos duas semanas. Centenas, milhares de estrangeiros vão à Rússia." Ele olha de novo para o jarro de água. "Estou com sede."

O brigadeiro despeja em seu copo um pouco da água e bebe um gole. "Depois que você falar a verdade eu lhe dou quantos copos quiser. Continue. Estou ouvindo."

"Eu jamais apoiei o comunismo. Sempre fui empresário..."

"Isso é fachada, pra despistar."

"O senhor acha que eu seria um capitalista durante o dia e comunista à noite? Ou vice-versa? Não tem lógica."

"Existem muitas profissões que os marxistas e contestadores usam como fachada. Estão infiltrados nos escritórios, universidades, fábricas, imprensa, Igreja, no partido de oposição, até nas Forças Armadas, ainda, mas vamos descobrir todos. Eu nunca aceitei, não aceito e não aceitarei negociação com os marxistas."

"Eu sou a favor de mudanças sociais, sem radicalismo, com liberdade. As Reformas de Base do governo Jango não tinham nada de radical."

Vermelho de raiva, o brigadeiro arqueia as sobrancelhas e fecha a mão direita, como se fosse dar um soco em Rubens. "Não fale esse nome aqui! Esse filho da puta era um incompetente! Um fraco! Só sabia fazer discurso populista, demagogo. Na hora do pega pra capar, ele fugiu. Se ficasse no Brasil, pra nos enfrentar, seria até melhor, aí a gente acabava com ele de uma vez. Queria fazer do país uma república sindicalista."

"Ele nunca... Nem ele nem ninguém do governo falou em república sindicalista."

Rubens ergue um pouco os braços. "Dá pra tirar as algemas? Estão machucando meus pulsos."

O brigadeiro finge não ouvir. "O Brasil estava uma bagunça tenebrosa antes da nossa Revolução."

"O que houve foi uma guerra psicológica, uma campanha de agitação e desestabilização, pra amedrontar a classe média e preparar o ambiente. Não tinha nada de bagunça, de caos. Havia uma crise econômica e..."

"Mentira, seu insolente!" replica o brigadeiro, exasperado. "Você perseguiu amigos meus naquela CPI do Ibad. O Bento Ribeiro Dantas, dono da Cruzeiro do Sul... Era um patriota, grande colaborador da Revolução aqui no Rio."

"O Ibad e o IPES conspiraram contra o governo Jango. Isso ficou provado."

"Eram organizações legais e democráticas!"

"Mais uma prova de que o governo Jango era democrático e não tinha pretensão golpista. A CPI do Ibad não deu resultado porque os bancos não quiseram abrir os dados bancários..."

"Não deu resultado porque não tinha nada a resultar."

"O Brasil era um regime democrático funcionando normalmente. E faltava pouco mais de um ano pro Jango terminar o mandato. Por que não esperaram? Aí vocês lançariam seus candidatos. Não precisavam derrubar um presidente eleito pelo povo."

Furibundo, o brigadeiro soca a palma de sua mão esquerda, fazendo um estalo: "Jango nunca foi eleito pelo povo! Jango nunca foi eleito presidente deste país!"

"Foi eleito vice" lembra Rubens, limpando no nariz a saliva que espirrou da boca do brigadeiro. "Duas vezes sucessivas."

"E caiu de paraquedas na presidência. O povo elegeu o Jânio, outra besta quadrada, uma múmia ambulante. Também fugiu da raia." O brigadeiro respira fundo e bebe mais um gole de água. "Eu acreditei no Jânio, confiei nele. Até o momento em que condecorou o Che Guevara. Então vi que ele era realmente maluco."

"A democracia tem dessas coisas. Às vezes o povo elege alguém que não é do nosso agrado, mas todos podem e devem exprimir suas opiniões, divergências..."

"Não venha querer me dar lição de democracia. Eu entendo disso tanto quanto você, ou até mais. Nós salvamos a democracia. A Revolução Redentora é irreversível e vai consolidar a democracia no Brasil." O brigadeiro senta-se numa cadeira de frente para Rubens. "Vocês quiseram tocar fogo neste país e foram derrotados, fra-go-ro-sa-mente. O Jango desapropriou terras e refinarias, aumentou salário acima do normal, tabelou aluguéis, diminuiu a remessa de lucros das multinacionais. Queria transformar o Brasil numa Cuba." Ele chega mais perto apontando o dedo indicador para Rubens. "E nós impedimos! Nós livramos este país do comunismo! Consertamos a baderna que vocês fizeram..."

"Não havia baderna..."

O brigadeiro cruza as pernas e os braços. "Você queriam instaurar uma... ditadura bolchevique."

Rubens abaixa a cabeça, esboçando um sorriso. "Eu sou um nacionalista democrata. E o povo não queria ditadura, nem bolchevique nem militar..."

"Lorota. Vocês são todos iguais: nacionalistas, reformistas, socialistas, comunistas, criptocomunistas, anarquistas, stalinistas, maoistas, castristas, trotskistas, progressistas..." Filetes brancos escorrem nos cantos da boca do brigadeiro. "PCB, PCdoB, PCBR, ALN, MR-8, VPR, Colina, VAR-Palmares etc. etc. São todos uma corja, uns merdas! Vão ser eliminados, esmagados como piolhos. Vamos acabar com esses vagabundos, custe o que custar. Pensam que podem vencer as Forças Armadas! Ah ah ah! Impossível!"

Rubens fica prudentemente calado. O comandante para de falar, como se estivesse recarregando a energia. E assim permanecem os dois por uns segundos até que Rubens quebra o silêncio. "A verdade é que o terrorismo no Brasil não começou com as organizações de esquerda. A casa do Gasparian em São Paulo..."

"Quem é Gasparian?" O brigadeiro tira do bolso da camisa um bloco de papel e uma caneta.

"Fernando Gasparian. É um empresário bem conhecido. Foi até do Conselho Nacional de Economia. Nunca teve nada com comunismo. E no entanto a casa dele no Jardim Paulista foi metralhada quando ele chegava de um jantar com a esposa. Os filhos estavam lá dentro. Sorte ninguém ter sido atingido. A dois quarteirões de distância, uma bomba explodiu na casa do José Ermírio de Morais, empresário, nunca foi comunista nem socialista, era senador na época, trabalhista."

"Então, de esquerda. Pior: esquerdista burguês. Traidor de sua classe. Esses ataques que você citou foram feitos pelos comunistas, pra botar a culpa em nós."

"Quem incendiou o prédio da UNE no dia do golpe não foi gente de esquerda..."

O brigadeiro guarda o bloco e a caneta no bolso, levanta-se, estufa o peito, braços para trás. "*Eu* mandei incendiar a UNE, e tenho muito orgulho disso. Estava passando na praia do Flamengo num comboio de carros, tanques e jipes, estava indo ocupar o Ministério da Aeronáutica, no centro da cidade. Quando vi uns estudantes na frente do prédio da UNE, parei meu carro, chamei um oficial e mandei ele ir com um grupo tocar fogo naquela meleca. Eles foram e tocaram fogo, quebraram janelas, cadeiras, tudo. Foi um belo espetáculo. Depois continuamos nosso caminho."

O brigadeiro bebe mais dois goles de água olhando para Rubens.

"Já posso beber também?"

"Depois." O brigadeiro coloca o copo vazio sobre a mesa. "Vamos ao que interessa. Como você sabe, os terroristas que sequestraram o embaixador suíço são da VPR, a turma do Lamarca. Pediram a libertação de setenta presos, que foram para o Chile, há poucos dias, banidos. O Chile virou o paraíso dos comunas brasileiros. Mas não demora e o Allende também vai cair, pode estar certo disso. Duas mulheres trouxeram do Chile algumas cartas com seu nome. Nós queremos saber duas coisas apenas. De quem são essas cartas e o nome do contato de Lamarca no Rio." O brigadeiro observa a reação de Rubens.

"Só tinha uma carta pra mim. De uma moça que eu mal conheço. As outras não sei pra quem são."

"Uma era pra você entregar ao Adriano, e nesse envelope havia um documento político de terroristas. É ele o seu contato? É ele o contato entre você e o Lamarca?"

Rubens baixa o olhar. "Não conheço nenhum Adriano. Devem ter enviado pra mim por engano. Vocês já me tomaram o mandato, os direitos políticos. Não estão satisfeitos? Me deixem em paz."

"Quero que me fale do Lamarca e dos subversivos que você conhece no Brasil e no Chile." O brigadeiro se inclina sobre Rubens. "Quero nomes, endereços e uma confissão assinada. Ou prefere entrar no pau?"

Rubens pisca depressa, a respiração se acelera, está com muita sede. "O presidente Médici falou que não existe tortura no Brasil."

"Só quando necessária. Os fins justificam os meios. Pra doenças graves, remédio forte. Estamos em guerra contra a subversão neste país."

"As guerras têm regras também, a Convenção de Genebra proíbe maus-tratos, tortura e humilhação de prisioneiros."

"Mas você não é prisioneiro, ainda." O brigadeiro sorri. "Quando for, vai ser tratado a pão de ló. Por enquanto você... é um suspeito, digamos assim. Agora com licença, eu vou chamar um cavalheiro que conhece bem a Convenção de Genebra."

O brigadeiro vira as costas e deixa a sala com o soldado. O ordenança entra, leva o jarro de água pela metade e os dois copos. No corredor, o brigadeiro conversa com o coronel Tigre.

"Ele é do tipo teimoso, e metido a sabichão. Não abriu nada. E ainda teve a cara de pau de querer discutir política comigo, tentou até me convencer que a Revolução foi um golpe militar. Quer ganhar tempo, pra que os implicados na rede possam fugir. Ele é todo seu."

"Podemos usar todos os recursos?"

"Claro. Decida o que for melhor para o Brasil. Como chefe de interrogatório, pode fazer o que quiser, bota pra quebrar."

O brigadeiro entra numa sala anexa para assistir ao interrogatório através de um vidro falso.

Gavião fecha a cortina de renda branca na janela da sala. "Pena que daqui não dá pra ver o mar. O muro atrapalha." Besouro está diante de um quadro de Bonadei na parede, com a mão no queixo. "Até eu seria capaz de pintar isso."

"Isso é arte moderna, seu *ingnorante*" ironiza Gavião.

"Pra mim não é arte coisa nenhuma. É um monte de risco e borrão. Meu filho de 11 anos desenha melhor do que isso."

"Tu tem filho, é? Eu não sabia."

"Tenho. Espertinho pra caramba. Puxou o pai."

Marcelo desce a escada apressado e segue para a cozinha. É um garoto de 12 anos, cabelo na testa, traços fisionômicos de Rubens. Habituou-se a acordar mais tarde todos os dias, porque estuda à tarde. Ele abre a geladeira a fim de preparar seu desjejum. Antes que ele vá para a sala de jantar, Eunice o leva ao quintal e, para não deixá-lo assustado, fala que esses homens são amigos esperando Rubens chegar de um compromisso na rua.

Terminado o café, Marcelo mostra aos policiais seu álbum completo de figurinhas dos jogadores da seleção tricampeã na Copa do Mundo no México.

"O Vasco joga hoje." Dumbo boceja lendo uma revista na poltrona.

Marcelo bate a mão no peito. "Eu sou Flamengo."

"Aí garoto, esse é dos nossos." Leão dá um tapinha nas costas dele.

Marcelo sorri, envaidecido. "Tenho até a camisa."

"Pô, então veste, o Mengo vai jogar na preliminar" incentiva Leão.

Marcelo não se anima. "Depois... Eu tenho um time também."

"Sério? Como é que chama?" pergunta Besouro.

"Vasquinho."

Leão faz um muxoxo de reprovação. "Ih, qual é? Tu é Mengo e o time chama Vasquinho? Que negócio é esse?"

"Ah, meus colegas é que deram o nome. A gente joga aí na rua. Tem campeonato e tudo."

Dumbo para de folhear a revista. "Que horas vai ser o jogo?"

"Às cinco... Eu vou torcer pelo América" responde Gavião, querendo fazer graça.

No meio da tarde, a campainha toca. São dois adolescentes: Renato, namorado de Vera, e Ronaldo, amigo de Eliana. Os quatro policiais sacam as pistolas e ficam à espera. Maria José abre a porta, os dois jovens entram dizendo que vieram convidar Eliana para uma festa. São agarrados pelos braços.

"Mais dois subversivos na gaiola" proclama Besouro e faz um telefonema para o CISA, pedindo uma Veraneio e sanduíches com refrigerantes. Meia hora depois a Veraneio estaciona em frente à casa, seus dois ocupantes entregam os lanches e levam os adolescentes para uma delegacia no Alto da Boa Vista.

Depois que eles saem, os homens começam a comer, sentados no sofá da sala. Eunice vem da cozinha e fala com Dumbo. "Vocês vão ficar aqui até...?"

"Não sabemos, minha senhora. Vamos ficar até segunda ordem."

Ela se dirige para a escada. "Aonde a senhora vai?" pergunta Dumbo, com a boca cheia.

Eunice para nos degraus, irritada. "Ao meu quarto. Posso?" e continua subindo. No seu quarto ela apanha uma folha de papel e uma caneta na gaveta da penteadeira, tranca a porta e escreve.

Na cozinha o telefone toca. Besouro atende. É Almino, ligando do Chile. Quer falar com Rubens.

"Ele não está." Besouro imposta a voz. "E não sei a que horas volta."

"Quem está falando?"

"Um amigo dele." Besouro desliga.

Eunice desce a escada, com a mão direita fechada, segue para a cozinha, apanha uma caixa de fósforos e enfia dentro um pedacinho de papel dobrado. Aproveitando uma distração dos homens, ela chama Marcelo com a mão. Ele vai à cozinha e Eunice lhe passa sorrateiramente a caixa de fósforos, pedindo que ele pule o muro e entregue à vizinha do lado. Sem poder sair da casa pela porta lateral, muito menos pela porta da frente, Marcelo se esgueira para o fundo da casa, pula o muro para o quintal da vizinha e toca a campainha. A dona da casa, Helena Arroxelas, abre a porta, estranhando a presença dele ali no fundo da casa.

"Minha mãe mandou entregar."

Ela apanha a caixa de fósforo, sem entender.

"Tem um papel aí dentro."

Helena desdobra o bilhete e lê: "*Rubens foi preso, ninguém pode vir aqui senão é preso também.*"

Sem tempo de pensar em nada, muito séria, Helena agradece ao menino, que volta correndo pelo mesmo caminho.

Na sala, Eunice pede a Dumbo autorização para telefonar e liga na cozinha para a casa de Sebastião Nery. Quem atende é a mulher dele, Philomena Gebram.

"A Nalu está aí?"

"Está sim."

"Ela pode dormir aí de novo hoje à noite?"

"Claro. Aconteceu alguma coisa?..."

"Não posso falar agora. Cuidem dela. Depois eu explico. Tchau."

Minutos depois, o telefone toca. Dumbo permite a Eunice atender e vai ao escritório ouvir na extensão.

"O Rubens está?" pergunta um homem do outro lado da linha sem se identificar.

Eunice hesita alguns segundos antes de falar. "Não, ele viajou."

"Pergunta o nome dele e se quer deixar recado" sussurra Besouro no ouvido dela.

"Qual o seu nome? Quer deixar recado?" Eunice fala de modo abrupto, propositadamente.

"Ahn, é um amigo, não tem problema, eu ligo outra hora."

Adriano desliga o telefone na parede do bar em Madureira e volta para a extremidade do balcão, sobre o qual estão seu copo, um jornal, uma maleta 007 e a garrafa de cerveja quase vazia. Bebe mais um gole, desabotoa o paletó, afrouxa o nó da gravata, aperta o bigode postiço e baixa a cabeça fingindo ler o jornal. Está desconfiado, notou qualquer coisa errada, decide não ir lá hoje. Além dele, há no balcão somente um outro homem, quarentão careca e moreno.

"Vai mais uma, jovem?" pergunta o balconista negro.

Adriano olha para o relógio de pulso. "Não, não. Tenho que ir."

Depois de virar o copo e pagar, ele apanha a maleta e sai, olhar atento para o interior dos carros estacionados no meio-fio. Após caminhar meio quarteirão, escuta alguém atrás parecendo chamá-lo. Continua andando. De novo a voz, mais perto.

"Ei, você de terno!"

Adriano para, preparado mentalmente para o pior. Se for repressão eles vão atirar nas costas, devia ter trazido a pistola. Vira a cabeça para trás, devagar, tentando aparentar naturalidade. É o balconista do bar, trazendo seu jornal esquecido no balcão. Adriano agradece e apanha o primeiro táxi que passa.

O coronel Tigre entra na sala trazendo duas pastas e um bloco de papel ofício. Junto dele está o capitão Abelha, feliz pela oportunidade que o comandante lhe deu. Logo atrás vêm Camelo e Morcego.

Deixando as pastas sobre a escrivaninha, Tigre senta-se em sua poltrona e retira da primeira gaveta um rádio portátil. Ele sempre faz isso antes de iniciar seu trabalho. Liga o aparelho, sintonizado na rádio MEC. A voz de um tenor cantando *Don Giovanni* invade a sala. O coronel acende um cigarro, dá uma tragada e relaxa na poltrona, com a cabeça virada para cima, fecha os olhos, deleitando-se com a música. Abelha puxa uma cadeira, senta-se perto dele e abaixa a voz.

"Coronel, sei que o senhor é um dos melhores oficiais da Aeronáutica, é o chefe da equipe de interrogatório, conhece bem as técnicas. Por isso eu quero um esclarecimento: eu soube que num ambiente de interrogatório não pode haver nenhum aparelho de som ou imagem nas paredes que distraiam o interrogado."

Tigre abre os olhos com frieza. "Em primeiro lugar, nunca me interrompa quando eu estiver meditando. Está entendido?"

"Sim, senhor. Desculpe."

"Quem te falou isso de som e imagem na sala do interrogatório?"

Abelha tira do bolso da calça um livreto. "Este manual da CIA."

"Ah, você está lendo isso?" Tigre aparenta indiferença.

"Comecei hoje. Li alguns capítulos."

"Eu estudei esse manual de cabo a rabo na Escola das Américas. Aprendi técnicas de interrogatório, métodos de vigilância e abordagem de esconderijo, criptologia e produção de informações. Estou careca de saber o que o manual recomenda, e uma das coisas é eliminar o estímulo sensorial do interrogado, pra deixar ele mais desamparado. Mas são orientações gerais, entende?, não precisam ser seguidas ao pé da letra. Depende muito da situação. Cada país adapta de acordo com seu gosto e necessidade. Aliás, pra mim, esse manual está ultrapassado em muitas coisas. Foi escrito há sete anos. Por exemplo, diz que a ameaça de dor num interrogatório pode ser mais eficaz do que a dor em si. Eu aplico a ameaça e a dor." Abelha sorri. Tigre continua, circunspecto. "Só lamento não termos aqui todos os instrumentos que a gente usa lá na Base pra fazer um preso falar depressa. Apesar de minhas ressalvas, esse manual tem seu valor. Pelo menos até sair a segunda edição, atualizada, e ampliada, quem sabe. Pra quem tá começando aqui, como você, vale a pena."

Ele abre uma das pastas e retira dois envelopes. Desliga o rádio, coloca os envelopes sobre a mesa, apaga o cigarro no cinzeiro e se aproxima de Rubens, cabisbaixo, sentado numa cadeira sob uma luz potente, ainda algemado. Em volta estão Abelha, Camelo e Morcego, todos de braços cruzados. Tigre o encara.

"Fica de pé e tira a roupa."

Rubens ergue a cabeça deixando claro seu aborrecimento. "De novo?"

Abelha lembra-se de ter lido no manual o capítulo sobre Detenção: "Geralmente as roupas são imediatamente subtraídas, porque a roupa própria reforça a identidade e, portanto, a capacidade de resistência."

O coronel arregala os olhos: "Escuta aqui, seu filho da puta! Não tenta bancar o machão, ouviu? Sabemos tudo, quem você é e o que tem feito. Se colaborar, vai pra casa hoje mesmo. Se não... Vamos, tira a roupa."

Rubens não se mexe, extenuado, com fome, sede. Tigre puxa sua pistola Walther do coldre e aponta para a cabeça dele.

"Eu disse tira a roupa, caralho! É surdo? Calça, meia, sapato, cueca, tudo!"

Rubens desabotoa a camisa, devagar. "Pensei que meu depoimento já tivesse terminado e eu seria liberado." Tigre coloca a arma sobre a escrivaninha. "Nem começamos ainda", e senta-se na sua poltrona olhando para os colegas.

Morcego dá um safanão em Rubens, "anda logo!", e puxa sua camisa pelas mangas compridas, arrancando dois botões. O coronel abre um dos envelopes e relê a carta, em seguida folheia um relatório.

"Aqui tem tudo sobre a sua vida pregressa. Sabemos que seu codinome é 'Alemão'. Temos registro de todos os seus movimentos desde quando era deputado. Por isso não venha com embromação. Quanto mais rápido falar, melhor será pra você e sua família. Queremos o Adriano."

Rubens despe a calça. "Me chamam de 'Alemão' desde a época de estudante. É um apelido que amigos me deram na faculdade. Não tem nada a ver com codinome no sentido político. E eu não conheço Adriano, não tenho o telefone dele. A moça que trouxe essa carta com meu nome cometeu um engano."

Tigre liga o gravador na mesa, abre a carta de Carmina e lê um trecho em voz alta: "Sabe se o Adriano tem novidade sobre aquele meu caso?"

"E então, vai continuar negando? Quem é o Adriano? É do MR-8 ou da VPR?" pergunta o coronel.

"Ela se confundiu. Aliás, eu mal conheço essa Carmina. Eu a vi uma, duas vezes, no máximo."

Abelha se aproxima com disposição. "As duas mulheres que trouxeram as cartas falaram que você é da luta armada e faz parte da VPR. Onde está o Lamarca?"

Tirando as meias, Rubens responde: "Não sei do que vocês estão falando. Conheço o nome do Lamarca pelos jornais. Já disse que sou empresário..."

"Cala a boca, palhaço!" Morcego simula um soco no rosto dele.

"Comunista safado!"

"Não sou comunista. Sou empresário."

"Tu é um merda, isso sim! Aqui tu não vale nada!"

"Aqui tu fala ou entra no pau!"

"Ou as duas coisas. Canalha subversivo!"

Todos se calam ao mesmo tempo. A sala fica silenciosa durante longos segundos. Rubens sua frio, espera ser agredido.

"Tu é um escroto! Canalha!" vocifera Tigre.

Nu, Rubens transpira no rosto, sente o sangue ferver, mas se controla. "Não sou canalha, trabalho todos os dias, não sou terrorista, sou um cidadão brasileiro, honrado, não tenho tempo nem vontade de assaltar banco. Sou contra isso. Nunca vi Lamarca, só nos cartazes espalhados pela cidade."

"Então por que ele tentou instalar um campo de treinamento de guerrilha perto da fazenda do seu pai no ano passado?" pergunta o coronel Tigre.

"Coincidência. Meu pai tem fazenda no Vale do Ribeira há quase trinta anos. E não é a única fazenda da região. Mesmo se eu conhecesse o Lamarca, eu não iria mandar ele montar uma base de guerrilheiros perto da nossa fazenda. Não tem sentido. Meu pai é ultraconservador, apoia totalmente o governo militar."

"Quanto de dinheiro você dá pra guerrilha?" pergunta Morcego.

Rubens despe a cueca balançando a cabeça. "Eu não dou dinheiro nenhum pra guerrilha. Nunca dei."

"E se pedirem, você dá?" pergunta Camelo.

"Não, porque eu sou contra a luta armada."

"Mas ajuda quem é da luta armada" diz Tigre.

"Quem sequestrou o embaixador suíço? Queremos os nomes" grita Abelha.

Rubens abaixa a cabeça, calado. Tigre tenta outra tática.

"Escuta, você já mostrou que é corajoso. Eu pessoalmente admiro a sua valentia. Mas sei que você deve estar arrependido por ter se envolvido com a subversão. Prejudicou seu trabalho, sua família. Agora pode confessar tudo que nós te soltamos hoje mesmo, você volta pra casa e nós vamos continuar te achando valente. A decisão é sua. Vamos, diga, onde está o Lamarca ou algum contato dele."

Rubens encolhe os ombros. "Sinto muito, não tenho a mínima ideia."

"Você vai sentir muito realmente." O coronel apanha a Walther sobre a mesa, Rubens fica ruborizado, fecha as duas mãos e ouve apenas um clique do gatilho. Tigre fica histérico.

"Você é da rede de apoio da luta armada, seu comunista! Você e seus amigos terroristas querem tirar a liberdade deste país! Não vamos deixar! Não vamos deixar!"

"Vocês são muito valentes porque estão em grupo, e armados. Deviam ter vergonha de fazer isso com um cidadão indefeso."

Tigre ruge: "O que você falou?" Os outros três avançam com socos e pontapés de coturno. Rubens desaba da cadeira e rola para o chão, encolhido, em posição de feto, protegendo a cabeça com os braços algemados, os punhos doloridos. Abelha apanha uma palmatória e bate três vezes nas nádegas dele, Camelo arremessa o cassetete de borracha na barriga e nos braços. "Levanta, vamos! Tu não é homem não?"

Na sala adjacente, o brigadeiro Brenner levanta-se da cadeira estofada e vai para o seu gabinete.

Rubens é colocado de novo na cadeira, arqueado, sentindo dores em todo o corpo, principalmente nas costelas e na cabeça.

"Quem é Adriano?" pergunta Tigre.
"Eu... não... sei."
"Vamos prender toda a sua família!"
O rosto de Rubens fica vermelho. Ele tosse. Um soldado bate na porta e entra. "Doutor Tigre, telefone pro senhor. É sua esposa."
Com a testa franzida e um olhar indagador, ele vai atender numa sala ao lado.
"Oi meu amor, tá sozinho?" pergunta Elizete.
O coronel acende um cigarro. "Não, estou trabalhando."
"O que você tá fazendo?"
"O de sempre, trabalhando pelo bem do Brasil... Escuta, eu estou muito ocupado, não posso conversar agora. O que você quer?"
"Ih, tá nervoso por quê? Só quero saber a que horas você vem pra casa."
"Não sei ainda. Por quê?"
"É... Eu queria ir ao cinema contigo hoje."
"Cinema? Pode esquecer. Hoje não vai dar mesmo."
"Você não ia ter folga depois da tal cerimônia?"
"É, mas não tive. Surgiu um imprevisto, quer dizer, um previsto imprevisto."
"Quanto tempo você acha que vai demorar?"
Tigre se aborrece. "Não sei, não sei. Vou dar graças a Deus se sair antes da meia-noite."
"Está bem, amorzinho, está bem, não precisa ficar chateado. Vou deixar seu prato na geladeira. Um beijo."
Tigre desliga e coça a cabeça. Elizete raramente lhe telefona quando ele está trabalhando. Desconfia que ela tem um amante; seria um rapaz, colega de trabalho dela na repartição. O telefone toca de novo. O soldado atende. É o brigadeiro Brenner, quer falar com Tigre.
"O DOI está me enchendo o saco, quer que a gente mande o cara pra lá. Me ligaram três vezes. Providencie a remoção dele."

"Pra já, comandante? Eu estou só começando."

"Manda agora."

Tigre desliga, puxa Abelha pelo braço até a sala ao lado, onde estão Selene e Marília.

"Vamos mandar os três pro DOI. Providencie duas viaturas."

"Estão todas requisitadas, coronel."

"Mas a cerimônia já acabou faz tempo."

"É que foram levar os oficiais em casa e ainda não voltaram..."

"Ai meu cacete. Só faltava essa."

"E tem mais: o trânsito ainda está meio congestionado, desde o Centro até a Tijuca. Teve uma missa na Catedral."

"Eu sei. Eu estava lá."

"Várias ruas ainda estão interditadas. E essa chuva também atrapalhou um pouco."

Eles voltam para a sala onde está Rubens.

"Fazer o quê? O jeito é esperar." Tigre liga o rádio. *Don Giovanni* continua, misturando-se ao chiado da chuva fina.

Da janela do quarto de seus pais, Eliana, Babiu e Marcelo contemplam em silêncio o chuvisqueiro que cai na praia completamente vazia. Babiu acaricia os pelos de Pimpão no parapeito. Carros passam velozes. Eliana espera que um deles pare na frente da casa e entre na garagem com seu pai.

Ela suspira. "Que dia estranho. Ninguém saiu de casa, o pai não voltou. E esses caras aqui."

A campainha soa lá embaixo. Pimpão salta do parapeito da janela e desce a escada miando. Eliana e seus irmãos vão depressa até o alto da escada. Mas são outros quatro homens estranhos. O mais velho, com atitude de chefe, explica. "Viemos substituir nossos colegas. Vamos passar a noite."

Eunice tenta dissuadi-los. "Não temos cama pra vocês todos."

"Não se preocupe, a gente não vai dormir. Vamos ficar acordados a noite inteira."

Eunice pergunta o nome dele.

"Pode me chamar de doutor Barata. Os meus colegas são o doutor Ameba, doutor Mosquito e doutor Fuinha, aquele escurinho simpático ali."

"O senhor é doutor em quê?"

Barata se refestela no sofá, cruza as pernas e calmamente retira do bolso da camisa um maço de Minister e uma piteira, na qual enfia um cigarro e o acende com um isqueiro dourado. Após a primeira tragada, olha para Eunice com afetação.

"Parapsicologia. Sou doutor em Parapsicologia."

Pimpão vai para o escritório, pula no sofá e fica quieto, encolhido, piscando devagar.

Mosquito pede para ouvir um disco.

"O aparelho está quebrado" diz Eunice.

O telefone toca. Ela dá dois passos para atender. Ameba se interpõe, meneando o dedo indicador. Eunice argumenta:

"Se eu não atender, vão desconfiar de alguma coisa. Aqui em casa sempre tem gente. O seu colega deixava eu atender."

Barata concorda. "Está bem. Se perguntarem pelo seu marido, diga que ele saiu ou viajou."

Ameba tira o telefone do gancho e tapa o bocal com a mão. "Cuidado, eu vou escutar a conversa na extensão do escritório."

Ela atende. É Bocayuva, ligando de seu apartamento.

"Oi, Eunice, como foi de férias?"

"Mais ou menos." Lacônica e indiferente, ela tenta transmitir seu dilema. Bocayuva continua.

"Falei com o Rubens hoje de manhã no calçadão e combinamos de ir ao Flag, agora à noite. Está chovendo um pouco, mas vai parar.

Estou ligando pra marcar o horário da gente se encontrar. Ele te falou?"

"Não. O Rubens viajou." Sua voz sai fria, como quem fala a um desconhecido e quer desligar logo.

"Viajou? Não entendi. Eu estive com ele hoje cedo e ele não me falou nada... Viajou pra onde?"

"Não sei."

Bocayuva empalidece, faz uma pausa. "Ah, tá, entendi. Fica pra outro dia, e desliga. Pensa um pouco e telefona para o amigo Lino Machado Filho, advogado criminalista e experiente defensor de presos políticos. Em seguida Bocayuva telefona para Raul Ryff, que telefona para Waldir Pires, que telefona para José Aparecido, ex-deputado, também cassado. Por último, Bocayuva telefona para Marcílio Marques Moreira, outro amigo da família Paiva, vice-presidente de um grande banco e diplomata de carreira. Quando foi vice-presidente de uma empresa pública de crédito, obteve financiamento para a construção, pela empresa de Rubens, de um conjunto residencial no bairro da Pavuna. Bocayuva lhe pede para tentar descobrir onde Rubens está preso e Marcílio telefona para João Lyra Filho, reitor da Universidade do Estado da Guanabara e irmão de um ex-ministro do Exército, general Lyra Tavares.

Bocayuva telefona também para Fernando Gasparian, em Londres, e Wilson Fadul, ex-ministro da Saúde no governo Jango. José Aparecido vai com Sebastião Nery à casa de Bocayuva.

A notícia se espalha, em código: Rubens foi internado.

Soturnos repiques de um sino vibram sete vezes numa igreja próxima à III Zona Aérea. Rubens é empurrado para o banco traseiro de uma Veraneio azul, estacionada no pátio. Ele força os olhos na janela tentando identificar detalhes do lugar, mas o tempo fechado e as gotas finas da chuva escorrendo pelo vidro embaçam a visibilidade. Minutos depois entra Selene trazida por um agente e senta-se ao seu lado.

Ao reconhecê-la na penumbra, Rubens arregala os olhos, surpreso. Selene também fica pasma ao vê-lo assim estuporado, algemado, camisa amarrotada e manchada de sangue. Bem diferente do homem risonho, de terno e gravata, que de vez em quando ela encontrou em frente ao Sion, para buscar Eliana e Nalu, e sempre ofereceu carona até o seu prédio em Copacabana.

Com o dedo indicador nos lábios, Rubens pede-lhe não falar nada. Os dois ficam em silêncio. No banco dianteiro senta-se um agente com cara de cavalo, duas toalhas pequenas nas mãos, e diz ao motorista: "Vambora." Outro agente ocupa o banco traseiro, ao lado de Selene.

"Quem são vocês?" pergunta ela.

"Somos das Forças Armadas."

"Pra onde vão levar a gente?"

O cara de cavalo no banco dianteiro responde. "Vamos pro aparelhão."

Selene sente um arrepio de medo. Lembra-se do dia em que seu filho, depois de passar uma semana preso por ter jogado pedra numa viatura policial durante uma passeata, chegou em casa dizendo ter sido levado para o "aparelhão". É o apelido irônico dado pelos agentes militares ao Destacamento de Operações de Informações (DOI), principal órgão de repressão política do governo. O filho dela disse também que teve sorte de sair vivo.

Debaixo do chuvisqueiro, a Veraneio segue pelas ruas do centro, movimentadas, mas sem congestionamento. Atrás vêm um fusca trazendo Marília e o Opel de Rubens dirigido por outro agente do CISA.

"O trânsito deve estar ruim na Presidente Vargas" supõe o motorista da Veraneio.

"Tu é muito pessimista" reclama o cara de cavalo a seu lado.
"Por causa da procissão."
"Ok, eu tinha esquecido. Também, pô, nosso dia tá muito cheio."
Ele liga o rádio de comunicação e fala no microfone. "Cavalo Branco chamando Raposa Cinzenta. A procissão já acabou? Câmbio."
"Há muito tempo, Cavalo Branco. Trânsito sem problema na Tijuca. Câmbio."
Em outra chamada, o agente contata um colega sobre uma operação numa casa na Zona Sul. Rubens fica atento.
"Quem está dentro não sai. Quem chegar, manda pro Alto."
Depois de deixar a avenida Presidente Vargas, a Veraneio atravessa a Praça da Bandeira e o agente no banco traseiro fala com Selene e Rubens.
"Abaixem a cabeça."
Em seguida cobre a cabeça deles com as toalhas.
"Minhas costas estão doendo" reclama Rubens. "Deixa eu me levantar um pouco."
"Não, não. Fica assim. Estamos chegando."
Está começando a escurecer quando os três veículos chegam à Tijuca. Passam em frente à igreja de Santo Afonso, rodam mais um quarteirão ou dois e chegam ao quartel do 1º Batalhão da Polícia do Exército, na avenida Barão de Mesquita.
Em vez de entrarem pela frente, os veículos entram pelo portão da rua transversal, com acesso exclusivo para os agentes. No pátio, soldados de calção e chuteiras jogam bola numa quadra, outros caminham em direção ao refeitório. A Veraneio e o fusca estacionam nos fundos do quartel, em frente a um prédio de dois andares onde ficam as dependências do PIC — Pelotão de Investigações Criminais.
É onde funciona o DOI, sem relação funcional com o quartel, exceto no uso da infraestrutura. Entretanto, o comandante do quartel, coronel de Infantaria Ney Fernandes Antunes, recebe diariamente do comandante do PIC, primeiro-tenente Armando Avolio Filho,

uma relação nominal de todos os presos recolhidos à carceragem e às vezes participa de interrogatórios. A imprensa batizou o órgão de DOI-CODI, por ser subordinado ao CODI — Centro de Operações de Defesa Interna, instalado no quartel-general do I Exército, no centro da cidade. A função do CODI é burocrático-administrativa: analisa as informações e faz o planejamento estratégico do combate à "subversão", executado pelo DOI. Ao entrarem neste inferno dantesco, os presos deixam do lado de fora toda esperança.

Um agente abre a porta da Veraneio, substitui as toalhas em Selene e Rubens por capuzes e os conduz para dentro do PIC. Soldados fazem algazarra ao vê-los. "Chegou peixe grande!" "É hoje que a cobra vai fumar!"

Numa sala do térreo, os dois são empurrados contra a parede pelo subtenente Gafanhoto, alto, cabelo preto repartido de lado, cassetete na mão e berrando sem parar: "Levantem os braços! Mãos na parede!"

Marília chega de olhos vendados escoltada por um agente que também a coloca de frente para a parede, ao lado de Selene, e troca o pano por um capuz. "Braços pra cima! Mãos na parede!" grita Gafanhoto. Ouve-se a voz de Roberto Carlos cantando numa sala próxima, "Jesus Cristo/ Jesus Cristo/ Jesus Cristo eu estou aqui", se misturando à gritaria de dor no andar de cima.

Entram na sala mais dois homens: o capitão Calango, atarracado, olhos azuis, cabelo louro à escovinha, e o sargento Buldogue, um negro barrigudo de sorriso bonachão, sem camisa, peito brilhando de suor. Todos em trajes civis, mas usando coturnos.

Selene é empurrada para uma cadeira diante de uma escrivaninha. Calango tira-lhe o capuz. "Está ouvindo esses gritos? Os próximos serão vocês."

"Nome!" grita Buldogue, sentado atrás da escrivaninha, com caneta e uma ficha nas mãos.

"Selene..."

Ao escutar a voz da amiga, Marília sente um tremor interno. Rubens tenta imaginar o motivo da presença de Selene aqui.

"Quero o nome completo!" grita Calango.

A voz dela sai baixa. "Selene Dias Ferreira."

"Mais alto! Idade!"

"47 anos."

Gafanhoto mostra a ela um telefone de campanha usado para dar choque elétrico, Buldogue dá um murro na mesa e manda Selene repetir seu nome três vezes.

"Pegamos a sua filha também." Calango faz uma expressão velhaca. "É muito bonita. Vamos fazer miséria com ela."

"Pelo amor de Deus, moço, minha filha não tem nada com isso. Deixa ela em paz." Selene começa a chorar.

"Estou com sede. Dá um copo d'água?" pede Rubens, abafado sob o capuz. Todos o ignoram. Calango continua ao lado de Selene:

"Endereço!"

"Ladeira dos Tabajaras..."

Após fornecer seus dados pessoais, ser fotografada e deixar as impressões digitais na ficha, ela é encapuzada novamente e colocada de frente para a parede, ao lado de Marília, enquanto Gafanhoto tira o capuz de Rubens e o puxa para a cadeira. Gotas de suor escorrem pelo seu rosto, molhando as bochechas.

"Como é que escreve o segundo nome?" pergunta Buldogue.

Rubens soletra: "B-e-y-r-o-d-t."

Ele move instintivamente a cabeça para o lado, na tentativa de ver Selene, e recebe nas costas um golpe de cassetete.

"Olha pra frente!"

Ele geme e se encolhe. Depois de fichado, fotografado e identificado com impressões digitais, é reconduzido para junto das duas mulheres em pé diante da parede.

"Braços pra cima, de frente pra parede, sem encostar a mão!" grita Gafanhoto, e Calango puxa Marília para a identificação, sentando-

-a na cadeira. Os braços de Selene doem, gostaria de baixá-los, está cansada da viagem, sem comer nem beber nada o dia inteiro, pensa na filha, vontade de chorar, as pernas bambeiam, ela vira os olhos e desfalece. Rubens tenta ampará-la, mas é derrubado por um violento soco nas costas dado por Calango.

"Eu disse pra não se mexer!"

Chutado por Gafanhoto e Calango, Rubens geme fazendo caretas de dor, e no peito uma raiva incontrolável transborda pela garganta.

"Covarde!!"

Dominado por uma ira demoníaca, Calango toma o fuzil de um dos soldados e arremete a coronha contra o peito de Rubens, que se desequilibra, grita com as mãos no peito, e os três agentes avançam com socos e chutes em diversas partes do corpo dele.

Selene recobra os sentidos, abre os olhos assustada com uma picada no braço direito. É um jovem agachado junto dela aplicando-lhe uma injeção. Depois ele a coloca numa cadeira e vai conversar com Calango.

"Será que ela aguenta?" pergunta Calango em voz baixa.

"Melhor deixar pra amanhã."

O jovem sai. Buldogue e Gafanhoto desferem mais pontapés de coturno em Rubens, no peito, nos braços, na barriga, nas costas.

"Vocês vão matá-lo! Isso é tortura!" Marília está transfigurada.

Calango agarra Marília pelo braço e aperta. "Aqui não tem tortura. Não existe tortura no Brasil! Está entendendo? Isto é uma guerra! Repita! Não existe tortura no Brasil!"

Marília murmura: "Não existe tortura no Brasil."

Encapuzados, Selene e Rubens são conduzidos para a carceragem, no segundo andar, enquanto Marília permanece na sala.

O corpo lacerado, com hematomas e escoriações, Rubens é empurrado para uma cela no segundo andar, com porta de madeira e uma portinhola. Sem capuz, não enxerga nada na cela escura e abafada de 3 metros quadrados. Aos poucos, os olhos se acostumam e o reflexo da luz no corredor entrando pelas frestas da portinhola permite distinguir uma cama de campanha. Sentado, tateia o colchão de palha, sem lençol, põe as mãos na barriga ao sentir uma fisgada interna, deita-se de costas. A pele arde. Deita-se de lado, as costelas também estão muito doloridas, talvez quebradas. Pensa em sua casa, Eunice e as crianças. Devo falar alguma coisa só pra satisfazê-los? Respira fundo com a boca fechada durante quase um minuto. Limpa o suor do rosto e do pescoço com a fralda da camisa. As roupas estão amarfanhadas e manchadas de sujeira e sangue, os cabelos despenteados.

Um soldado que faz a guarda dos presos abre a portinhola e acende uma lanterna. Rubens fica de pé.

"Qual seu nome?"

"Rubens."

"Não ouvi direito! Nome completo!"

"Rubens Beyrodt Paiva."

Retirada a lanterna, ele permanece em pé diante da portinhola e ouve a voz do mesmo soldado na cela feminina, ao lado:

"Seu nome!"

"Selene Dias Ferreira."

Após uns vinte minutos, o soldado volta com a lanterna e repete a pergunta. Ele responde e acrescenta, quase gritando:

"Quero água! E preciso de um médico!"

O soldado vai embora sem dizer nada. Rubens senta-se no colchão. Seu estômago ronca. O peito lateja dolorido.

O ferrolho da porta da cela faz um ruído, Buldogue entra, enfia o capuz na cabeça de Rubens e desce com ele para o térreo. Entram numa sala com lâmpada roxa acesa no alto da porta.

"Tira a roupa!" grita Gafanhoto bem próximo do seu ouvido.

Rubens permanece imóvel. Sente-se exausto.

"Tira a roupa, caralho!" grita Buldogue e desequilibra Rubens com um soco nas costas.

"Tira tudo! Cueca, meia!" grita Gafanhoto.

Ele despe a camisa branca amarrotada e suja, a calça, a cueca. Buldogue retira também a aliança na mão esquerda.

"Que bunda gorda, seo deputado." Calango dá um tapa.

Gafanhoto apanha as roupas e joga tudo amontoado num canto. Os três homens se movimentam com desenvoltura. A porta da sala se abre e entra um homem alto e magro, rosto cadavérico. É o coronel Girafa.

Calango sorri ao cumprimentá-lo. "Como vai, doutor?"

"Não temos tempo a perder. Quero ouvir o jogo do Vasco" diz Girafa.

Gafanhoto se aproxima com um gravador na mão, para registrar as informações que Rubens fornecer.

"E aí, comunistoide, vai falar ou quer mais porrada?" pergunta Girafa, com furor.

"Pela milésima vez, eu não sou comunista."

"Mas foi se exilar num país comunista."

"Era a única opção. Em Brasília havia três embaixadas inauguradas, dos Estados Unidos, da França e da Iugoslávia, apesar de ainda funcionarem oficialmente no Rio. A dos Estados Unidos não procuramos, porque o país, claro, apoiou o golpe militar. A da França foi contactada, mas disseram que não concediam asilo diplomático, só territorial. Sobrou a da Iugoslávia."

O risco aumentava a cada hora, a cada minuto. Todos os seus amigos políticos e jornalistas já estavam na embaixada. Mas pedir asilo significaria sair do país sem data para voltar, deixar para trás a família, a empresa, os amigos, tudo, e por tempo imprevisível. Ir para São

Paulo, mesmo que conseguisse sair escondido por qualquer meio de transporte, também era arriscado — seu apartamento lá poderia estar sendo vigiado. Resolveu continuar em Brasília, tomando cuidado. Tudo agora tinha que ser feito com todos os sentidos atentos. Ficou dois dias no apartamento de um amigo insuspeito, sem sair, e então decidiu ir para a ilha do Bananal. Ninguém iria procurá-lo no meio dos índios. Ficaria uns dias, até a situação se acalmar. Montou o mesmo estratagema que tinha usado antes. Combinou por telefone o empréstimo do avião de seu amigo em São Paulo, e outro amigo o apanhou num fusca pouco antes do amanhecer, para deixá-lo na estrada, próximo da extremidade da pista do aeroporto. O monomotor parou ali e ele entrou correndo, mas a torre de controle suspeitou de algo estranho e deu ordem para que o piloto voltasse, exatamente como já tinha acontecido. Eles estavam escaldados e ameaçaram abater o avião se não voltasse. O piloto quis obedecer. Rubens o impediu:

"Você vai continuar."

"Se não retornar, vamos abater esse avião agora" repetiu a torre de controle.

Rubens ponderou. "Então abaixe. Eu vou saltar."

Ao longe, três soldados da Aeronáutica vieram correndo em sua direção. Ele correu também, em zigue-zague, desviando-se das árvores e dos arbustos, ouviu dois estampidos, seu paletó enroscou em um galho, ele quase caiu, olhou para trás e continuou correndo. O fusca permanecia estacionado na estrada, aguardando o avião partir. Ao escutar os tiros, o motorista ligou o motor e abriu a porta direita, Rubens entrou resfolegante, "Vamos, depressa!", o motorista acelerou antes de Rubens fechar a porta e sua perna direita ficou para fora por vários metros enquanto o carro disparava pela estrada de terra, derrapou num trecho, mas conseguiu chegar à embaixada da Iugoslávia, num descampado com vegetação rasteira em volta.

O portão estava trancado a cadeado. A despeito do cansaço, Rubens conseguiu pular o muro e quase foi mordido pelos dois cães pastores.

Aos poucos o pessoal foi acordando e cumprimentando o mais novo asilado com alegria. Seus principais amigos e colegas de partido estavam lá: Almino, Bocayuva e outros ex-deputados — Salvador Losacco, Temperani Pereira, Ney Ortiz Borges, Lício Hauer, João Dória, Lamartine Távora, Benedicto Cerqueira, Ferro Costa, Garcia Filho, Fernando Sant'Anna, um dos mais destacados deputados e que agora estendia sua roupa para secar num varal improvisado no terreno dos fundos. Estavam lá também o ex-senador e ex-ministro do Trabalho Amaury Silva, o arquiteto paisagista Zanine Caldas, demitido como professor da Universidade de Brasília, e os jornalistas Raul Ryff, sua mulher Beatriz, D'Alambert Jaccoud, Deodato Rivera e Maria da Graça Dutra. A maioria aguardava salvo-conduto para deixar o país, outros aguardavam apenas uma oportunidade propícia para sair e continuar no Brasil.

A embaixada fora inaugurada durante uma visita oficial do presidente Tito, em setembro de 1963. Rubens até saudara a visita num pronunciamento na Câmara: "A Iugoslávia tem dado demonstração de independência ao mundo e lição ao nosso país de como pode se desenvolver uma nação, sendo independente e não filiada a nenhum bloco internacional. Só aqueles impregnados desse doentio anticomunismo é que se manifestam contrários à visita de um chefe de Estado de um país com o qual mantemos relações diplomáticas e comerciais." E elogiara o convite feito pelo governo brasileiro a Tito como exemplo da política externa independente. Mal sabia que seis meses depois estaria ali naquelas circunstâncias.

Como a embaixada ainda não funcionava oficialmente em Brasília, não tinha nenhuma estrutura para hospedagem. Os três blocos de concreto — chancelaria, residência do embaixador e residência de funcionários — estavam completamente vazios, exceto o terceiro, onde morava o zelador com sua mulher e uma filhinha de 5 anos. Nos primeiros dias os brasileiros dormiam no chão.

O zelador telefonou para o embaixador Marijan Basiric, no Rio de Janeiro. O embaixador foi a Brasília, autorizou o asilo e iniciou negociações com o Itamaraty para obter salvo-condutos, já que os passaportes tinham sido anulados.

Rubens e Bocayuva tinham uma situação financeira melhor e se cotizaram para comprar colchões, camas de campanha, beliches, mesas, cadeiras, utensílios de cozinha e alimentos.

O interior da embaixada ficou parecendo um acampamento estudantil: colchões estendidos no chão, roupas penduradas ou deixadas em qualquer lugar, livros, jornais e objetos pessoais amontoados nos cantos. Mas as mulheres não descuidavam da aparência. Beatriz era a mais arrumada, sempre com pulseiras marroquinas e indianas e o cabelo grisalho com um coque bem-penteado.

A bagunça melhorou depois que foi criada uma comissão organizadora. As refeições eram feitas por uma cozinheira de Bocayuva, ajudada por uma garota morena que servia a mesa trajando avental e touca branca. Depois do almoço, os cômodos silenciavam, exceto por um e outro ronco. Era a hora da sesta, estimulada pelo sol abrasador e pelo ócio total.

As horas demoravam a passar. Eles liam jornais, revistas e livros trazidos por amigos e familiares, ouviam rádio, jogavam pôquer e pingue-pongue numa sala, ou faziam ginástica ao ar livre. Zanine, fiel à sua vocação, cuidava do jardim, fazia desenhos de casas e móveis, montava curiosas maquetes com pedaços de tábuas e outros materiais que haviam sobrado da construção da embaixada. Ainda se sentia cheiro de tinta em algumas paredes. Quando não havia nada a fazer, ficavam conversando sobre os motivos do golpe, os erros cometidos, o que poderia ter sido feito. Rubens era um dos mais indignados, tendo interrompido seu primeiro mandato prematuramente, de modo tão arbitrário. E ainda tinha perdido sua carteira com documentos no matagal durante a correria.

O muro alto em volta da embaixada e a sua inviolabilidade não tranquilizavam os asilados. Eles temiam uma invasão policial, porque na frente do portão agentes do DOPS (Departamento de Ordem Política e Social) e uma rádio-patrulha se revezavam dia e noite. O mais tenso era Amaury. Deprimido, se queixava muito, ameaçando sair de qualquer maneira. Almino, que chegara se achando vitorioso por ter evitado ser preso, já começava a se sentir sitiado.

A única pessoa realmente feliz na embaixada era a filhinha do zelador. Para ela os dias de tédio e solidão haviam finalmente terminado. Antes passava o dia inteiro só com seus pais naquelas dependências enormes e vazias, naquele lugar isolado e sem graça; agora havia muita gente morando e quase todo dia visitantes adultos traziam crianças e todas se juntavam e iam colher flores secas do cerrado no terreno dos fundos, brincavam nos amplos cômodos e corriam em volta da piscina vazia, num alarido constante. Ela se divertia muito, mesmo sem falar português.

Durante as visitas, algumas esposas choravam, outras discutiam, amigos traziam solidariedade e notícias — quem estava preso, quem havia se refugiado nas embaixadas no Rio, a ameaça de mais cassações de mandatos. Depois dos abraços de despedida, voltava o modorrento silêncio. A temporada de chuva havia terminado, a vegetação começava a ficar ressecada e o clima árido trazia muita sede, além de aumentar o desalento. Vinham os pensamentos derrotistas e um dilema incômodo. Deveriam mesmo sair do Brasil? Não estariam fugindo à luta? Mas numa luta tão desigual, não era mais sensato recuar, para reacumular forças? E se deixassem o país, quando poderiam voltar? E se deixassem a embaixada, seriam presos ou apenas detidos para interrogatório? Teriam que viver clandestinos? Quanto tempo os militares ficariam no poder?

Esperavam obter alguma resposta na tarde de 15 de abril, quando todos se juntaram em volta de um rádio portátil para ouvir a transmissão ao vivo do discurso de posse do marechal Castello Branco na presidência da República, em sessão conjunta no Congresso Nacional.

"Farei quanto em minhas mãos estiver para que se consolidem os ideais do movimento cívico da nação brasileira nestes dias memoráveis de abril, quando se levantou unida, esplêndida de coragem e decisão, para restaurar a democracia e libertá-la de quantas fraudes e distorções a tornavam irreconhecível. Não através de um golpe de Estado, mas por uma Revolução que, nascida nos lares, ampliada na opinião pública e nas instituições e decisivamente apoiada nas Forças Armadas, traduziu a firmeza das nossas convicções e a profundidade das nossas concepções de vida."

Alguém comparou essas palavras com um discurso de Goebbels em Berlim em 1933, meses depois da posse de Hitler: "Esta revolução não chegou de cima, senão de baixo. Não foi ditada, o povo a quis. A revolução é o cumprimento da vontade popular no melhor sentido da palavra." Outro colega viu exagero na comparação. Afinal, Castello Branco era um militar moderado, com uma formação intelectual, e no seu discurso havia dito também: "O remédio para os malefícios da extrema esquerda não será o nascimento de uma direita reacionária, mas o das reformas que se fizerem necessárias", e prometera realizar a eleição presidencial prevista para 1965.

Os mais otimistas acreditaram até que em poucos dias as perseguições terminariam e todos iriam poder sair ilesos da embaixada. Mas essa expectativa refluiu quando o deputado Bilac Pinto, presidente nacional da UDN, declarou que o asilo iugoslavo era ilegítimo, porque a embaixada ainda não tinha estatuto jurídico, suas atividades oficiais continuavam no Rio de Janeiro e, portanto, os asilados estavam sujeitos à prisão.

Sobrevieram dias e noites de apreensão. Dois colegas se revezavam na vigília noturna, inútil no caso de uma invasão policial-militar. Mas não aconteceu.

Outra ansiedade que dominava a maioria era o futuro pecuniário. Deputados sem mandato, jornalistas sem emprego, todos haviam perdido também seus salários e não tinham nenhuma esperança de trabalho imediato no exterior. Rubens e Bocayuva tinham boa situação financeira, mas temiam se afastar dos negócios por tempo indeterminado.

Numa das visitas de Eunice, Rubens entregou-lhe uma procuração para representá-lo eventualmente depois que saísse do país. Ela levou alimentos não perecíveis, roupas, charutos e cartinhas de Vera, Eliana e Nalu, que tinham 10, 8 e 7 anos, respectivamente, desenhos de Marcelo, 4 anos, e de Babiu, 3. Sentado numa poltrona na frente do prédio da chancelaria, ele escreveu uma resposta, tratando-os pelos apelidos.

Veroca /Cuchimbas /Lambancinha /Babiu e Cacasão.

Recebi suas cartinhas, desenhos etc, fiquei muito satisfeito de ver que os nenês não esqueceram o velho pai.

Aqui estou fazendo bastante ginástica, fumando meus charutos e lendo meus jornais.

Vocês aí fiquem bem boazinhas para mamãe, cuidando bem da casa e brigando pouco.

É possível que o velho pai vá fazer uma viagenzinha para descansar e trabalhar um pouco. Vocês já sabem que o velho pai não é mais deputado? E sabem por quê?

É que no nosso país existe uma porção de gente muito rica que finge que não sabe que existe muita gente pobre, que não pode levar as crianças na escola, que não tem dinheiro para comer direito e às vezes quer trabalhar e não tem nem emprego.

O papai sabia disso tudo e quando foi ser deputado começou a trabalhar para reformar o nosso país e melhorar a vida dessa gente pobre.

Aí veio uma porção daqueles muito ricos, que tinham medo que os outros pudessem melhorar de vida e começaram a dizer uma porção de mentiras. Disseram que nós queríamos roubar o que eles tinham: é mentira! Disseram que nós somos comunistas que queremos vender o Brasil — é mentira!

Eles disseram tanta mentira que teve gente que acreditou. Eles se juntaram — o nome deles é gorilas — e fizeram essa confusão toda, prenderam muita gente, tiraram o papai e os amigos dele da Câmara e do governo e agora querem dividir tudo o que o nosso país tem de bom entre eles que já são muito ricos.

Mas a maioria é de gente pobre — que não quer saber dos gorilas — e mais tarde vai mandar eles embora e a gente volta para fazer um Brasil muito bonito e para todo mundo viver bem.

Vocês vão ver que o papai tinha razão e vão ficar satisfeitos do que ele fez.

Beijos do papai.

Eunice foi visitá-lo outras vezes, levando as crianças, como no dia do aniversário de 5 anos de Marcelo, 1º de maio. Houve uma festinha, com bolo, presentes e discursos. Os irmãos e os pais de Rubens também o visitaram mais de uma vez.

Todos os visitantes levavam alguma coisa, solicitada ou não. Rubens ficou surpreso quando um funcionário da Câmara dos Deputados foi levar-lhe sua carteira, com os documentos e o dinheiro intactos. Um soldado que patrulhava o aeroporto havia encontrado a carteira no mato e levado para a Câmara.

Uma bola de vôlei foi um dos presentes de Vera Brant, uma sorridente mineira radicada em Brasília desde o ano da inauguração e bem-relacionada nos círculos políticos da cidade. Imediatamente se improvisou uma rede e dois grupos jogaram durante a tarde inteira, com variadas equipes — Rubens, com seu peso, se cansou logo.

Nem todos os dias eram extrovertidos assim. As revistas e os jornais trazidos pelas visitas mostravam que a situação do país desandava cada vez mais. Em nome do restabelecimento da democracia e da ordem, milhares de pessoas continuavam sendo presas diariamente — até a cantora mais popular do país, Emilinha Borba. As embaixadas do México, do Uruguai e da Bolívia no Rio de Janeiro estavam lotadas de asilados; empresas públicas faziam demissões sumárias de funcionários suspeitos de simpatia pelo governo deposto; diretorias de sindicatos eram substituídas por interventores; entidades estudantis eram extintas, e já começavam as denúncias de torturas psicológicas e físicas nos interrogatórios.

"Eu prefiro morrer a ser torturada" disse Vera certa tarde na varanda, sentada ao lado de Rubens, Almino e Fernando Sant'Anna.

"Eu também prefiro" disse Rubens.

Junho chegou, as noites ficaram mais frias na embaixada, com seu piso de lajota. De madrugada o vento gelado murmurava nas árvores desfolhadas e retorcidas, como cabeças de Medusa pairando sob a lua cheia.

Mas um dia todos se regozijaram e se abraçaram sorridentes e telefonaram para os familiares e amigos: os salvo-condutos haviam chegado!

Passados os primeiros instantes, a euforia se entrelaçou à insegurança: teriam mesmo que deixar o país, sem data para voltar. Apesar do desconforto e da tensão na embaixada, até aquele dia todos ainda acreditavam na possibilidade, por remota que fosse, de sair e refazer suas vidas, no Brasil. Entretanto, nenhum *deus ex machina* apareceu para libertá-los. Com os salvo-condutos nas mãos e sem novidade animadora trazida pelos visitantes e pelos jornais, a partida era irreversível.

Zanine ficou em pânico, caiu em depressão. "O que vou fazer na Iugoslávia? Nem comunista eu sou mais. Deixei de ser comunista em 1947, depois que o Prestes subiu no palanque com o Getúlio."

Sua maior preocupação era a falta de condições financeiras para se manter no exílio, e só falava português.

Rubens tentou consolá-lo. "Nem se você falasse perfeitamente inglês ou francês, não adiantaria nada. Os iugoslavos falam uma língua muito estranha, ninguém de nós entende, então pode ficar sossegado, estamos todos no mesmo barco."

Almino acrescentou: "E fique sabendo que o Rubens e eu estamos confiando no seu talento. Você vai pegar flores do mato e fazer belos arranjos, transformar pedaços de madeira em maquetes artísticas."

"Já estamos pensando no sucesso que vamos fazer lá, às suas custas" brincou Rubens.

Como despedida geral, Vera sugeriu a Gilka, mulher de Fernando Sant'Anna, fazerem uma festa no jardim da embaixada, uma festa junina, com fogueira, cachorro-quente e batida de limão. Gilka também se animou. O embaixador Josef Basiric foi consultado por telefone e concordou, depois de muita insistência. Para evitar problemas, naquelas circunstâncias excepcionais, ele disse que iria a Brasília para a festa.

Certa tarde, Vera e Gilka conseguiram uma Kombi para transportar lenha e comidas. Entraram pelo portão dos fundos. Os dois agentes do DOPS, dentro do carro estacionado na frente, suspeitaram da movimentação e requisitaram reforço. Imaginaram que os asilados estivessem planejando uma fuga.

A fogueira foi armada no jardim. Losacco ficou encarregado de manter o fogo aceso. Benedicto fez a batida de limão, com cachaça mineira. Gilka, Margarida, mulher de Deodato Rivera, e Delza, mulher de Zanine, prepararam o cachorro-quente, os salgadinhos e a pipoca.

Quando a festa já estava começando, Vera notou que faltava um ingrediente fundamental: a música. E convidou o advogado paraibano José Luiz Clerot, que sabia tocar sanfona e cantar. O jardim ainda não tinha iluminação, mas a lua cheia se encarregou de clarear a noite, e todos fizeram uma roda em volta da fogueira, protegidos com casacos de lã e cachecóis, nas mãos os copos de batida e refrigerante, as crianças contando as estrelas. Quando o ar ficou mais frio, Vera deixou aflorar sua sensibilidade feminina e sentiu pena dos agentes do DOPS no carro em frente ao portão, e foi falar com Almino.

"A gente podia levar uma batida pra eles."

Mas a sensibilidade política de Almino se sobrepôs. "O quê? É por causa deles e de quem eles representam que estamos nesta sinuca. Daqui a pouco eles podem ir pra casa dormir sossegados e nós vamos ter que sair do país."

Rubens estava junto e não quis polemizar com o amigo. Mas minutos depois chamou Vera a um canto. "O Almino tem razão, do ponto de vista político, mas vamos mostrar a eles que somos diferentes do que dizem os gorilas, que somos democratas e sem rancor. Vai lá."

Vera caminhou até o portão. Um dos agentes dentro do carro ficou ressabiado ao vê-la se aproximar e baixou o vidro da janela. "O que que é?"

"Vim saber se os senhores aceitam uma batida de limão."

O agente trocou um olhar cúmplice com seu colega no volante e virou-se de novo para Vera. "É de cachaça ou de vodca russa?"

"Cachaça mineira, da boa. Até o embaixador elogiou."

"Pode trazer."

Como complemento, Vera levou na bandeja também cachorro-quente e um prato de pipoca.

"O sanfoneiro é bom" disse o agente ao apanhar a bandeja.

Não houve dança de quadrilha, mas enquanto a fogueira faiscou, enquanto a batida de limão esquentou as gargantas, enquanto Clerot sanfonou as cantigas juninas de Luiz Gonzaga e Lamartine Babo, enquanto a lua alumiou a noite, todos esqueceram os seus dissabores do presente e as incertezas do futuro que os esperava tão logo atravessassem aquele portão.

Rubens, Bocayuva e Raul Ryff decidiram ir de avião, pago com dinheiro próprio. Na manhã de 17 de junho, quase três meses depois de entrarem na embaixada, embarcaram para o Rio de Janeiro num Caravelle da Cruzeiro do Sul, acompanhados de dois diplomatas, um brasileiro do Itamaraty e um iugoslavo da embaixada. Chegaram ao Galeão por volta de meio-dia.

O aeroporto estava cheio de soldados da Aeronáutica que bloqueavam as saídas, o portão de acesso à pista e o pátio interno. Vários jornalistas que tinham ido cobrir a chegada dos três homens foram impedidos de se aproximar e só puderam ficar observando à distância. Também agentes do DOPS estavam acompanhando o desembarque. Quatro dias antes, o presidente Castello Branco havia autorizado a criação do Serviço Nacional de Informações, para coordenar as atividades de inteligência, espionagem política, vigilância de suspeitos de subversão e de todas as pessoas consideradas inimigas do governo.

Rubens, Bocayuva e Ryff desembarcaram do Caravelle e entraram num automóvel estacionado perto da escada do avião. O carro seguiu para a residência do embaixador iugoslavo, na rua Joaquim Nabuco, em Ipanema, e os asilados ficaram hospedados lá. Após três dias de emocionados encontros e despedidas de amigos e familiares, eles partiram do Galeão às onze da noite com destino a Paris, de onde prosseguiram até Belgrado.

Na semana seguinte foi a vez dos demais asilados: Almino, Salvador Losacco, Fernando Sant'Anna, Lício Hauer, Lamartine Távora, Deodato Rivera, Maria da Graça Dutra e Beatriz Ryff. Zanine e os outros optaram por continuar no Brasil. Para eles o risco de prisão havia passado. Amaury Silva tinha deixado a embaixada sorrateiramente numa madrugada, com os cabelos grisalhos tingidos de preto, e antes de seguir para o Uruguai divulgou um manifesto: "Como ministro do Trabalho por quase dez meses, em nenhum momento traí nem a minha convicção democrática nem o meu respeito quase supersticioso à lei, nem as teses que defendi perante a opinião pública. Não pretendi nem pleiteei as funções de ministro de Estado. Aceitei-as para servir, não apenas ao governo deposto, com firmeza e lealdade, mas principalmente para servir, na medida de minhas forças, à causa das reformas. Tenho confiança em que o bom senso e a invencível vocação democrática do povo brasileiro acabarão por impor a determinação de devolver as garantias e direitos individuais no Brasil, restituindo-lhe a liberdade roubada e a ordem jurídica."

No Rio, o grupo embarcou no pequeno cargueiro iugoslavo *Bohinj*. Almino levou junto a dor de duas separações: de seu país e de seu quarto filho, que nascera poucos dias antes.

"Rádio Gloobô! O relóóógio maaaarca! 35 minutos do segundo tempo em General Severiano!"

Na penumbra da sala, Calango abaixa o volume do radinho de pilha sobre a mesa transmitindo o jogo entre Vasco e América. Os quatro homens em pé cravam seus olhos de pedra em Rubens, sentado numa cadeira, nu.

"Vamos te dar a última chance." Girafa coloca a mão no ombro dele. "Se não desembuchar tudo, vai ver o que é bom pra tosse."

Calango cruza os braços com um sorriso de escárnio. "Tu ainda não viu nada."

"O que aconteceu até agora foi só aperitivo." Gafanhoto se encosta no pau de arara e Buldogue apanha o aparelho de choque. "Conhece a maricota?..."

Rubens sente uma fisgada na costela. "Sou cidadão brasileiro, cumpro meus deveres, pago imposto, trabalho todos os dias."

"Quem são seus contatos na VPR e no MR-8?" grita Gafanhoto.

"Não tenho contato nesse sentido político que vocês querem."

"Mentiroso!" grita Calango.

Conduzido pelos braços para uma cadeira forrada com placa de zinco, seus punhos são amarrados com tiras de pano aos braços da cadeira, as pernas ficam comprimidas por uma trava. Com um pedaço de fita adesiva, Buldogue prende na orelha direita de Rubens a ponta de um fio elétrico desencapado e a outra ponta no dedo polegar da mão esquerda. O fio está conectado a um telefone de campanha.

Tranquilo, Calango gira a manivela do telefone. Uma corrente elétrica queima a cabeça de Rubens, a manivela gira com mais rapidez e das profundezas de sua carne irrompe um interminável urro de agonia. A cabeça pende sobre o peito arfante.

"Onde mora o Adriano?" pergunta Girafa.

Agora Buldogue prende os fios no queixo dele e Calango gira a manivela novamente. Farpas ferinas perfuram seu cérebro, raios rasgam seu peito, estilhaços de luz cegam seus olhos, ele morde a língua, o coração dispara desvairado, as faces ficam roxas.

Girafa faz um gesto chamando os três colegas para um canto da sala.

"Vamos dar um tempo, pra ele se recuperar. Quanto deve estar o jogo? Aumenta esse rádio aí... Buldogue, peça a um soldado pra providenciar um cafezinho pra gente. Feito na hora, não aquela água suja que serviram ontem."

Buldogue sai da sala. Calango aumenta o volume do rádio. "Ih, o América fez mais um! 2 x 0. O otário do Gilson perdeu um pênalti."

"Mas ainda dá pra virar" consola-se Girafa. "Tem muito jogo pela frente."

Buldogue entra na sala. "Se vocês fossem botafoguenses não estariam sofrendo."

"Ou flamenguistas" diz Gafanhoto.

"Mas empatou de 0 x 0 na preliminar, contra os perna de pau do Acadêmica de Coimbra. E com Doval, Zanata..." debocha Calango.

Girafa e Calango sentam-se nas cadeiras junto à mesa e ficam ouvindo o jogo. Um soldado bate na porta, Buldogue abre e apanha a bandeja com um bule de café e quatro xícaras, colocando sobre uma das escrivaninhas.

Minutos depois, Calango dá um grito socando a mesa.

"Gooooool!"

"Luís Carlos", sorri Girafa. "Esse garoto é bom mesmo."

Calango fica eufórico. "Tá melhorando, 2 x 1."

Depois de beber seu cafezinho, Gafanhoto mostra a Rubens um caderno com fotos de pessoas; ao virar cada página, pergunta quem ele conhece. Rubens faz apenas movimentos negativos com a cabeça. Buldogue gira de novo a manivela, aumentando a velocidade.

Girafa acende um cigarro, chama Buldogue e cochicha.

"Seguinte, enquanto nós vascaínos ouvimos o jogo, quero que você leia pro deputado o nosso relatório sobre a vida subversiva dele. Pra mostrar que não adianta ficar enrolando."

No dia 17 de fevereiro de 1963, um domingo, a sessão de encerramento do I Encontro do Sindicato dos Trabalhadores na Indústria do Estado de São Paulo contou com a presença do ministro do Trabalho, Almino Affonso, e elementos ligados a ele, como o deputado federal Rubens Paiva.

No salão nobre da Faculdade de Ciências Econômicas da USP, no dia 6 de abril de 1963, sábado, a cerimônia de abertura do I Seminário Estadual de Reforma do Ensino teve entre os integrantes da mesa dirigente dos trabalhos o deputado Rubens Paiva, da Frente Parlamentar Nacionalista.

Informações originárias de Santos atestaram que, com o objetivo de estabelecer melhor aproximação e maior entrosamento para a resolução dos problemas da Baixada Santista, o prefeito local, sr. José

Gomes, no dia 8 de abril de 1963, segunda-feira, reuniu em almoço, no Atlântico Hotel, os deputados federais eleitos por Santos, tendo comparecido Rubens Paiva.

O epigrafado e outros deputados federais estavam presentes na reunião que a Associação Comercial de Santos realizou no dia 3 de junho de 1963, a fim de se inteirarem dos problemas que afligem o comércio cafeeiro.

Conforme relatório enviado, o deputado Rubens Paiva foi um dos signatários do "Termo de Compromisso da Frente Parlamentar Nacionalista", em junho de 1963.

No dia 12 do mesmo mês e ano, dando prosseguimento à série de palestras em torno das Reformas de Base, dirigentes esquerdistas, após intensa propaganda, realizaram no salão de conferências da Faculdade de Direito da USP mais uma reunião, denominada Congresso do Povo Brasileiro pelas Reformas de Base, tendo tomado assento à mesa dirigente dos trabalhos os deputados Rubens Paiva, Francisco Julião e o sargento Garcia Filho.

O deputado Rubens Paiva esteve presente ao ato de instalação do XXVI Congresso da União Nacional dos Estudantes-UNE, realizado no Estádio Municipal de Santo André, em 22 de julho de 1963. O temário do Congresso obedecia, principalmente, às Reformas de Base.

Conforme informação reservada, numa reunião realizada na sede do Comitê de São Paulo do Partido Comunista Brasileiro, no prédio Martinelli, em 23 de setembro de 1963, os deputados federais Rogê Ferreira e Rubens Paiva estavam articulando um movimento de repúdio ao general Pery Bevilacqua, por ter criticado o radicalismo dos sindicatos. Relatório arquivado neste serviço informa que Rubens Paiva, quando de seu embarque no Aeroporto de Congonhas, em 24 de setembro de 1963, terça-feira, com destino a Brasília, declarou: "As greves são consequência das estruturas arcaicas e obsoletas, e com relação às Reformas de Base, cada dia elas são mais necessárias."

Sobre a substituição do general Pery Bevilacqua à frente do II Exército, o parlamentar afirmou "o presidente João Goulart funciona com toda liberdade nas áreas militares, tendo ligação direta com suas cúpulas e perfeito controle da situação. Irá provar que não está tutelado, e substituirá o general Pery daquele posto". A substituição aconteceu, três meses depois.

No Cine Tóquio, com a presença de 2 mil pessoas aproximadamente, houve no dia 16 de outubro de 1963 uma concentração de desagravo à pessoa do sr. Paulo de Tarso, ex-ministro da Educação, promovida pela UNE. Entre os presentes na mesa figurou o presidente da Frente Parlamentar Nacionalista, deputado Rubens Paiva.

Informação reservada de 25 de fevereiro de 1964: realizou-se no dia anterior, na sede do Clube dos Artistas e Amigos das Artes, à rua Bento Freitas, 306, o ato de inauguração da União Cultural Brasil-Cuba, tendo presidido os trabalhos o embaixador cubano Raul Roa Kouri. Entre os presentes é citado o deputado Rubens Paiva.

O deputado esteve presente ao ato público de lançamento da Frente de Mobilização Popular, em São Paulo, realizado no dia 28 de fevereiro de 1964, sexta-feira, na antiga sede do Centro do Professorado Paulista, à rua da Liberdade. Essa Frente insiste em defender medidas radicais, como reforma agrária, voto de analfabetos, sindicalização de camponeses, nacionalização da indústria farmacêutica, encampação das concessionárias de serviços públicos.

No réveillon de 1966 o sr. Rubens Paiva viajou com a família num cruzeiro marítimo. Fizemos vigilância para saber se era um pretexto para contatos com subversivos brasileiros exilados no Uruguai e na Argentina. O navio partiu de Santos e percorreu Punta del Este, Montevidéu, Buenos Aires e Mar del Plata. Apuramos que seu único contato foi com a família e conhecidos do navio. Nesse ano ele se mudou para o Rio de Janeiro, provavelmente porque em São Paulo seus passos estavam sendo acompanhados pelos órgãos de segurança.

Graças a uma interceptação telefônica feita pela Seção de Atividades Antidemocráticas, descobrimos que Rubens Paiva considerava o Rio mais favorável à sua agitação esquerdista. No Rio morava a maioria de seus amigos vermelhos, como Fernando Gasparian e Bocayuva Cunha. O novo endereço de Rubens, avenida Delfim Moreira, 80, no bairro Leblon, passou a ser visitado por agitadores inimigos do regime: ex-políticos, intelectuais, jornalistas, escritores, todos contestadores da Revolução.

Rubens Paiva ia todos os dias ao escritório de sua empresa, na avenida Rio Branco. Nessa época ganhou concorrência para a construção de um viaduto em Salvador, mesmo sendo prefeito o sr. Antônio Carlos Magalhães, nomeado pelo presidente da República, homem de confiança do regime e grande patriota que apoiou o Movimento de Março desde a primeira hora.

Informação do Ministério do Exército datada de 30 de maio de 1967 revelou que Rubens Paiva estava aglutinando forças com o intuito de mobilizar as associações de bairros, que são órgãos importantes para a politização da massa operária e decisivos nas eleições municipais. O epigrafado, no dia 13 daquele mês, um sábado, participou de um churrasco em homenagem a Jonas Rodrigues, prefeito de São Vicente, e disse que todos os comunistas deviam pintar suas casas de vermelho, no mínimo as portas e janelas, para provar que não temem a "repressão dos gorilas".

Na manhã de fevereiro de 1970, Rubens Paiva foi ao porto do Rio de Janeiro, acompanhado de outros subversivos, para recepcionar o sr. Waldir Pires, um elemento de convicções socialistas, ligado ao governo de João Goulart e que chegava da França, após seis anos de exílio. Um delegado da Polícia Federal e dois agentes foram de lancha ao navio italiano *Giulio Cesare* quando este adentrava a Baía de Guanabara. No tombadilho, Waldir Pires e sua esposa Yolanda viram a lancha se aproximar. Ele viajava sem passaporte, negado pelo consulado brasileiro em Paris. Tinha apenas salvo-conduto, entregue ao comandante do navio ao partir de Gênova. O delegado apanhou o documento com o comandante e abordou Waldir Pires, pedindo para acompanhá-lo à sede da Polícia Federal, o que foi feito sem incidentes.

Ao saber desta ocorrência, Rubens Paiva telefonou ao advogado Modesto da Silveira, notório defensor de subversivos e terroristas, e lhe pediu para dar assistência a Waldir Pires. O advogado pôde conversar com o detido numa sala, mas não acompanhar o depoimento, realizado em seguida. O sr. Waldir Pires declarou que estava voltando para o Brasil porque não desejava que seus filhos crescessem longe do seu país; que não tinha problemas financeiros; que poderia continuar vivendo na França e trabalhando como professor numa universidade em Dijon. O nominado negou ter contato com comunistas na França ou no Brasil. Após depor durante o dia inteiro, ele foi para um apartamento que Rubens Paiva ajudou a procurar e foi alugado por parentes para Waldir e sua família, na rua Tonelero, bairro de Copacabana.

Pelo histórico apresentado, fica evidente que a ligação entre Waldir Pires e Rubens Paiva não é somente de amizade, mas também ideológica, com fins notoriamente subversivos. Ambos agem articulados com outros elementos que conspiram contra a Revolução, defendem reformas sociais radicais, na linha comuno-brizolista, como vivandeiras que pregam a volta da desordem social erradicada a partir de 1964.

Rubens aponta: "Esse relatório tem dois erros: eu não fui presidente da Frente Parlamentar Nacionalista, fui tesoureiro, e em São Vicente eu não pedi aos comunistas pra pintarem suas casas de vermelho. Eu não falaria uma coisa tão ridícula. Também esqueceram muitas outras coisas que eu fiz: cinco prédios em Santos projetados pelo excelente arquiteto Pedro Paulo de Melo Saraiva, o edifício Solar do Conde em São Paulo, hotéis, prédios públicos, escolas, postos de saúde, moradias populares no Rio, pontes no interior de São Paulo, nove viadutos em Brasília..."

Sem dizer nada, Buldogue lhe dá as costas e vai beber mais um cafezinho. Chateados com a derrota do Vasco, Girafa e Calango voltam ao trabalho.

"Quem faz parte da conexão subversiva entre o Brasil e o Chile?" pergunta Girafa.

"Puxa vida, quantas vezes tenho que repetir que não tenho nenhuma ligação política com o Chile?"

Calango mente: "Sua mulher e sua filha também estão aqui. Se quiser vê-las, terá que confessar."

Com um ímpeto desesperado, Rubens se enche de fúria. "Vocês não podem fazer isso! Não podem! Isso é canalhice!"

Gafanhoto aplica-lhe dois golpes de palmatória nas costas nuas. "Quem tu conhece no Chile?"

"Só o Almino, já falei."

"Mais alto!" grita Buldogue com a mão na manivela de choque.

"Almino Affonso" completa Rubens.

"Outro canalha subversivo" diz Girafa. "Sabemos que ele está no Chile. Se pisar os pés no Brasil, vai em cana. E a Carmina?"

"É uma amiga, nem amiga, eu mal a conheço, é filha de um amigo."

"E o Adriano? Onde é o aparelho dele?"

"Não sei. Só vi ele uma vez, na rua."

Girafa sorri. "Ah, então você o conhece. Estamos melhorando. Gafanhoto, pega o conta-gotas. É muito bom pra memória."

Calango e Buldogue amarram os punhos e tornozelos de Rubens com fios de náilon e o penduram numa barra de ferro atravessada nas pernas encolhidas e apoiada entre as duas escrivaninhas. A cabeça fica jogada para trás. Com o conta-gotas, Gafanhoto esguicha água nas narinas. Rubens se debate com falta de ar, vertendo água misturada com catarro.

"Vai abrir o bico ou não vai, porra?" rosna Buldogue.

Girafa conversa com Calango e Gafanhoto num canto. "Esse troço tá me dando fome. Vamos mandar ele pra geladeira e pedir um lanche."

Com falta de ar, o nariz ardendo, mãos e pés dormentes, Rubens caminha com os braços escorados em volta dos pescoços de Gafanhoto e Buldogue.

"Porra, tu é pesado pra cacete, hein?" diz Gafanhoto. "Precisa fazer regime."

Buldogue ri. "Mais uns dias aqui e ele vai emagrecer."

Empurrado nu para dentro da cela fria, Rubens senta-se numa cama de campanha, sem lençol. Todo o seu corpo dói: tórax, costelas, barriga, braços, cabeça. Cruza os braços e se deita encolhido no colchão. Ofegante. Suarento.

A um quilômetro de distância, no morro do Borel, rojões e batucadas dos atabaques nos terreiros se fundem aos cânticos e danças na festa para Oxóssi, o deus da caça, habitante da floresta, o São Sebastião no candomblé.

Sozinha na mesa da sala de jantar, Eunice bebe um gole de café e olha mais uma vez para o relógio da parede — nove e meia. Introspectiva, tenta decifrar essa teia que a enredou tão inesperadamente. Dá uma tragada no cigarro, mexe na xícara no pires, por que o Rubens está demorando tanto? Será que ficou preso? E esses homens que não saem daqui...

"Onde fica a televisão?"

Meio assustada, ela ergue a cabeça para o homem de pé ao seu lado. "Como?"

Ameba explica. "Eu queria assistir um pouco de televisão, pra passar o tempo, sabe como é. Se a senhora deixar, claro."

Aborrecida, Eunice bate a cinza do cigarro no cinzeiro. "Fica lá no fundo."

Fuinha se aproxima e brinca com o colega.

"Diga a verdade, tu quer assistir *Assim na terra como no céu*, não perde um capítulo da novela."

"Que nada, a novela das oito acabou faz tempo. Eu queria assistir à *Discoteca do Chacrinha*. Hoje o programa é diferente, ouvi dizer que..."

Sem esperá-lo concluir, Eunice apaga o cigarro e fica de pé. "Me acompanhem, por favor."

Atravessa a cozinha seguida pelos dois agentes, vira à esquerda e entra numa saleta com brinquedos e jogos infantis espalhados pelo chão de cimento, um sofá, uma mesa redonda e um aparelho de televisão sobre a cômoda. É o lugar em que os filhos brincam e fazem suas refeições quando a mesa da sala de jantar está ocupada por visitas. É também onde Rubens joga pôquer com amigos até altas horas.

Eunice liga a televisão e sai. Ameba e Fuinha se acomodam no sofá. Na tela em preto e branco as belas chacretes de minivestidos e botas dançam rebolando ao som de um grupo musical que toca uma marchinha cantada pela plateia formada em sua maioria por mulheres: "Olé olá, o Chacrinha está botando pra quebrar..."

"Terezinhaaaaaa!..." exclama o apresentador barrigudo, fantasiado de palhaço, com uma gravata borboleta gigante no pescoço. A plateia responde uivando "uuuuuhhh!" e ele circula no cenário decorado com dezenas de bandeirinhas do Brasil. "Alô, dona Maria! Seu dinheiro vai dar cria! Vocês querem bacalhau?" A plateia grita "sim!". "Só que hoje não tem bacalhau." Ele não conta que foi advertido pela Censura para não mais atirar bacalhau à plateia. "Em compensação, o nosso programa está muito especial. Hoje é a 'Noite do eu te amo meu Brasil'. Por isso estamos todos de verde-amarelo. Os telespectadores veem tudo preto e branco, mas estamos aqui de verde e amarelo. E depois de ouvirmos alguns dos melhores cantores deste país, chegamos ao ponto culminante do nosso programa, um show especial com a dupla mais famosa deste maravilhoso país!"

Maria do Céu entra para arrumar os brinquedos sobre a mesa e dá uma olhada na TV. "Vamos receber... Dom e Ravel! Palmas pra eles que eles merecem!"

Depois que a saleta fica arrumada, Eunice volta para falar com Ameba e Fuinha.

"Por acaso vocês vão dormir aqui?"

Ameba responde com arrogância. "Por acaso sim. Pretendemos."

"Não temos camas suficientes."

"Não se preocupe. A gente se vira. Podemos dormir nos sofás, no chão mesmo, em qualquer lugar. Na verdade, vamos ficar acordados a noite inteira, pra ver se chega mais visita. Vamos ter que assistir à televisão até o último programa."

Na tela, o cantor Ravel explica a Chacrinha: "Nossas músicas estimulam os brasileiros a amarem nossa terra e a nossa gente, a se interessar pelo desenvolvimento nacional, a buscar um convívio pacífico."

Maria do Céu e Maria José chegam e ficam na porta assistindo. Os dois policiais lhes oferecem lugar no sofá, elas recusam agradecendo. No programa, Dom complementa: "Cantamos as alegrias e tristezas dos brasileiros, queremos semear o amor entre nosso povo. Por isso vamos todos cantar." E eles cantam: "As praias do Brasil ensolaradas/ O chão onde o país se elevou/ A mão de Deus abençoou/ Mulher que nasce aqui tem muito mais amor/ O céu do meu Brasil tem mais estrelas/ O sol do meu país mais esplendor/ A mão de Deus abençoou/ Em terras brasileiras vou plantar amor/ Eu te amo, meu Brasil, eu te amo/ Meu coração é verde, amarelo, branco, azul anil/ Eu te amo, meu Brasil, eu te amo/ Ninguém segura a juventude do Brasil..."

Depois que a dupla termina de cantar, Maria José e Maria do Céu se recolhem ao seu quarto. Na sala de jantar, Eunice olha mais uma vez para o relógio na parede — cinco para as dez — e vai falar com Barata, sentado no sofá folheando uma revista, ao lado de Mosquito, que boceja.

"Por que o Rubens está demorando?" pergunta ela.

"Eu não sei, minha senhora" responde Barata sem erguer a cabeça.

"O senhor devia telefonar pra lá e descobrir o motivo."

"Já telefonei, disseram que está tudo bem." Ele para de folhear a revista, dá um sorriso forçado para Eunice e volta a folhear calmamente. "A senhora pode dormir. Quando ele chegar, a gente abre a porta."

Irritada, ela sobe para o seu quarto e senta-se na cama. Acende outro cigarro. Meia hora depois, desce para a sala. Barata continua no sofá, conversando em voz baixa com Mosquito.

"Já vai dar onze horas." Desta vez ela é mais incisiva. "Eu gostaria que o senhor telefonasse de novo pra saber o que houve. Não era pra demorar tanto."

Barata mantém-se fleumático. "Não houve nada de mais. Depoimento é assim mesmo, imprevisível. Às vezes acaba logo, às vezes demora um pouco mais. Depende de muitas coisas, tá entendendo? Tem depoimento que dura a noite toda, é ou não é, Mosquito?"

Mosquito balança a cabeça concordando. Eunice tenta controlar sua irritação.

"O senhor há de convir que ele está demorando muito mais do que deveria. O pessoal de lá pra onde ele foi deve saber a que horas vai terminar."

"Não sabe mesmo. Como eu disse, tudo depende de muitos fatores... imponderáveis. Pode ir dormir sossegada. Quando terminarem, eles me telefonam e eu aviso a senhora."

"Como eu posso dormir sossegada se o meu marido foi não sei aonde há quase doze horas e ainda não voltou e o senhor não sabe quando voltará?"

"Sinto muito. Não posso fazer nada. Estou apenas cumprindo ordens. O que eu queria mesmo, com esse calor, era estar em casa com minha família, bebendo uma cerveja ou dormindo."

O telefone toca.

"Pode atender", autoriza Barata. "Mosquito, vai no escritório escutar a conversa."

Eunice atende. É o advogado Lino Machado. Amigo da família, pergunta se Rubens já chegou.

"Ainda não."

"Como é que estão as coisas por aí?"

"Estão... mais ou menos, quer dizer... Prefiro falar com você amanhã."

Lino percebe uma tensão na voz dela. "Eu telefono amanhã então."

Ela desliga e sobe para o segundo pavimento. Vai ao quarto de Marcelo, no fundo do corredor. O garoto ainda está acordado, brincando sozinho com seu futebol de botão.

"Vai dormir, meu filho."

"Não estou com sono."

Ela vai ao quarto de Babiu e Eliana — estão dormindo — e volta para o seu. Em cima do criado-mudo permanece a caixa de trufas que Rubens lhe deu hoje de manhã, com algumas sobrando. Debruçada na janela, olha para a avenida com poucos carros, as nuvens finas filtrando estrelas, a escuridão do mar, ele deve ter ficado preso, ou então vai acabar chegando de madrugada. Ela veste um pijama, apaga o abajur e deixa uma janela semiaberta, contrariando seu hábito, para ouvir o motor do carro chegando.

Deitada, não consegue nem fechar os olhos. Rola de um lado para outro, atenta aos sons da rua, dos carros, um deles pode entrar na garagem. Mas só ouve o marulhar das ondas estourando na praia. Senta-se na cama, liga o abajur, retira um livro da gaveta do criado-mudo, arruma o travesseiro verticalmente na cabeceira e se encosta.

Já na segunda página o pensamento foge da leitura, não consegue mais se concentrar. Com o livro aberto no colo, ela se lembra de uns visitantes diferentes, entre os tantos que Rubens traz, como uma noite quando todos na casa já estavam dormindo, ela deitada como agora, lendo um livro sob a luz do abajur, ele entrou no quarto, de terno e gravata.

"Amor, trouxe uma visita. É um amigo, brigou com a mulher e precisa de um lugar pra dormir esta noite. Pensei em colocá-lo no quarto do Marcelo."

"Está bem."

"Não precisa levantar, eu cuido de tudo."

"Ainda bem que você falou. Eu não pretendia me levantar mesmo... Brincadeira. Se precisar de alguma coisa, me fale."

Rubens desceu para a sala, onde estava sentado o visitante, um homem de uns 30 anos, em manga de camisa, ar cansado e aparentando nervosismo.

"Quer comer alguma coisa? Tomar um lanche? As empregadas já foram dormir, mas eu preparo..."

"Não, não precisa. Só quero um copo d'água."

"Vem cá."

Os dois foram para a cozinha e Rubens lhe serviu água.

"Que sufoco. Quase me pegam. Escapei por pouco... Não vou atrapalhar você não?"

"Fica tranquilo. Vou te colocar no quarto do Marcelo, tem uma cama sobrando lá. Mas só posso dar guarida esta noite, a família é grande, e quase todo dia tem visita, amigos meus, das meninas."

"Claro, eu entendo, não tem problema. Te agradeço de coração."

"Amanhã eu saio cedo pra trabalhar e te levo pra onde você quiser."

Outro dia, começo da tarde, Rubens chegou em casa acompanhado de um jovem gordinho, de bigode e cabelos ralos, terno escuro, gravata e pasta 007 na mão.

"Mulherzinha, trouxe visita. O engenheiro Adriano, amigo meu, lembra dele? Já veio aqui uma vez. Ele vai almoçar com a gente, tá?" Virou-se para o jovem: "Quer beber o quê?", e para Eunice: "Manda trazer um vinho tinto."

Os dois entraram no escritório da casa e ficaram lá dentro com a porta trancada. Minutos depois, Maria do Céu bateu na porta. "Entra!" disse Rubens. "Telefone pro senhor." Passados mais uns minutos, Rubens saiu do escritório com o rapaz. "O Adriano vai ter que ir, se lembrou de um compromisso urgente."

"Mas o almoço está quase pronto."

"Desta vez não vou poder, fica pra outro dia" disse o rapaz.

Eunice ficou vendo-o sair, intrigada. Agora, deitada na cama, imagina se isso e alguma coisa que Rubens possa ter falado teriam motivado... E adormece com o livro aberto no colo.

No começo da madrugada o telefone toca na sala de um apartamento de classe média na Tijuca. O morador, um médico de 30 e poucos anos, acorda e vai atender. Ele não estranha a ligação nesse horário nem a pessoa que o procura do outro lado da linha, o capitão Manoel Anselmo, da Polícia do Exército.

"Carneiro, precisamos de você aqui agora. Se arruma depressa que eu vou te apanhar daqui a pouco."

Ele desliga e vai ao banheiro, presumindo o motivo da convocação, lá vem merda de novo. É médico do Exército e todas as manhãs trabalha quatro horas no quartel da Polícia do Exército, dando consultas aos efetivos e examinando as condições clínicas dos presos políticos submetidos a interrogatórios violentos, algo que acontece quase todos os dias ultimamente.

"O que foi, amor?" pergunta sua mulher na cama enquanto ele se veste.

"Uma emergência, pode dormir, não devo demorar."

Quase vinte minutos depois do telefonema, um fusca branco buzina em frente ao prédio. Ele apanha sua valise preta, acena para a mulher e desce no elevador.

No volante, o capitão Anselmo está com pressa. "Entra rápido, tem um cara passando mal." Ele acelera em silêncio pelas ruas vazias da Tijuca. Carneiro não faz nenhuma pergunta. Atendimento de emergência não é novidade em seu trabalho e ele ainda está sonolento.

No I Batalhão da Polícia do Exército, o fusca segue direto para o prédio do PIC, onde Carneiro está sendo esperado pelo coronel Ney Fernandes Antunes, comandante do quartel. É um homem de cerca de 40 anos, magro e alto, voz grave.

"Boa noite, doutor. Tem um preso que passou mal."

Os dois sobem para a carceragem, no segundo andar. No fundo do corredor, entram na última cela à direita.

Deitado de costas numa cama de campanha sem lençol, está um homem nu, gorducho, de bigode, inerte, olhos mortiços e a boca semiaberta.

"Ele tá reclamando de dor na barriga" informa o coronel.

O médico se agacha, abre a valise e retira um estetoscópio. Mesmo acostumado a atender presos debilitados e feridos, ele se comove com as condições deste homem, pálido, transpirando na testa e na palma das mãos, marcado de equimoses — no rosto, no peito, nos braços, na barriga, nas pernas. Carneiro coloca o estetoscópio em diferentes partes do peito dele, apalpa a pele, pegajosa, aperta levemente o abdômen com a ponta dos dedos: embora adiposo, está enrijecido. Vira-o de lado — mais equimoses, nas costas e nádegas — e o retorna à posição anterior. O médico constata duas feridas mais recentes, no supercílio e no canto esquerdo da boca. O homem abre lentamente os olhos e balbucia:

"Rubens... Paiva..."

Carneiro se inclina sobre ele, quase encostando a orelha em sua boca, e escuta de novo, "Rubens... Paiva...". Retira o estetoscópio dos ouvidos e fica de pé.

"Coronel, o abdômen dele está rígido demais, parece uma tábua. Isso é sintoma de hemorragia interna, pode ser no baço ou no fígado. O pâncreas também deve estar arrebentado. Precisa ser internado com urgência."

"Ele falou alguma coisa pra você?"

O médico dissimula. "Não, não, só gemeu."

"Não dá pra internar ele agora, está sendo interrogado. Eu preciso fazer mais umas perguntas. Esse cara é quente, doutor, tem ligação com subversivos do Chile."

"É melhor dar uma parada. Se ele não for pro hospital, vai ter poucas horas de vida."

O coronel coça a orelha direita, fitando o médico. "O chefe mandou eu completar as perguntas que ele deixou por escrito."

"Esse preso não é da PE?"

"Não, é do DOI."

"Então resolva aí. Eu posso esperar, se quiser. Se a hemorragia for no baço, ele ainda pode se salvar."

"Vou falar com o chefe. Se ele autorizar, a gente manda o homem pro hospital do Exército. Pode ir, doutor, e muito obrigado. Eu vou com você até a porta."

Rubens é deixado sozinho na cela trancada, gemendo baixo, sentindo frio, garganta seca, um cheiro fétido de almas putrefatas e consciências carcomidas, convulsão, cabeça latejante, turbilhão de imagens desordenadas dançando na treva, grotescos canibais famintos à espreita, tão cedo para morrer e tão tarde para viver, tudo rodopia dentro e fora dele, coração oco, a voz sem eco na caverna incandescente, corpo sem cor, desintegrado — tão cedo, e já tão tarde.

Calango volta à cela com Gafanhoto e se agacha sobre o corpo imóvel, toma o pulso dele. "Acho que o cara pifou."

"É mesmo, malandro?" Gafanhoto fica um pouco abalado.

Calango se mantém imperturbável. "Vamos tirar ele daqui."

Ladeando o corpo, com os braços dele em volta de seus pescoços, Gafanhoto e Calango o conduzem pelo corredor, jogam numa outra cela, o corpo bate de costas no chão fazendo um barulho abafado. Minutos depois, ouve-se um rumor entre os presos nas celas vizinhas.

Girafa, Calango, Gafanhoto e Buldogue discutem o que fazer com o cadáver.

"Que tal esquartejar e enterrar os pedaços em lugares diferentes?"

"Melhor enterrar numa praia distante, lá pro Recreio dos Bandeirantes. A gente arma uma barraca na areia e podemos cavar à vontade. Enterra bem fundo e pronto, morô?"

"Não, mais rápido é jogar de helicóptero no mar, na Restinga de Marambaia. Afinal, foi o CISA que pegou o cara. Ele vira comida de peixe rapidinho. Não tem erro."

"E vamos conseguir piloto a essa hora? Vamos enterrar como indigente no cemitério do Caju ou de Inhaúma."

"Eu daria tudo pra ter um forno crematório nessas horas."

Eunice acorda com o livro no colo e o abajur ligado. Pela janela semiaberta entra a tênue claridade do amanhecer. E a cama de Rubens está vazia.

Isso já ocorreu inúmeras vezes durante seu casamento — nas viagens dele a trabalho e nos 13 meses em que foi deputado e passava a semana em Brasília. Desta vez a ausência perturba e confrange. Ela se levanta depressa, vai ao banheiro, penteia os cabelos, veste uma calça comprida e camiseta, desce para a sala disposta a cobrar dos policiais uma justificativa convincente ou ir atrás de Rubens onde ele estiver.

Mosquito e Fuinha, deitados nos sofás da sala, roncam de boca aberta e sem camisa. No escritório, Ameba também dorme, com o ar-condicionado ligado. Ela procura Barata e na saleta dos fundos o encontra deitado de costas no sofá, sem camisa, diante da TV ligada, com a tela chuviscando, e a mão direita sobre a pistola na cintura.

Ele abre os olhos e ergue o dorso, apoiando-se nos cotovelos. "Bom dia, dona Eunice." Boceja. "Cochilei um pouco... Está tudo sob controle."

"Sob controle? Onde está o Rubens? Ainda não voltou." A voz dela está meio rouca.

Barata senta-se no sofá, passa as mãos nos cabelos para trás e se espreguiça. "Não? Eu não fui informado de nada. Com certeza a conversa foi boa, demorou mais do que se pretendia e ele resolveu dormir lá." Ele faz uma pausa, distraído. "Deve ser isso que aconteceu. Com certeza."

"Claro que ele viria pra casa, a qualquer hora, assim que terminasse o depoimento."

"Eu vou me informar e conto pra senhora. Antes preciso passar uma água no rosto."

Eunice vai à cozinha e pede a Maria José para servir o café.

"O seo Rubens não veio?" pergunta a cozinheira. Ante a confirmação, ela procura consolar Eunice. "Não há de ser nada, a senhora vai ver, ele chega sim, tenha fé, Deus proverá."

Quando Eliana e Babiu descem para a sala de jantar, Eunice já está tomando café.

"E o pai?" pergunta Eliana, sentando-se.
"Não voltou ainda. Nem telefonou." Eunice baixa os olhos e cruza as mãos sobre a mesa.

Às sete e meia da manhã o médico Carneiro chega de carro para trabalhar no quartel da Polícia do Exército. Na guarita, mostra ao sentinela o distintivo do DOI, idêntico ao usado pelos agentes. No pátio, ao sair do carro, encontra o primeiro-tenente Armando Avólio Filho, comandante do PIC.

"E aquele preso?" pergunta Carneiro.

"Aquele que tu viu de madrugada? Apagou" responde o tenente.

"Aqui ou no hospital?"

"Na cela mesmo. A gente pensou que ele ainda podia falar. Morreu durinho..."

"E o corpo?"

"Sei lá. Essa parte não é comigo."

Depois de fazer a ronda na enfermaria do quartel, Carneiro vai para a sua sala, que tem uma placa na porta: "Reduto do lobo." Sentado atrás da escrivaninha, faz uns rabiscos num talão de receita, pensa no homem que examinou de madrugada e nas possíveis consequências. Não teme nenhuma complicação pessoal. Apenas cumpriu ordens novamente, e a imprensa não irá noticiar nada. Mas uma certa inquietude persiste nele, pelo menos durante os dias seguintes, sempre que um preso morre em decorrência de torturas.

O capitão Manoel Anselmo bate na porta e entra, coloca as mãos na escrivaninha de Carneiro e abaixa a voz.

"Sabe aquele cara que você atendeu de madrugada? Esticou as canelas."

"Eu soube. O nome dele era Rubens Paiva. Ele era o quê? Terrorista?"

"Como você sabe o nome dele?" O capitão estranha, porque a equipe de interrogatório não pode revelar nomes de presos, mas continua: "Só sei que ele tinha ligação com subversivos do Chile... Ó, boca de siri, não se meta nisso."

"E o corpo, o que fizeram?"

"Não sei de nada."

Onze horas da manhã. Alarmada, Eunice vai à sala e novamente interpela Barata no sofá.

"Ainda não tenho nenhuma novidade, sinto muito."

O telefone toca na cozinha. Barata permite a Eunice atender e Ameba entra no escritório para ouvir na extensão. É uma ligação para o próprio Barata. Ele atende respondendo com poucas palavras.

"Sim, sim, pois não, doutor." Desliga e se dirige a Eunice com uma postura fria. "A casa vai ser liberada. Mas a senhora vai com a gente prestar um depoimento. Ela também", e aponta Eliana.

Eunice fica alarmada. "Por quê? É uma menina, tem só 15 anos."

"Pra explicar um trabalho escolar que ela escreveu" explica Barata, e acrescenta: "Vocês vão voltar logo, não se preocupem."

Eunice fica irritada. "Voltar logo? Como o Rubens voltou?"

"Senhora, não vamos perder tempo, anda logo" reclama Barata.

As duas sobem para trocar de roupa enquanto Barata se reúne com os outros três agentes na sala. "Não demorem. Cinco minutos."

Elas vão sentadas com Mosquito no banco traseiro de um fusca azul dirigido por Fuinha, ao lado de Barata. Atrás segue outro fusca, dirigido por Ameba.

Durante o trajeto, Barata se comunica pelo rádio com um homem que ele chama de Grilo, informando estar a caminho. Quando os dois carros chegam à Praça da Bandeira, estacionam no meio-fio Barata apanha no porta-luvas dois capuzes.

"Desculpa, mas vamos cobrir vocês." Mosquito coloca nelas os capuzes.

Barata se vira para trás enquanto o fusca prossegue. "Fiquem de cabeça baixa. Daqui a pouco a gente chega. Não se preocupem, vai ser rápido. É um procedimento de rotina."

CAPÍTULO IV

"Sai, mancha maldita, sai, estou mandando! Será que estas mãos nunca ficarão limpas? Ainda há cheiro de sangue aqui!"

SHAKESPEARE, MACBETH

Almino Affonso e Rubens Paiva quando deputados, numa sessão da CPI do Ibad

Deitado de bruços numa toalha de banho estendida na areia da praia de Ipanema, Paddy lê um romance de Ellery Queen em inglês e por vezes desvia a vista para observar as garotas de biquíni que passam perto dele. O céu nublado o estimula a ficar mais um pouco. Ainda está se acostumando ao sol tropical.

Um jovem negro de bermuda e sem camisa, chapéu de palha na cabeça e com tambor prateado dependurado num ombro, caminha entre os banhistas gritando:

"Mate limão! Olhaí, supergelado, quem vai? Tem vitamina e sais minerais!"

Paddy bebe um copo, o segundo desde que chegou à praia, uma hora atrás. Preparou-se bastante antes de vir para o Brasil, menos para o calor. A primeira coisa que fez no seu primeiro dia na cidade, depois de se instalar no pequeno hotel de três andares em Copacabana, foi beber dois copos sucessivos de chope como se fosse água. Comprou jornais e procurou um bar na avenida Atlântica para ler sossegado. Tinha feito em Londres um curso intensivo de português, conhecia o Brasil através do que publicavam os jornais ingleses e da leitura das traduções de *Raízes do Brasil*, *Casa Grande & Senzala* e *Gabriela cravo e canela*. Sabia que o país é uma ditadura militar, sem liberdade de expressão, com prisões, torturas e assassinato de opositores, guerrilha urbana e rural. Mas este aspecto não o assustou. Nascido e criado em Belfast até a adolescência, ainda criança já ia para a rua com seus pais participar de passeatas contra os protestantes e os soldados ingleses. O Exército Republicano Irlandês pratica atentados muito mais frequentes e letais que as organizações guerrilheiras do Brasil, e a repressão dos soldados ingleses é muito semelhante à dos militares brasileiros.

Nas perambulações pelas ruas, ficou um tanto chocado nos primeiros dias com certos costumes exóticos do povo, como cuspir no chão, jogar sujeira nas ruas, esbarrar nas pessoas e não pedir desculpa, buzinar o tempo todo, chegar atrasado aos compromissos. Mas um colega francês, correspondente no Brasil há dois anos, o consolou dizendo que na África é muito pior. Em compensação, Paddy está gostando da informalidade, da descontração e da praia.

Bebe o último gole de mate pensando na reportagem que pretende fazer sobre a escola de samba da Mangueira, no próximo fim de semana. Com o sol dissolvendo as nuvens, sua pele já está ficando vermelha. É hora de partir.

Vai caminhando até o hotel Carlton. Na recepção, o porteiro lhe entrega um bilhete manuscrito: "Quero falar contigo, urgente. Me ligue quando chegar. Bocayuva."

Paddy liga do telefone da recepção.

"Aconteceu uma coisa muito séria", diz Bocayuva. "Precisamos conversar, pessoalmente. Você pode agora?"

"Estou chegando da praia, vou tomar um banho e almoçar."

"Então vamos almoçar juntos. A gente se encontra daqui a... meia hora, está bom pra você?"

"Sim. Onde?"

"No Antonio's. Conhece?"

"Sim, fui lá algumas vezes. Está bem. A gente se vê lá então."

Bocayuva chega antes e senta-se na varanda do restaurante. Todas as mesas desocupadas, exceto uma no fundo, encostada na parede de azulejos portugueses, com um homem franzino e pálido, de cavanhaque e óculos escuros, bebendo uísque com um ar melancólico. Bocayuva o cumprimenta com um aceno, pede um daiquiri gelado ao garçom, acende um cigarro e fica olhando distraidamente as frondosas amendoeiras na calçada, as pessoas passando, os carros no cruzamento a poucos metros de distância. Pensa em Rubens, no seu temperamento, receia o que ele possa fazer se for provocado e agredido num interrogatório.

Vinte minutos depois surge Paddy, de bermuda, camiseta e os cabelos ainda úmidos. O garçom se aproxima da mesa.

"Quero só uma água tônica por enquanto." Paddy olha para Bocayuva, curioso. "Alguma notícia importante?"

Depois que o garçom se afasta, Bocayuva se aproxima mais de Paddy. "O Rubens, aquele meu amigo que você conheceu ontem cedo no calçadão, lembra?"

"Sim, claro."

"Foi preso. Ontem mesmo."

Paddy comprime os olhos. "Preso? Por quê? Problema político."

"Sem dúvida, motivo político. Pior que não foi só ele. Hoje levaram também a esposa dele e uma filha de 15 anos."

Paddy fica estupefato. "Fucking shit! Ele está envolvido com algum movimento ilegal contra o governo?"

"O Rubens sempre teve paixão pela política, até mais do que pelos negócios. Sempre falou o que pensa, e às vezes é imprudente. Mas, que eu saiba, ele não tem nenhum envolvimento direto com a oposição mais radical, você sabe, a guerrilha etc."

"Depois dessa, vou pedir um Irish Coffee. Ele entrou na política já como deputado?"

"Como muitos de nós, ele começou fazendo política estudantil, na época da faculdade. Depois que se formou engenheiro, ele virou empresário de construção civil e se candidatou."

O Pontiac estacionou em frente a um cinema no Largo do Arouche, e do volante saiu Rubens, de terno cinza e gravata azul, acompanhado de Jayme, de terno branco e gravata listrada. Atravessaram as barracas de flores na praça.

Uma jovem senhora francesa os cumprimentou solícita na porta do restaurante e os conduziu para o salão, com grandes fotografias de Paris em preto e branco nas paredes. Poucas mesas vazias. No alto-falante, Edith Piaf cantava baixinho "La vie en rose".

Rubens pediu dry martini e tamborilou os dedos na mesa. Jayme notou que ele estava ansioso e hesitante, o que não era muito comum em seu comportamento.

"Então, qual é a grande surpresa que você tem pra me contar? Estou ansioso pra saber" disse Jayme enquanto consultava o cardápio.

Rubens estendeu o guardanapo no colo. "Este ano, como o senhor sabe, vai haver eleições, meus amigos têm falado comigo e..."

Jayme passou o cardápio a ele. "Escolhe aí, eu gosto de tudo... É mais difícil pra mim escolher um prato aqui do que adivinhar seus pensamentos. Sei muito bem o que você vai dizer, e já lhe dou a minha opinião. Sou contra."

Rubens sorriu. "Como o senhor sabe o que eu vou dizer? Ainda não falei pra ninguém da família, só pra Eunice, e ela não te contou, tenho certeza."

"Eu não nasci ontem, né, Rubens. Quando você ia, eu já estava voltando. Eu tenho faro, não se esqueça. E meu faro diz que você quer se candidatar, não sei a quê, mas quer. Te conheço muito bem e sei que você só pensa em política. Escuta, você está cheio de responsabilidades, sua firma está indo bem, você acaba de comprar uma casa e vai gastar dinheiro na reforma. Tem cinco filhos pra criar, a caçula com menos de 2 anos. Enfim, está prosperando na vida pessoal e profissional. Pra que se meter em política? Me diga. Me convença, se for capaz."

Aos 32 anos, ele era um empresário em ascensão. Morava numa casa no Jardim Paulista e sua empresa, S/A Paiva Construtora, estava contratando obras grandes, entre elas vários prédios residenciais de alto padrão na orla marítima de Santos. Corpulento, 1:73 m de altura e um temperamento impulsivo, tinha a desenvoltura e a segurança dos homens práticos. Defendia suas opiniões com ardor, especialmente quando o assunto era política. Nesses momentos esquecia os projetos de construções e só falava de projetos para o país, com voz entusiástica e gestos expansivos.

"Eu me sinto incompleto. Sabe quando a gente parece ter tudo, mas sente falta de alguma coisa? Construir prédio, ponte, hotel, é muito bom, claro, eu gosto, e adoro as meninas, claro, o Marcelo, a Eunice. Mas..."

"E porque está tudo bom, você procura política pra se coçar."

"Não é bem assim. Eu gosto de política, mas não pensei em me candidatar a nada. O Almino, o Gasparian e outros amigos me incentivaram."

Rubens ergueu o braço discretamente chamando o maitre e pediu um pernil assado de cordeiro com feijão branco e um chianti para beber.

"Acho que nem precisaram insistir muito" disse Jayme. "O Almino eu sei que tem a política no sangue. Tanto que parece que está indo bem como deputado."

"É líder do PTB na Câmara."

"Eu só digo o seguinte: cada um escolhe o seu próprio destino, para o bem ou para o mal. Na minha opinião, se é que vale alguma coisa, você deveria esquecer a política e cuidar só da sua empresa."

"Minha escolha foi bem pensada, e é para o bem, tenho certeza."

O garçom trouxe o cordeiro. Rubens e Jayme aspiraram o delicioso aroma e o proprietário do restaurante se aproximou com uma longa faca, cortou a carne em fatias finas e ele mesmo serviu. Edith Piaf cantava "Milord".

"Você quer se candidatar a que cargo? Vereador?"

Rubens sorriu. "Deputado federal."

"Está jogando alto, hein? Evidentemente uma campanha dessa custa muito dinheiro."

"Geralmente sim. Não é como eleição pra prefeito de Xiririca."

Jayme riu, lembrando-se da campanha eleitoral em que se envolvera dez anos antes, em 1952, quando o povoado de Xiririca mudara o nome para Eldorado Paulista e realizara a primeira eleição municipal. Ele era influente na região, mas o candidato adversário tinha apoio do chefe político local. O candidato de Jayme venceu.

"Foi uma campanha difícil. Aliás, toda campanha é difícil. Aí é que eu entro, né?"

Rubens limpou os lábios com o guardanapo e bebeu mais um gole de vinho. "Pra lançar minha candidatura, eu tenho que resolver duas coisas: a primeira nem é dinheiro. Claro que vou precisar, mas ter o apoio de toda a família é a prioridade número um. Por enquanto só falei com a Eunice. Ela concordou. Mas preciso do apoio de todos, dos meus irmãos, das cunhadas, até pra ajudarem na campanha, não com dinheiro, mas com trabalho mesmo, distribuir folheto, telefonar pras pessoas, escrever cartas, formar uma corrente. A outra questão, evidentemente, é financeira. Vou tirar dinheiro do meu bolso, e, se o senhor puder ajudar, agradeço." Rubens fez uma pausa. "Ah, e preciso também mudar de partido. Vou me candidatar pelo PTB. Já conversei com o pessoal e está tudo certo."

"Me diga uma coisa, em poucas palavras: por que você quer fazer política? Se me der uma razão convincente, talvez eu ajude na campanha."

"É simples: eu quero ajudar a melhorar este país, contribuir pra tirar o Brasil do atraso. Sabia que temos o maior percentual de analfabetos na América Latina? Mais do que a Bolívia. Como é que pode? E até quando vamos ficar exportando café e importando máquinas? Não tem sentido um país com tanta terra e tanto potencial humano ser um dos mais pobres do mundo. Concorda? Não é que me sinta culpado, ah, sou um burguês, estou comendo num restaurante caro, então vou fazer um populismo, uma veleidade filantrópica, com uma pitada de demagogia, e ajudar os pobres, pra poder entrar no céu com a consciência tranquila. Não é nada disso, é um sentimento que vem lá de dentro mesmo."

Terminaram de comer e o maitre veio perguntar se tinham gostado.

"Sim, estava tudo ótimo, como sempre" disse Rubens e cumprimentou com a cabeça um homem de terno em outra mesa. "Vou ali falar com um amigo."

Jayme pensou: já está em campanha. Sabia que era inútil tentar dissuadi-lo. E a ideia começou a agradá-lo. Não seria mau ter na família um deputado, e federal.

Cinco minutos depois, Rubens voltou. "É um amigo arquiteto." O garçom trouxe a sobremesa: creme de marrom glacê. Edith Piaf cantava "La Foule".

Era preciso trabalhar muito, e depressa. Faltavam menos de dois meses para as eleições gerais de 7 de outubro de 1962 quando Rubens registrou sua candidatura no PTB. No mesmo dia enviou uma carta ao presidente do partido, Febus Gikovate, formalizando seu desligamento do PSB, após oito anos de filiação. "A razão desta resolução é a de haver eu concluído, após madura reflexão, que no cenário nacional minha atuação política se fará com melhor resultado e maior eficiência na esfera do PTB, onde pretendo defender a mesma linha ideológica e programática que sempre me irmanou aos militantes socialistas."

Ainda que fosse um dos três maiores partidos do país, o PTB não dispunha de recursos financeiros para todos os candidatos, menos ainda para os neófitos, como Rubens. Inexistia fundo partidário e naquela eleição a concorrência era acirrada, uma média de quatro candidatos por vaga no PTB. Rubens vendeu metade do terreno da casa recém-comprada na avenida Europa, para a qual ainda não havia se mudado, e recebeu contribuições financeiras de seu pai e de amigos.

Foi uma campanha difícil. Ele era conhecido mais no meio estudantil e na Baixada Santista. Contudo, o nacionalismo petebista empolgava os trabalhadores e Rubens se beneficiou disso. Nos sindicatos e nos palanques armados nas praças das cidades interioranas, seu discurso reformista entrava em sintonia com as aspirações e necessidades do povo. E ele estava bem assessorado. Um de seus colaboradores na campanha era o sociólogo Fernando Henrique Cardoso, professor da Universidade de São Paulo e dois anos mais novo que Rubens. Fernando escrevia o roteiro dos discursos e o acompanhava de carro pelas estradas paulistas, usando guarda-pó para se proteger da poeira. Era um dos amigos mais próximos de Rubens. Costumavam se reunir nas tardes de domingo com suas esposas na casa de Gasparian. Também compareciam o jornalista Fernando Pedreira, o advogado Roberto Gusmão e o engenheiro Dílson Funaro. Todos com pensamentos convergentes e cristalinos, exceto quando jogavam pôquer. Mas as partidas, por mais disputadas que fossem, terminavam sempre fraternais em volta de um saboroso lanche preparado por Dalva, esposa de Gasparian.

A maioria dos votos de Rubens veio dos sindicalistas da Baixada Santista, onde seu pai tinha muita influência, especialmente em Santos, São Vicente e nas pequenas cidades do Vale do Ribeira. Uma competição difícil ocorreu em Jaú, reduto da família de um candidato amigo, Plínio de Arruda Sampaio, do Partido Democrata Cristão. Os eleitores ficaram divididos.

Nos primeiros dias da apuração, Rubens acompanhou com ansiedade a divulgação dos resultados à medida que as urnas eram abertas. Todos os dias as rádios transmitiam o monótono anúncio dos números provisórios da contagem manual de votos obtidos por cada candidato. E havia muitos candidatos, pois eram eleições para deputados federal e estadual, senador, governador e vice de 11 estados, prefeito e vereador.

Ele ia ao diretório regional do PTB quase diariamente para encontrar os correligionários e saber do andamento dos resultados. Mas perdeu a paciência após um mês de apuração e ainda sem os resultados oficiais totalizados. Decidiu espairecer em Manaus com Almino, candidato à reeleição também pelo PTB e que tinha familiares na capital amazonense. Jayme e os demais filhos ficaram encarregados de acompanhar a contagem de votos. Uns vinte dias depois, Jayme telefonou para Eunice:

"Telefona pro seu marido, diga que ele pode voltar. Está eleito."

Eunice foi esperá-lo no aeroporto. Ele ainda não acreditava. "Vocês têm certeza? Não houve engano? Não é um homônimo?"

Em casa os irmãos, cunhadas e amigos o receberam com abraços. Tinha obtido 13.440 votos. Seu pai estava orgulhoso. "Mas se elegeu por pouco, na tangente. E o caixa?"

"Estou cheio de dívida."

Não demoraria muito para Rubens descobrir que centenas de candidatos haviam conseguido se eleger sem ter gastado nenhum tostão do próprio bolso, e com fartura de dinheiro, graças a uma misteriosa verba.

O saguão do Hotel Nacional burburinhava no final da manhã de sábado, 2 de fevereiro de 1963. Políticos, empresários e famílias querendo hospedagem, funcionários explicando que estava completamente lotado, impossível conseguir sequer um quartinho.

"Meu Deus, como é que fazem uma cidade, uma capital, com apenas dois hotéis decentes?" lamentava uma senhora mexendo nervosamente no seu colar de pérolas. "A posse vai começar daqui a pouco e eu ainda estou aqui, atolada."

"A senhora já foi ao Palace Hotel?" perguntou o educado recepcionista com sotaque goiano.

"Meu marido telefonou. Também está lotado. E fica lá no fim do mundo. Eu não moraria aqui nem morta."

"Sinto muito, é que hoje é um dia especial na cidade. Desde a inauguração eu não via tanta gente. Quem não é deputado e não fez reserva, só vai conseguir vaga em alguma pensão na W3..."

"Meu marido é amigo de um deputado e vai conseguir." O olhar fulminante da mulher fez o recepcionista se calar. Rubens almoçou no restaurante do hotel com seus pais, Eunice e os pais dela, Plínio de Arruda e Almino, ambos também eleitos. Depois foram todos para a Câmara dos Deputados, que estava engalanada, a mesa do plenário decorada com buquês de flores. Eunice, seus pais e sogros subiram para a galeria, abarrotada de amigos e parentes dos deputados, e muitos curiosos. Era o início da primeira legislatura da nova capital, maior acontecimento político desde a inauguração. A cidade com apenas três anos de vida já estava com o terceiro presidente da República. Amadurecia precocemente.

Logo após todos os deputados e senadores eleitos prestarem o juramento à Constituição, o veterano deputado Carvalho Sobrinho, do PSP de São Paulo, foi ao microfone no corredor do plenário e levantou uma questão de ordem, na verdade uma provocação. Disse que o deputado gaúcho Leonel Brizola, do PTB, era inelegível, pois teria sido eleito pelo estado da Guanabara sem se desincompatibilizar do cargo de governador do Rio Grande do Sul.

"Que a Mesa da Câmara dos Deputados considere a partir deste instante a declaração de vacância do lugar de deputado a que se candidatou o então governador Leonel Brizola, convocando-se o seu suplente."

Um vozerio se alastrou no plenário. Ninguém esperava aquilo. A oposição udenista aplaudiu, "Muito bem! Apoiado!" Os trabalhistas vaiaram. Brizola tinha sido o deputado mais votado do país, com 276 mil votos, e era a principal liderança do PTB. Para os udenistas e a imprensa conservadora ele era um agitador, ferrabrás, demagogo, incendiário, até louco. Mas pelo menos uma qualidade ninguém lhe negava: orador eloquente e carismático, afeito a expressões gaúchas e ironias contundentes, como revelou na tribuna ao replicar.

"Deploro que um homem como o deputado Carvalho Sobrinho, coberto de cabelos brancos, encanecido na vida pública, experiente, conhecedor da realidade brasileira, venha neste momento em que o nosso povo sofre e tem os olhos voltados para esta Casa, se preocupar aqui com o sexo dos anjos, com assuntos de 'lana caprina'. Foi para mim uma decepção, pois eu admirava muito Sua Excelência."

Desta vez os trabalhistas aplaudiam e os udenistas vaiavam. O pernambucano Lamartine Távora aplaudia quando recebeu um tabefe nas costas. Seu cachimbo sherloquiano quase caiu da boca, ele se virou irritado e agarrou as lapelas do paletó do agressor, o udenista Segismundo Andrade. O presidente da sessão, deputado Ranieri Mazzilli, ergueu a voz.

"Atenção, senhores deputados Lamartine Távora e Segismundo Andrade. Está na tribuna um ilustre colega de vossas excelências."

Nas galerias a plateia também reagiu dividida, vaiando e aplaudindo. Brizola olhou sério para o plenário, torceu uma ponta do bigode fino e prosseguiu, em seu tom pausado e enfático. "Isto é mesmo o retrato deste clube que é a tradicional política brasileira. Vive este clube preocupado com questões de 'lana caprina', convivendo indiferentemente com oito milhões de crianças sem escolas e mais de cinco milhões que estão na escola, mas de pés no chão, maltrapilhas e famintas..."

"Demagogo!"

"Muito bem!"

"Vivemos aqui preocupados com este cipoal de leis, com torrentes de matérias insignificantes, que em nada vêm alterar o quadro que aí está caracterizando o nosso país. É claro que muitos do que aqui estão poderão responder-me com deboche, como o estão fazendo, mas não têm coragem sequer de sair daqui para uma dessas favelas que rodeiam Brasília."

Em seguida o deputado udenista Amaral Neto subiu à tribuna para desancar Brizola.

A plateia ficou encantada com o espetáculo de gala. Era uma prévia dos embates que viriam.

Naquela noite a bancada do PTB se reuniu num auditório da Câmara e elegeu Bocayuva como líder, substituindo Almino Affonso, que seria ministro do Trabalho e Previdência Social. Rubens foi eleito um dos vice-líderes, encarregados de auxiliarem Bocayuva na coordenação da bancada e representarem o partido no plenário e nas reuniões das comissões.

Rubens despontava como uma das lideranças políticas surgidas das eleições que haviam renovado expressivamente o Congresso Nacional e alterado o jogo de forças. O PTB, partido mais votado, subiu do terceiro para o segundo lugar na composição da Câmara, ficando atrás do PSD e empurrando a UDN para o terceiro lugar.

Tudo parecia convergir para o fortalecimento do governo na nova etapa que se iniciava no país. O parlamentarismo imposto pelos grupos civis e militares conservadores como precondição para que João Goulart pudesse assumir, depois da surpreendente renúncia de Jânio Quadros, tinha sido derrotado no plebiscito de 6 de janeiro. Agora Jango dispunha de plenos poderes no Executivo e maioria tranquila no Congresso, com a formação do bloco PTB-PSD.

E era isso que preocupava os grandes empresários urbanos e rurais, incluindo os norte-americanos que tinham negócios no Brasil. Exatamente no dia em que o Congresso iniciou os trabalhos da legislatura, em 15 de março, foi divulgado em Washington um relatório do embaixador norte-americano no Brasil, Lincoln Gordon, denunciando infiltração comunista no governo brasileiro, nos sindicatos operários, na União Nacional de Estudantes e no PTB. O embaixador reconhecia que numericamente eram poucos, mas influentes.

Sim, as esquerdas ficaram afoitas, enfim um presidente identificado com os interesses dos trabalhadores. Nos comícios, muitas faixas pediam socialismo e reforma agrária na lei ou na marra. Mas na realidade não havia nenhum partido ou organização marxista com um sólido plano estratégico e suficiente capacidade de aglutinação política para assumir o poder, por eleição ou pela revolução, num futuro próximo. Até o Partido Comunista havia abandonado a bandeira da socialização dos meios de produção para abraçar a "burguesia nacional". Os trabalhistas se dividiam em fisiológicos, maioria, e progressistas. Estes formaram a ala Grupo Compacto, com Rubens, Bocayuva, Sérgio Magalhães, Almino Affonso, Temperani Pereira, Neiva Moreira, Marco Antônio Tavares Coelho e alguns outros. Mais ativos na defesa do ideário nacionalista, acreditavam que para se alcançar a "emancipação" do país era preciso começar com as Reformas de Base — agrária, educacional, administrativa, tributária e urbana — como propulsoras da transformação do subcapitalismo brasileiro, que ainda era baseado na exportação de matérias-primas e produtos agrícolas e na importação de manufaturados dos países industrializados. A Frente Parlamentar Nacionalista, fundada no governo Juscelino, tampouco fazia proselitismo socialista.

Mas havia uma Guerra Fria, a feroz competição entre russos e norte-americanos pela hegemonia ideológica mundial. E embora a crise dos mísseis em Cuba estivesse encerrada, persistiam a possibilidade e o medo de uma guerra atômica. Paradoxalmente, os Estados Unidos, com receio do avanço dos movimentos populares na América Latina e Central, estavam ajudando a fomentar, através da CIA, reações golpistas de extrema-direita, mas internamente as liberdades estavam em ascensão. Os negros norte-americanos, com a liderança de Martin Luther King e Malcolm X, promoviam crescentes mobilizações pelos direitos civis e estavam perto de derrotar a segregação racial. Surgia a música de protesto no estilo folk. Lá, a macartista caça às bruxas acabara mais de cinco anos antes. No Brasil, a histeria apenas começava.

Nesta conjuntura de antagonismos maniqueístas, Rubens chegou a Brasília, levando a experiência da política estudantil e da militância no PSB. Almino e Bocayuva, ambos no segundo mandato, deram as orientações sobre as normas protocolares da Câmara e os pontos principais do Regimento Interno. Os gabinetes tinham apenas uma secretária ou um auxiliar de serviços gerais. Todo o trabalho de assessoria era feito por uma equipe de funcionários que ficavam instalados em mesas enfileiradas no Salão Verde e executavam as tarefas para todos os parlamentares.

A precariedade das instalações e dos serviços era tolerável, pois diminuiria com o passar do tempo. O maior obstáculo para os novatos, sobretudo os que vinham do Rio e de São Paulo, era a própria cidade, uma esfinge que podia devorar quem não a decifrasse. A amplidão do céu sobre a planície infinita fazia as raras pessoas que saíam a pé se sentirem grãos de areia no deserto; a terra avermelhada formava redemoinhos gigantes, manchava as roupas e os cabelos ou virava lama quando chovia. A sofisticada e curvilínea arquitetura discrepando estranhamente da paisagem rústica — vanguarda e sertão lado a lado. Um silêncio absoluto, como deve ter sido o início do mundo. Avenidas largas e retas ocupadas somente por automóveis, e poucos. A Asa Norte era só mato, e a meia dúzia de superquadras residenciais da Asa Sul ainda não tinha nenhuma arborização. Sem áreas de lazer, a criançada brincava nas manilhas das obras ou corria para ver os redemoinhos.

Tudo na cidade constituía um desafio insólito para quem vinha pela primeira vez.

Não era o caso de Rubens. Sua relação com a nova capital antecedia a própria construção — ele participara do concurso nacional para a escolha do traçado do Plano Piloto, juntamente com os arquitetos Pedro Paulo de Mello Saraiva, Júlio José Franco Neves e o engenheiro Carlos Kerr Anders. O projeto não ficara entre os primeiros classificados, mas durante a construção a empresa de Rubens, associada a outra empreiteira, construíra viadutos nas imediações do cruzamento dos eixos Monumental e Rodoviário. E na inauguração ele estava lá.

Agora morava sozinho num apartamento funcional de três quartos na Super Quadra Sul 308, habitada principalmente por deputados. Muitas famílias no final das tardes colocavam cadeiras debaixo dos prédios residenciais para conversar, como nas cidadezinhas do interior. A vida social dos habitantes se resumia a meia dúzia de clubes, missas aos domingos na igrejinha de Fátima celebradas pelo bonachão frei Demétrio, uma boate no Hotel Nacional, filmes no Cine Brasília, o único no Plano Piloto e onde se misturavam políticos e peões, engenheiros e empregadas domésticas, chefes de repartição e porteiros de prédios, burocratas e soldados de folga, professoras e estudantes. As embaixadas e a estrutura de quase todos os ministérios ainda funcionavam no Rio, onde o presidente da República despachava mais do que no Palácio do Planalto.

Mas por baixo dessa monotonia provinciana pulsavam contradições e conflitos crescentes.

Ao conhecer os bastidores do Parlamento, Rubens teve reações ambivalentes — entusiasmo com as possibilidades de contribuir para melhorar o país e repugnância diante dos maus costumes. Dentro da moderníssima arquitetura se reproduziam os tradicionais vícios do fisiologismo, do clientelismo e da corrupção que o Legislativo federal cultivara quando estava sediado no Rio de Janeiro. Apenas o cenário havia mudado e, em função disso, as formas de atuação. Nos gabinetes e corredores, o que mais se verbalizava era o financiamento da campanha eleitoral do ano anterior — muito dinheiro, de origem desconhecida, tinha jorrado para centenas de candidatos da direita.

E os atritos ideológicos se acumulavam. Destoando do silêncio permanente na planície, mais favorável à contemplação mística, o plenário da Câmara era um Coliseu de escaramuças verbais. De vez em quando, socos e bofetadas. A oposição diariamente entoava o bordão anticomunista alertando que a democracia estava ameaçada, e os governistas contrapunham dizendo haver uma campanha antipatriótica contra as reformas necessárias para tirar o país do atraso social e econômico. Nessa dialética passional, insultos e palavrões eram comuns na oratória parlamentar. Muitos deputados e senadores iam armados para o plenário.

Surpreendente também para o recém-chegado era uma cena que acontecia na porta de vários gabinetes todos os dias: filas de homens e mulheres esquálidos, de roupas simples, pedindo emprego, lote de terra ou casa para morar, dinheiro para almoçar ou passagem para suas cidades longínquas no Nordeste, em Minas Gerais, Goiás. O governo Jânio interrompera muitas obras públicas em Brasília e o desemprego na construção civil aumentara. Mas os migrantes continuavam chegando, na crença de que a nova capital ainda era uma Canaã.

Nos fins de semana, na sua casa em São Paulo, Rubens encontrava pilhas de cartas de supostos eleitores, com mais pedidos: empregos, pistolão, dinheiro, favores. E quando viajava pelo interior do estado, para encontros com sindicalistas ou para participar de seminários, congressos e reuniões com prefeitos, era comum ser procurado por desconhecidos que diziam ter votado nele e pediam algum benefício pessoal. Isso acontecia até quando estava em casa, onde montara um escritório político.

Nos primeiros meses de mandato ele não tinha tempo para se aborrecer com esses pormenores, pois suas atividades em Brasília cresciam. Participava diariamente das sessões plenárias para debates, discussão e votação de matérias legislativas, e foi escolhido para presidir a Comissão de Transportes, Comunicações e Obras Públicas.

Outra atividade que passou a lhe tomar muito tempo foi a de vice-presidente de uma Comissão Parlamentar de Inquérito que a partir de maio de 1963 começou a investigar os gastos de campanha na eleição do ano anterior. Era o maior escândalo de corrupção eleitoral das últimas décadas, e com ramificações internacionais. O artigo 145 do

Código Eleitoral determinava que nenhum recurso financeiro sem procedência definida poderia ser utilizado em campanha. Centenas de candidatos da oposição haviam sido financiados pelo Instituto Brasileiro de Ação Democrática (Ibad). E a origem dos recursos era suspeitíssima. O ambiente no Congresso se tornou ainda mais inquietante e polarizado.

O estatuto do Ibad, sediado no Rio de Janeiro, declarava que sua finalidade era estimular "o desenvolvimento da livre-empresa", mas na prática funcionava como uma entidade política conservadora que combatia as ideias nacionalistas e o governo. Para realizar essa missão, o Ibad contava com três ramificações: a agência de publicidade Incrementadora de Vendas Promotion, a Ação Democrática Popular (Adep), órgão que canalizava os recursos financeiros, e a Ação Democrática Parlamentar (ADP), grupo integrado por cerca de cem deputados e senadores que faziam oposição mais obstinada às políticas do governo.

Na vertente ideológica atuava o Instituto de Pesquisas e Estudos Sociais (IPES), fundado por grandes empresários de São Paulo e Rio, com a função de mobilizar intelectuais, jornalistas e formadores de opinião, promovendo cursos intensivos, palestras, seminários, conferências e a publicação de artigos e matérias pagas na imprensa. Também produzia filmes curtos exaltando a democracia e patrocinava um programa televisivo em São Paulo, chamado *Peço a Palavra*. O discurso do IPES era ressaltar as virtudes do liberalismo ortodoxo e da democracia, contra o que considerava ameaça de uma ditadura comunista, para deste modo insuflar pânico moral na classe média e jogá-la contra o governo.

Durante a campanha eleitoral o Ibad também patrocinara programas de televisão, com meia hora de duração: *Assim é a Democracia, Democracia em Marcha, Julgue Você Mesmo* e *Conheça seu Candidato*. Para o rádio, que tinha mais público do que a TV, o Ibad produzia o programa *Congresso em Revista*, com discursos e entrevistas de políticos da oposição e que era distribuído gratuitamente em todos os estados.

Para obter mais informações sobre essa atividade, a CPI convocou Francisco Camelo Lampreia, representante da Adep e da Promotion em Brasília, onde o programa era produzido. Deputados, jornalistas e fotógrafos lotaram a sala. Na mesa estavam Rubens, José Aparecido, o presidente da comissão, Peracchi Barcelos, o relator, Laerte Vieira, e o depoente, que compareceu como testemunha. De terno preto, cumprimentou os parlamentares com um sorriso formal e acendeu um cigarro americano Kent.

"Ele revela quem é até no cigarro que fuma" sussurrou Rubens no ouvido de José Aparecido, e iniciou a sua inquirição.

"É atividade preponderante da agência Promotion em Brasília o trabalho para o Ibad?"

"Para o Ibad, exatamente. O programa radiofônico *Congresso em Revista* é uma encomenda do cliente Instituto Brasileiro de Ação Democrática."

"Quem faz o programa *Congresso em Revista*? É a Promotion?"

"É a Promotion."

"Que tipo de atividade a Promotion mantém com o Congresso para fazer este programa?"

"A Promotion não mantém nenhuma atividade com o Congresso, nenhuma ligação."

"Ela não grava os programas?"

"Não é ela quem grava."

"Quem grava?"

"Uma das estações de rádio que retransmite o programa *Congresso em Revista*, que é a Rádio Alvorada, de Brasília. Tem, inclusive, no seu contrato o dever e a obrigação de comparecer ao Congresso para gravar."

"E esta rádio manda pra cá os seus técnicos para fazer a gravação de todas as sessões do Congresso?"

"Um técnico de cada vez."

"Um técnico de cada vez é suficiente para fazer a gravação de toda a sessão do Congresso? O senhor sabe que o Congresso costuma se reunir três vezes ao dia e, portanto, praticamente passa algumas vezes o dia inteiro em sessão. E este funcionário fica o dia inteiro aqui?"

"Não. Quando há três sessões por dia, dificilmente gravamos as três."

"Quantas horas por dia grava a Rádio Alvorada?"

"Quatro a cinco horas por dia."

"Quantas rádios estão sob sua cadeia?"

"Inicialmente eram oito ou nove estações de rádio, na primeira quinzena de transmissão do programa. Depois passamos, se não me falha a memória, para uma estação em cada capital brasileira."

"Hoje são pelo menos trinta emissoras, não é isso?"

"Não. Uma em cada estado. São 22 emissoras."

"O senhor vem muito ao Congresso, à Câmara dos Deputados, especificamente?"

"Venho constantemente."

"E, como responsável por este programa, também tem sua atividade de fiscalização, orientação. Onde exerce essa atividade?"

"Dificilmente paro em um lugar determinado. Muitos já me viram na parte da imprensa, vendo se o programa está realmente sendo gravado."

"Mas, como hábito, não tem um lugar onde fique com mais frequência, dê seus telefonemas, encontre os deputados mais amigos?"

"Não. Fico muito mais aqui por baixo, pela portaria, pela entrada, do que em qualquer outro lugar."

"Qual o andar da Ação Democrática Parlamentar, no outro prédio?"

"Décimo terceiro andar."

"Vossa Senhoria frequenta?"

"Também vou lá, de vez em quando."

"Habitualmente?"

"Vou lá constantemente."

"Os aparelhos de gravação, as fitas, não são guardados lá, por vezes?"

"Os aparelhos de gravação são levados diariamente de volta para a rádio, quando o programa tem que ser retransmitido, porque a rádio não dispõe de aparelho. O aparelho faz parte do patrimônio da Promotion. De acordo com o contrato, a rádio dá o operador e a Promotion o aparelho."

"Quer dizer que os aparelhos são da Promotion?"

"São. Emprestados à rádio Alvorada para este trabalho. Pelo contrato, a rádio, talvez por não ter meios para comprar um aparelho daqueles, contratou com a condição de emprestarmos o aparelho, mesmo porque o programa não é transmitido daqui. É gravado e dessas fitas aqui gravadas são selecionados os discursos."

"Como é feita essa seleção? Vossa Senhoria já transmitiu, por exemplo, algum discurso do deputado Fernando Sant'Anna?"

"Não, mas já transmitimos da deputada Ivete Vargas, do senador Argemiro Figueiredo."

"Da deputada Ivete Vargas? No dia em que ela falou mal do ministro do Trabalho? Foi o único discurso que ela fez nesta Câmara."

"É, foi um aparte que ela fez."

Risos gerais.

"Vossa Senhoria não declarou ao deputado José Aparecido que o Ibad apoiou candidatos a deputado federal?"

"Creio que não. Mas como todas as perguntas feitas pelo deputado José Aparecido em geral diziam o Ibad, a Promotion, a Adep, diziam tudo junto, era muito difícil separar as perguntas, todas elas envolvendo todas as entidades."

"Vossa Senhoria acha que o deputado José Aparecido não tem razão em fazer uma certa confusão entre essas entidades que menciona?"

"Pode ser, para quem não conheça. Para mim é bem claro."

"O senhor está fazendo aliciamento de deputados para a Ação Democrática Parlamentar? O senhor tem delegação de poder para selecionar esses deputados?"

"Eu peço aos estados que informem. Pergunto aos secretários dos estados se eles têm nomes de democratas considerados da linha para recomendar para a Ação Democrática Parlamentar."

"Certo, mas que interessa isso ao senhor, se o senhor não tem nada com a Ação Democrática Parlamentar? Não é funcionário, não trabalha lá e sobretudo não é deputado."

"Eu sou credenciado pelo deputado João Mendes como assessor dele."

"Ah! O senhor é assessor do presidente da Ação Democrática Parlamentar."

"Sim, assessor de divulgação de imprensa."

"O senhor então confunde a sua ação de secretário regional da Adep com a de assessor do presidente da Ação Democrática Parlamentar, e na qualidade de secretário, funciona como assessor. É isso?"

"Sim, não vejo onde está a confusão. Sou assessor do deputado João Mendes e presto a ele serviços de divulgação."

"Como secretário da Adep o senhor solicita informações para, como assessor do deputado João Mendes, fornecer a ele."

"Exatamente."

"Então o deputado João Mendes também tem alguma ingerência nessa Adep."

"Eu diria que ele é o líder democrático nacional desse movimento."

"Senhor presidente, dou por encerradas as minhas considerações."

Pouco mais de três meses após o início das investigações da CPI, Rubens convidou José Aparecido, udenista moderado, e o petebista Benedicto Cerqueira, ex-operário metalúrgico, para fazerem um balanço preliminar do que tinha sido apurado até então. Depois de jantarem no restaurante do Hotel Nacional, foram para o apartamento de Rubens.

Sobre a grande mesa retangular no salão, ele mostrou uma pilha de papéis com depoimentos e documentos obtidos durante as averiguações.

"Estamos com uma bomba nas mãos" disse Rubens arregaçando as mangas. "O que descobrimos até hoje não deixa mais nenhuma dúvida: o dinheiro do Ibad pra campanha política do ano passado saiu ilegalmente de grandes empresas brasileiras e multinacionais americanas, possivelmente também da CIA. Financiaram 250 candidatos a deputado federal, 600 candidatos a deputado estadual e oito candidatos a governador, além de vários ao Senado. Foi uma farra. Programas de TV e rádio, jingles, cartazes, faixas, aluguel de avião, carros com alto-falante, dinheiro vivo, tudo cortesia do Ibad."

"Não há dúvida, o Ibad é a trama mais sinistra da nossa história republicana" disse José Aparecido.

"Uma verdadeira mãe. Assim é fácil fazer campanha" disse Benedicto. "E o José Gomes Talarico disse no depoimento dele que organizações internacionais sindicais mandaram e continuam mandando dinheiro pros movimentos de oposição no Brasil."

Rubens concordou. "Esse Ivan Hasslocher, ele não deve ser só diretor do Ibad, tem ligações muito estreitas com a CIA. Aliás, a CIA despejou no Brasil cinco milhões de dólares depois que o Jango se tornou presidente, sabiam? Uma parte desse dinheiro com certeza foi pro caixa do Ibad. Outra parte vai pros provocadores que estão se infiltrando nos sindicatos, nas universidades." Fez uma pausa para acender um charuto. "Eles têm muito dinheiro. A Promotion alugou seis salas aqui em Brasília, no Edifício Ceará. A revista da Adep, *Ação Democrática*, tem uma tiragem de 250 mil exemplares, sem anúncio, papel caro, e com distribuição gratuita. Como é que pode?"

Benedicto acrescentou: "A informação de que o Ibad pagou cinco milhões de cruzeiros ao jornal *A Noite* também é escandalosa."

"Isso está comprovadíssimo na carta do diretor do jornal à Promotion" disse José Aparecido. "E deu pra perceber claramente: de governista o jornal virou oposição no dia seguinte."

"Nosso problema agora é descobrir os nomes dos contribuintes que estão sustentando o Ibad" disse Rubens. "É aí que a porca torce o rabo. Se formos depender dos diretores, não vamos descobrir nunca. Eles são muito esquecidos. Ninguém se lembra de nada. No próximo depoimento, quando um deles disser 'não me lembro', vou recomendar um tônico contra amnésia."

"Mais fácil é descobrir quem no Congresso recebeu ajuda do Ibad na campanha" disse Benedicto.

"O Amaral Neto admitiu" disse Rubens. "Foi o único. Mas é só ver quem fica falando de comunismo todo dia, quem sabota o projeto de reforma agrária... Que país, meu Deus! Ainda se confunde reforma agrária com comunismo."

José Aparecido corroborou. "No PSD o Benedito Valadares não quer nem ouvir falar de reforma agrária. Todos os cardeais do partido são contra: o Amaral Peixoto, o Alckmin, o Filinto Müller. Claro, o partido tem ligações com grandes proprietários de terra."

"E as informações bancárias sobre as contas do Ibad, da Adep e da Promotion? Nada?" perguntou Benedicto.

Rubens estendeu os braços sobre a mesa, charuto entre os dedos indicador e médio, balançou a cabeça. "Nada. Sabemos que o dinheiro arrecadado pelo Ibad é depositado nas contas da Promotion no Royal Bank of Canada, no Bank of Boston e no National City Bank de Nova York. Mas os bancos alegam sigilo e a gente fica sem essas provas, importantíssimas."

"Sem falar dos documentos que o pessoal do Ibad queimou" disse Benedicto. "Vocês lembram o que falou o Hélcio Domingues Franca, o tesoureiro da Adep? Ele e mais dois colegas queimaram documentos e livros de contabilidade. Sem isso é impossível comprovar as despesas feitas."

"E todos do Ibad dizem nos depoimentos que só o Ivan sabe os nomes dos contribuintes, só ele sabe a quantia recebida de cada um" disse Rubens.

"Quando ele volta do exterior?" perguntou Benedicto.

"Só Deus sabe" disse José Aparecido. "A convocação está feita. Ele deve voltar cercado de bons advogados."

"E o IPES?" perguntou José Aparecido. "Qual a avaliação que podemos ter?"

Rubens se levantou e foi apanhar água e copos na cozinha. Ao voltar para o salão, colocou tudo na mesa e apanhou no sofá uma outra pasta.

"Lembram do depoimento do João Batista Leopoldo Figueiredo?" disse Benedicto, e imitou a voz do líder do IPES. "A democracia no Brasil está em risco, existe um grande perigo comunista no país."

"Ele sabe que isso não é verdade" disse Rubens. "O Brasil não é a Rússia nem Cuba. Quem é o Lênin ou o Fidel brasileiro? O Prestes? Faz-me rir."

"O João Batista negou que o IPES tenha qualquer relação com o Ibad e disse que não participou da campanha eleitoral nem recebe dinheiro de empresas estrangeiras. Se for mesmo verdade, não vai dar pra arrolar o IPES na CPI" disse José Aparecido.

"Mas temos que ficar de olho, porque o IPES tá mandando brasa" disse Rubens. "Estão distribuindo cartas e panfletos em todo o Brasil. Em São Paulo estão financiando organizações femininas de classe média, a Campanha da Mulher pela Democracia, a União Cívica Feminina e uma tal de Liga de Mulheres Democráticas. Domingo passado eu estava no clube Paulistano com a Eunice e as crianças, e soube que o pessoal do MAC já está praticando tiro ao alvo. Vão formar grupos de defesa de quarteirão nos bairros ricos. É o que se comenta também no clube Harmonia e no Pinheiros. O caldo está engrossando."

No Congresso Nacional, o debate mais espinhoso era a reforma agrária. Uma proposta de emenda constitucional apresentada pelo PTB havia sido rejeitada pela comissão especial que discutia o assunto. O governo queria indenizar os proprietários das terras desapropriadas com títulos da dívida pública; os proprietários exigiam pagamento prévio em dinheiro. O PSD apresentou uma contraproposta negociável, considerando intocáveis dois pontos: correção monetária nas indenizações e terras produtivas fora das desapropriações. E havia uma proposta da UDN, de autoria do deputado Milton Campos.

Para conversar sobre a tática do governo, Jango convidou para um almoço no Palácio da Alvorada 15 deputados petebistas, Rubens entre eles, e Bocayuva à frente.

Jango considerava essencial e urgente a reforma agrária. Pediu um esforço extra do partido para a aprovação, e que houvesse concessões à proposta do PSD, embora fazendo valer os princípios petebistas. Dois deputados aproveitaram para pedir ao presidente nomeações para seus afilhados.

Depois do almoço, Jango ficou numa conversa descontraída com Bocayuva e Rubens, caminhando entre as colunas frontais do palácio, com o vasto gramado em frente.

"Estou precisando de um novo chanceler" disse Jango. "O Evandro Lins e Silva vai mesmo para o Supremo Tribunal Federal. Quem o PTB indicaria pra substituí-lo?"

"O San Tiago Dantas é um bom nome" sugeriu Bocayuva.

"Mas ele já foi chanceler" ressalvou o presidente. "Acho que não vai querer repetir a dose."

"Então eu proponho o Bocayuva" disse Rubens. "Fora o San Tiago, ele é o único que tem a finesse necessária para o posto." E completou sorrindo: "Além de falar inglês e francês, é um dos poucos na bancada que sabem almoçar com quatro talheres."

Seria escolhido Araújo Castro, diplomata de carreira.

O amanhecer silencioso na Esplanada dos Ministérios foi invadido por um estrépito de quatro tanques blindados do Exército e dois caminhões lotados de soldados do Batalhão da Guarda Presidencial, armados de fuzis e metralhadoras antiaéreas. O comboio seguiu devagar na larga avenida vazia, com árvores ainda baixas, e estacionou ao lado do Ministério da Marinha. Rapidamente os soldados desceram dos caminhões e se deitaram na grama ressecada, sujando de terra os uniformes de combate. Com fisionomias contraídas, apontaram as armas para as janelas do ministério. Uma névoa seca encobria os ministérios e o Congresso Nacional, a 200 metros de distância.

Rubens acordou sedento. Levantou-se de pijama, calçou chinelos, foi à cozinha e bebeu dois copos de água gelada. Fazia quase seis meses que não chovia nenhuma gota em Brasília. Lembrou-se de telefonar para um colega deputado que pegava carona com ele para a Câmara todos os dias. Sentado no sofá da sala, apanhou o telefone na mesinha ao lado e discou um número. Mas ao colocar o aparelho no ouvido, não escutou som algum. Bateu de leve com o dedo indicador no gancho várias vezes. Continuava mudo. Ele ficou intrigado, mas não muito, o serviço de telefonia na cidade ainda estava sujeito a contingências desse tipo. Desligou e foi ao banheiro.

Um ônibus com trinta fuzileiros navais armados de granadas, fuzis e um lança-rojão trafegava na pista de retorno que cruza o gramado da Esplanada em direção ao Ministério da Marinha. Seus ocupantes pretendiam reforçar os colegas que estavam lá dentro. Mesmo ao ver o ministério cercado por tanques e soldados, o motorista continuou avançando. Meia dúzia de oficiais do Exército parou na frente do ônibus e um deles, à paisana, com as pernas abertas, brandiu uma pistola gritando com determinação: "Não vai passar! Não vai passar!" E disparou um tiro para cima como advertência. O ônibus freou subitamente, manobrou por cima do meio-fio, atravessou o gramado e estacionou na outra pista, próximo à Catedral, a 50 metros do Ministério da Marinha. Os fuzileiros desceram correndo do ônibus em direção ao fundo da Catedral e ao ministério. Tiros de fuzil, rajadas de metralhadoras, correria.

Ao sair do banheiro, de rosto lavado e cabelo penteado, ainda de pijama, Rubens sentiu o gostoso cheiro de café e foi à cozinha.

"Bom dia, dona Gracinda."

Era uma senhora goiana, magra e bem morena, de cabelos lisos, que trabalhava no apartamento. Estava terminando de colocar numa bandeja o bule de café com pão, leite, manteiga e queijo.

"Bom dia, doutor Rubens."

"Que secura, hein? Não acaba nunca."

"É verdade, mas eu acho pior a época da chuva. Todo santo dia, não há quem aguente. Minha rua em Taguatinga vira uma lama só, não dá nem pra andar direito."

Ela apanhou a bandeja e foi para a saleta de jantar acompanhada de Rubens.

"O telefone está com problema de novo" disse ele sentando-se à mesa.

"Ontem tava bom. O que aconteceu? O senhor que é deputado deve saber."

Sem esperar resposta, ela se retirou. Rubens ligou o rádio sobre a mesa e começou a passar manteiga no pão, distraído, mas o timbre emocionado do locutor que lia o noticiário chamou-lhe a atenção. "O levante foi deflagrado por sargentos, cabos e suboficiais da Marinha e da Aeronáutica. Estão armados de fuzis, metralhadoras, lança-rojões, coquetéis molotov, granadas. Até agora não há notícia da participação do Exército..."

Fernando e Dalva Gasparian

Rubens, Raul Ryff e Celso Furtado

Bocayuva e seu filho Quintino em Paris, pouco depois do golpe militar

Rubens, Almino Affonso e Raul Ryff na frente da embaixada da Iugoslávia, pouco antes de partirem para o exílio

Ele olhou para o rádio, pensando que fosse uma notícia sobre outro país.

"E vamos repetir: as estradas de acesso a Brasília estão bloqueadas pelos amotinados, todas as comunicações telefônicas e de telex foram cortadas..." Ergueu o volume. "Um comando de praças da Aeronáutica interditou o Departamento de Telefones Urbanos e Interurbanos, na Asa Sul."

Atônito, mastigou mais lentamente. "Permanecem ocupados o ministério da Marinha, a Base Aérea, o Grupamento de Fuzileiros Navais, a Rádio Nacional, o Departamento Federal de Segurança Pública, localizado dentro do ministério da Justiça, o Departamento de Telefones Urbanos e Interurbanos e as duas estradas de acesso a Brasília. Como informamos em edição extraordinária, o levante começou à uma hora desta madrugada."

Rubens terminou rápido de comer e foi ao quarto, trocou o pijama por terno e gravata, despediu-se da empregada e desceu pelo elevador com o semblante crispado. O que estava acontecendo? Seria o golpe militar de que tanto se falava nos últimos meses? Jango estava no Rio Grande do Sul. Os ministros militares estavam no Rio de Janeiro. Mas eram leais. Os golpistas teriam aproveitado a ausência deles? Entrou no carro e dirigiu para o prédio onde morava Bocayuva, na mesma quadra.

No fogo cruzado, um fuzileiro foi atingido por uma rajada de metralhadora vinda do ministério da Aeronáutica, ao lado do ministério da Marinha. Com um grito desesperador, ele caiu na calçada, a boca aberta e um olhar esgarçado. Em seguida três outros fuzileiros também caíram feridos. Após dez minutos, o tiroteio cessou. Os fuzileiros que haviam desembarcado do ônibus foram todos desarmados e presos. Dois soldados carregaram o primeiro ferido para um táxi, mas ele faleceu a caminho do Hospital Distrital. Um tanque blindado foi colocado na porta do Ministério da Marinha. Minutos depois, fuzileiros trajando gandolas cáqui deixaram o prédio em fila indiana, com braços erguidos.

Bocayuva também estava pasmo, e com o telefone mudo. Mas, fosse golpe ou não, tinham que ir rapidamente para a Câmara. Saíram apreensivos. Rubens foi dirigindo sem correr muito, os dois em alerta para a possível movimentação de veículos militares, mas não avistaram nenhum. As ruas estavam com o trânsito normal de todos os dias — poucos carros e raros ônibus coletivos. Na Esplanada já não havia entrechoque armado, mas centenas de soldados do Exército com capacetes na cabeça e fuzis empunhados continuavam de bruços no gramado. Rubens e Bocayuva chegaram à Câmara sem problemas.

No gabinete de Bocayuva estavam diversos deputados do PTB, ouvindo um rádio. Tinham tentado embarcar para seus estados num avião que decolaria às seis horas da manhã, mas os rebeldes dominavam o aeroporto e todos os voos estavam cancelados. A explicação de tudo era que sargentos, cabos e praças da Marinha e da Aeronáutica tinham promovido uma revolta em protesto contra uma decisão do Supremo Tribunal Federal, na véspera, rejeitando um recurso impetrado por um sargento do Exército do Rio Grande do Sul que tivera cassado o seu mandato de deputado estadual, depois que a Justiça Eleitoral o considerou inelegível. A Constituição era clara quanto à inelegibilidade de cabos e soldados, mas ambígua quanto aos sargentos. O sargento do Exército Antônio Garcia Filho, eleito deputado federal pela Guanabara no ano anterior, estava cumprindo seu mandato normalmente. Os sublevados consideravam a decisão do STF um golpe desferido contra a democracia. O líder era um sargento da Aeronáutica, Antônio de Prestes Paula. Mas àquela hora a maioria dos locais ocupados já estava retomada. Os únicos focos remanescentes eram a Base Aérea e o Grupamento de Fuzileiros Navais, conhecido como Área Alfa da Marinha. Oficiais das três corporações estavam no segundo andar do Ministério da Guerra articulando a reação com soldados do Exército e do Batalhão da Guarda Presidencial, uma das principais guarnições militares da cidade.

Na estrada para o aeroporto, um piquete da Aeronáutica deteve o ministro Victor Nunes Leal, do Supremo Tribunal Federal, e o levou para a Base Aérea, onde estavam presos diversos oficiais. Perto dali, na estrada de saída para o Rio de Janeiro, um veículo do Departamento Nacional de Estradas de Rodagem foi metralhado por um fuzileiro naval e o motorista morreu.

Os deputados Max da Costa Santos, Neiva Moreira e Marco Antônio Tavares Coelho foram ao Grupamento de Fuzileiros Navais, longe da cidade. Prestaram solidariedade aos sargentos e lhes informaram que os ocupantes do Ministério da Marinha haviam se rendido.

Às dez e meia, com plenário lotado, o presidente interino da Câmara, deputado Clovis Mota, do PTB do Rio Grande do Norte — o titular, Ranieri Mazzilli, estava em viagem oficial à Iugoslávia —, abriu a sessão extraordinária com uma frase obrigatória nas duas Casas desde o mês anterior: "Sob a proteção de Deus, damos início aos nossos trabalhos." Em seguida ele relatou ter sido avisado sobre o levante no seu apartamento às quatro horas da madrugada e viera para o Congresso Nacional. Mas na Esplanada seu carro fora interceptado por um grupo de rebeldes que o levara para o ministério da Justiça, onde piquetes armados tinham ocupado a Central de Rádio-Patrulha. Ali o deputado ficara detido com quatro oficiais do Exército. Às seis da manhã estava liberado e os oficiais foram enviados presos para a Base Aérea, mas no caminho conseguiram escapar e estavam no Ministério da Guerra com o núcleo de resistência. Depois do relato de Clovis Mota, somente o líder do bloco governista, Tancredo Neves, e o líder da Minoria, Pedro Aleixo, se manifestaram sobre o assunto. Tancredo leu um comunicado breve dos ministros da Guerra, Marinha, Aeronáutica e Justiça e acrescentou: "Reina a ordem em todo o país, com as populações voltadas para suas atividades cotidianas." Aleixo atribuiu o levante não apenas a "alguns modestos sargentos", insinuando que o presidente João Goulart também era responsável pelos acontecimentos.

Pouco depois do meio-dia a Base Aérea foi retomada, sem resistência, e às três horas da tarde os tanques do Exército invadiram e ocuparam o Grupamento de Fuzileiros Navais, sem mais baixas de nenhum lado. No final do dia um efetivo de 280 homens da Companhia de Paraquedistas do Rio de Janeiro chegou em aviões da FAB. Mas não foi necessário intervir, permanecendo apenas como tropa de ocupação. Os mais de 500 presos foram levados para o navio *Raul Soares*, no Rio.

No dia seguinte, na Câmara e no Senado, os partidos de oposição condenaram duramente a revolta como uma gravíssima insubordinação de caráter comunista. Entre os governistas, uma parte apoiou as reivindicações dos sargentos e defendeu a imediata aprovação da elegibilidade e a anistia para os envolvidos. Outra parte criticou a revolta e a indisciplina, mas considerou justa a motivação. Rubens se posicionou assim. Ao desembarcar em São Paulo, no final da tarde daquela sexta-feira, ele reafirmou à imprensa:

"Os sargentos fizeram um movimento heroico em defesa de uma tese legítima. Embora seja preciso condená-los, é necessário também justificá-los. Não se pode exigir que os militares entendam uma lei que lhes nega a possibilidade de representar o povo."

A revolta dos sargentos desencadeou uma crescente maré de boatos negativos no país. Informantes anônimos telefonavam para as redações dos jornais falando em demissão de ministros, rebelião na Vila Militar, ocupação militar de refinaria da Petrobrás. O governador carioca Carlos Lacerda conspirava abertamente. A emenda da reforma agrária não andava, apesar das concessões à oposição. A crise culminou numa mensagem de João Goulart ao Congresso pedindo autorização para implantar o estado de sítio, nos primeiros dias de outubro. Bocayuva, como líder do PTB, apoiou inicialmente a proposta do governo, mas no dia seguinte mudou de ideia e orientou a bancada a votar contra. Antes de ser votada pela Comissão de Constituição e Justiça, a mensagem foi retirada por ordem de Jango.

A liderança de Bocayuva ficou enfraquecida. Mais da metade da bancada trabalhista se reuniu com ele num auditório para discutir e votar uma moção de desconfiança. Havia 81 deputados presentes. A moção foi aprovada por 45 votos. Rubens foi um dos que votaram contra. Bocayuva contestou o resultado.

"A destituição exige maioria absoluta de 58 votos. A bancada tem 116 deputados. Portanto, como não fui destituído, continuo na liderança."

Rubens, Almino e seu grupo aplaudiram. Mas o gaúcho Zaire Nunes, favorável à destituição, refutou Bocayuva. "Sua posição é uma questão de foro íntimo."

Bocayuva não gostou e os dois iniciaram um bate-boca, Zaire Nunes falou um palavrão e puxou seu revólver da cintura, mas foi contido por Rubens, Almino e o deputado alagoano Abrahão Moura.

Ter uma arma de fogo por baixo do elegante paletó não era indecoroso no Congresso Nacional. O deputado Tenório Cavalcanti não levava sua metralhadora para o plenário, mas um dia apontou um revólver para Antônio Carlos Magalhães; não disparou, e disse a um colega: "Trouxe pra você um igual a este, apenas com o cabo um pouco diferente." Outro dia, o deputado paulista Pedro Marão estava no salão do cafezinho e, sem mais nem menos, puxou um revólver e deu um tiro para o ar, para fazer graça — a arma era de brinquedo, com tiro de festim. Amaral Neto, que estava perto, levou um susto.

Tais costumes só podiam culminar numa tragédia. O plenário do Senado se transformou em cenário de faroeste, protagonizado pelo "melhor gatilho de Alagoas", como era conhecido o senador Silvestre Péricles de Góis Monteiro, e seu arquirrival e conterrâneo Arnon de Mello. Durante uma altercação entre os dois após um discurso do primeiro, "crápula!", "espião!", Arnon disparou três tiros: um acertou o chão, outro o teto e o terceiro atingiu mortalmente o senador acreano José Kairala, que não tinha nada a ver com a briga. Silvestre também foi rápido, sacou o seu Smith-Wesson 38 para revidar. Fuzuê geral. João Agripino agarrou a mão de Silvestre, enfiou um dedo polegar no gatilho, evitou o disparo e quase quebrou o dedo.

Dias após este duelo a Câmara e o Senado proibiram o porte de armas em suas dependências, sob pena de cassação do mandato.

A tempestade se aproximava. Comícios e reuniões públicas em defesa das políticas do governo passaram a ser sabotados por grupos provocadores ou pelas próprias autoridades estaduais, como o governador paulista, Adhemar de Barros. Foi o que aconteceu no lançamento em São Paulo da Frente de Mobilização Popular, integrada por representantes de diferentes segmentos sociais.

O auditório do Centro do Professorado Paulista, na rua da Liberdade, ficou lotado de professores, líderes sindicais, estudantes e políticos. Rubens fazia parte da mesa. Os oradores explicavam a importância da Frente como instrumento de pressão para mobilizar a sociedade brasileira na defesa das bandeiras nacionalistas, como a reforma agrária, a reforma do ensino, o voto para os analfabetos, a encampação de setores industriais estratégicos e serviços públicos.

Um caminhão com soldados da Força Pública e duas peruas Chevrolet com agentes do DOPS estacionaram em frente ao prédio. Os soldados desceram munidos de cassetetes, entraram no auditório e ficaram encostados na parede enquanto o comandante e os agentes caminharam para a mesa. O comandante ergueu a voz:

"Esta reunião está proibida! Acabou! Estamos cumprindo ordens. Vamos evacuar a sala. Quem não obedecer, vai preso!"

O auditório se inquietou, alguns assustados, outros reagindo acenando os braços negativamente.

Os organizadores tentaram argumentar com o comandante. O público vaiou os soldados, e então começou a pancadaria. Os soldados avançaram pelos corredores do auditório e passaram a puxar as pessoas pelos braços. Um rapaz se atracou com um soldado, veio outro soldado por trás e desferiu-lhe o cassetete na cabeça e nas costas, uma senhora foi empurrada e caiu sobre uma cadeira, machucando a testa, um homem foi pisoteado, as pessoas saíram correndo para a rua e se concentraram em frente ao prédio xingando e gritando contra os policiais. Um dos que mais contestavam, o jovem professor de medicina Thomas Maack, foi agarrado por dois agentes do DOPS e empurrado para dentro de uma perua Chevrolet estacionada no meio-fio. Sua mulher Isa também foi apanhada em seguida e o casal ficou sentado no banco traseiro da perua.

Rubens viu a cena. Não conhecia nenhum dos dois, mas ficou revoltado e rapidamente subiu no capô do veículo e gritou para os agentes:

"Soltem o casal que está nessa perua! Essa prisão é ilegal! Soltem imediatamente! Sou deputado federal!"

Atarantado com aquela atitude inesperada, um agente pediu um minuto para se comunicar com seu chefe pelo rádio na cabine da perua. Uma multidão se aglomerava para assistir à balbúrdia. Depois de explicar ao chefe, o agente pediu-lhe instruções e ouviu a voz metálica do outro lado da linha:

"Tira o deputado daí a tapa."

O agente passou a instrução aos seus colegas, mas Rubens sacou um revólver e repetiu:

"Soltem o casal!"

O agente voltou esbaforido ao rádio para falar com o chefe. "O deputado puxou um revólver e continua exigindo que a gente solte o casal."

A voz metálica silenciou por uns segundos e finalmente ordenou: "Solte os detidos."

O casal desceu da perua. Rubens estava no capô, de pernas abertas, revólver na mão. "Sumam daqui, depressa! Não sei por quanto tempo vou segurar esta situação."

Um grupo de deputados e sindicalistas rodeou o veículo e Rubens pôde descer e ir embora sem ser molestado. Seu destemor lhe valeu elogios. Mas um mês depois, a liberdade no país seria apenas um nome de rua.

"Vamos à casa dele, ver como está a situação dos filhos." Bocayuva chama o garçom com a mão. "Deixa comigo, eu pago essa."

Sai com Paddy do Antonio's e os dois apanham um táxi até a casa de Rubens, cinco quarteirões adiante. Nalu já chegou e está abismada. Telefonou para sua avó Aracy em Santos.

"Ela vem pra cá ficar com a gente. Deve chegar no final da tarde."

Bocayuva se oferece para ajudar no que for necessário. "Podem me telefonar a qualquer hora do dia ou da noite." E se despede dizendo que continuará fazendo contatos para localizar e libertar Rubens, Eliana e Eunice.

À noite, antes de irem para a cama, Babiu, Marcelo e Nalu fazem algo que nunca fizeram antes: verificam se as portas e janelas estão trancadas, com receio de que os homens voltem. Nalu dorme com a avó no quarto dos pais. Todos sentem que algo inusitado e muito ruim está acontecendo — mas o quê? Por quê?

Revistadas, fotografadas e fichadas, Eunice e Eliana são encapuzadas e retiradas da sala de identificação no DOI. Um soldado as coloca sentadas em um banco num corredor.

"Fiquem quietas aí, não se mexam."

Uma não sabe que está perto da outra. Respiram com dificuldade o ar abafado debaixo do capuz. Escutam vozes masculinas perto, gritos ao longe. Eliana fica paralisada de medo, querendo saber onde está sua mãe, o que vai acontecer com elas. Os gritos agora parecem ser de mulher. Eunice imagina ser a voz de Eliana.

Enquanto isso, o chefe do DOI se reúne com os comandantes do quartel e do PIC. Discutem o que fazer com a morte de Rubens. Não é a primeira vez que um preso político morre neste quartel em consequência de torturas. Mas ao contrário dos casos anteriores, ocorridos também em outros órgãos de segurança, agora é impossível negar a prisão — a família testemunhou a saída de Rubens com os agentes do CISA; tampouco alegar, como de hábito, suicídio, confronto armado ou atropelamento — o corpo ficou dilacerado e Rubens não era nenhum guerrilheiro clandestino. Decide-se forjar uma fuga, subterfúgio já usado aqui mesmo há menos de um mês e numa operação bem semelhante: o jovem Celso Gilberto de Oliveira, preso pelo CISA no dia 10 de dezembro de 1970, foi levado para o DOI, e após vinte dias de interrogatórios sob tortura "fugiu" para o reino do incógnito.

No início da noite, Eunice e Eliana são conduzidas para a carceragem no segundo andar do prédio e deixadas sem capuz e sozinhas em celas separadas, de 3 metros quadrados, com um velho colchão de palha, sanitário turco, chuveiro e janela gradeada. Os gritos estridentes continuam ecoando.

Meia hora depois, Eliana é encapuzada e escoltada para uma sala, ficando sentada numa cadeira. Quando o capuz é retirado, ela pisca seguidas vezes sob a intensidade da lâmpada. Em volta, três homens com as mãos na cintura.

"Pode ficar calminha, não vamos fazer nenhuma maldade contigo. Meu nome é doutor Calango. Só queremos saber umas coisas. Quem frequenta a sua casa?"

Cabeça baixa, ela esfrega as mãos, sente-se encurralada.

"Vamos. É só responder às perguntas e você vai embora logo. Quem são as pessoas que frequentam a sua casa?"

Ela ergue a cabeça e resmunga. "Ah, muita gente."

Gafanhoto bafeja seu mau hálito no rosto dela. "Queremos nomes."

"Meu pai tem muitos amigos."

"Nós sabemos disso. Como se chamam?" pergunta Buldogue.

"O Bocayuva é muito amigo, vem sempre."

"Que Bocayuva?" pergunta Calango.

"Bocayuva Cunha. O Fernando Gasparian também. E... o Waldir Pires, o Raul."

"Que Raul?"

"Raul Ryff."

"Esse é um comunistão manjado" diz Calango. "Ligado ao filho da puta do Jango. Estamos de olho nele. Conhecemos todos esses subversivos que você citou. Quem mais?"

"Tem um tal de... esqueci. Só sei o nome desses."

Calango dá um tapinha na cabeça dela. "Pense bem, menina, com calma."

"Conhece Marx?" pergunta Gafanhoto.

Buldogue se inclina com as mãos apoiadas nos joelhos. "E Lênin?"

"Esses nunca foram na minha casa, tenho certeza" responde Eliana, séria.

Os três homens se entreolham enfezados. "Quer sacanear a gente, sua pirralha?"

"Podemos perder a paciência contigo..."

"Você é comunista?"

Ela nega com a cabeça.

"Seu pai fala bem do comunismo em casa, não fala?" pergunta Gafanhoto.

Sua voz sai espremida. "Não sei..."

"Fala alto!"

"Não sei o que é comunismo."

"Você escreveu uma redação na escola que elogia o comunismo, não foi?"

"Não me lembro." Ela abaixa a cabeça.

"Uma redação pra aula de História" completa Calango. "Sobre a invasão da Tchecoslováquia."

"Não lembro o que eu escrevi, mas..."

Gafanhoto fica andando em volta dela. "Seu pai está aqui com a gente, sabia?"

Eliana ergue a cabeça, ansiosa. "Aqui?! Onde?"

"No andar de cima." Buldogue aponta o dedo indicador para o teto.

Calango se agacha diante dela. "Escuta, presta atenção, a gente deixa você falar com ele, se contar tudo que sabe..."

Transpirando muito debaixo da lâmpada, Eliana aperta os lábios e cobre o rosto com as mãos. "Mas eu já falei... Não sei mais nada."

"Então ele vai continuar levando porrada." Calango faz um sinal a Gafanhoto para enfiar o capuz. "Traz a outra."

Dez minutos depois, Eunice está sentada na mesma cadeira. Buldogue retira-lhe o capuz e os três alternam as perguntas.

"A senhora é comunista?"

"Não."

"Seu marido é comunista?"

"Não."

"Por que seu marido se corresponde com comunistas do Chile?"

Eunice hesita, os pensamentos se embaralham.

"Responde!" Calango dá um murro na mesa, assustando-a. Buldogue abre um caderno diante dela. "Olhe bem pra essas fotos. Diga o nome de quem a senhora conhece."

Com mãos trêmulas, Eunice folheia o caderno, sem aparentar interesse, mas para ao ver a foto de uma mulher de meia-idade. O que a foto de Selene está fazendo aqui? Calango percebe a reação.

"Essa aí a senhora conhece, não é?"

"Parece com a professora de duas filhas minhas no Sion."

"Pois ela e uma outra trouxeram do Chile cartas de terroristas pro seu marido."

"Não sei de carta nenhuma. Não sei do que o senhor está falando."
Continua a folhear o caderno e interrompe novamente, boquiaberta. Duas fotos de Rubens, de frente e perfil, aparência deplorável. Ela toca as fotos com a ponta dos dedos. Calango se aproxima.

"É seu marido, né? Ele tá no andar de cima. Se a senhora confessar, vai pra casa com ele."

Com a pressão insuportável, Eunice adquire a súbita coragem dos humilhados e dos imprudentes.

"Confessar o quê? Isso não tem sentido. Eu não sei de nada! Meu marido também não tem culpa de nada! Está aqui por engano. Ele não lida mais com política, foi cassado. Disseram que ele vinha depor e voltar logo pra casa." Seus lábios tremem, os olhos lacrimejam.

"Continua olhando as fotos" exige Calango.

Na página seguinte do caderno, Eunice vê a sua própria foto, junto com uma de Eliana.

"Onde ela está? Ela não fez nada! Eu não fiz nada! Meu marido não fez nada! Por que vocês estão fazendo isso com a gente?" Ela fecha o caderno no colo e cobre o rosto com as mãos.

Buldogue apanha o caderno. "Todo mundo que vem pra cá fala a mesma coisa, todo mundo diz que é inocente. Conhecemos bem essa ladainha. Estamos muito comovidos, mas não convencidos. Quem frequenta a sua casa?"

Eunice não responde. Calango fica irritado.

"Minha senhora, não queremos partir pra ignorância. Eu não gosto de violência. Não tenho ideologia. Minha preocupação é apenas cumprir as ordens, que é o dever de todo bom militar. Nem me interesso por política, raramente leio jornais, mas de uma coisa tenho certeza: os comunistas querem destruir a liberdade no Brasil e no mundo. Se amanhã a situação virar, eu vou morar no Paraguai com minha família, ou fico no Brasil mesmo e digo que estava apenas cumprindo ordens, o que não deixa de ser verdade. Vamos, diga, quem frequenta a sua casa?"

Ela cruza as pernas e puxa a saia para baixo dos joelhos.

"As pessoas que meu marido conhece são todas pessoas públicas, conhecidas. É um professor da USP, o Fernando Henrique, um empresário, o Fernando Gasparian, o escritor Antonio Callado, jornalistas, como Sebastião Nery, Paulo Francis, Raul Ryff."

"Tudo comunista. São todos manjados. Seu marido conhece também o Lamarca, não conhece?"

"Lamarca? Nem sei quem é Lamarca."

"Seu marido sabe, ou conhece gente ligada ao Lamarca, e também os sequestradores do embaixador suíço."

"Não sei o que o senhor está falando. Meu marido sempre foi empresário, atualmente é sócio de uma firma em São Paulo, a Geobrás, e outra no Rio, trabalha o dia todo, tem cinco filhos. A gente sai muito, visita amigos. Ele não tem tempo..."

"Não tem tempo de fazer subversão?" grita Calango. "É isso? Então o que vocês dois foram fazer na Rússia em agosto de 1961?"

Eunice fica espantada com a pergunta intempestiva sobre um fato tão remoto.

"Como o senhor sabe isso?"

Calango sorri, "Um passarinho me contou", e logo fica sério de novo. "O que foram fazer?"

Ela abaixa a cabeça, mais relaxada. "Que eu me lembre, o Rubens foi participar de um congresso em Londres, e depois passamos três meses viajando pela Europa. Não fomos somente à Rússia. Fomos também a Portugal, Holanda, Espanha, França, Inglaterra."

"E Tchecoslováquia, outro país comunista" acrescenta Calango.

"Não foi a primeira nem a última vez que viajamos pro exterior. Já fomos também aos Estados Unidos e a muitos outros países capitalistas."

"E a Rússia?"

"É proibido ir lá? Na época não era. Eu me lembro bem porque a gente estava num hotel em Moscou no dia em que o Jânio renunciou.

O Rubens estava tomando banho quando eu ouvi no rádio uma notícia e entendi só a palavra Brasil. Depois que ele saiu da banheira, telefonou pra uns brasileiros que estudavam na Universidade Patrice Lumumba e eles foram ao hotel confirmar a notícia. Voltamos às pressas pro Brasil."

"O que vocês fizeram lá?"

"E com quem se encontraram?"

"Ficamos só uma semana em Moscou. Fomos também a Leningrado. Fizemos turismo, simplesmente."

"E o cartão-postal subversivo que a senhora recebeu de um chefe comunista internacional?"

Ela não entende a pergunta. "Como? Cartão-postal subversivo?"

Calango abre a gaveta da mesa e apanha um cartão apreendido na casa de Eunice.

"Aqui está."

A frente do cartão tem desenhos coloridos de canoas e pescadores junto a uma árvore; no verso está escrito à máquina "To mrs. Paiva, with best wishes, Hanoi, December 67", e a assinatura de Ho Chi Minh.

"Nós estávamos viajando pela Europa nessa época e acho que o Rubens encontrou o Ho Chi Minh no hotel em que a gente estava, por acaso, acho que em Roma. Não me lembro."

"O exílio de seu marido também foi num país comunista, não foi?"

"Ele foi pra Iugoslávia, com outras pessoas, porque era a única embaixada que havia em Brasília quando..."

"Quando o quê?"

"Vocês sabem, quando os militares tomaram o poder no Brasil."

Após quase duas horas de interrogatório em seu primeiro dia no DOI, Eunice volta escoltada e encapuzada para a cela. Deitada no áspero colchão de palha, em isolamento absoluto, não pode se comunicar com ninguém da família, pensa em Rubens e Eliana, consegue dormir já de madrugada, mas por poucos minutos — de repente um soldado a sacode, enfia um capuz na sua cabeça e a leva de volta para a sala.

Agora são outros os interrogadores. Eles alternam as perguntas com momentos de silêncio, esperando-a cochilar na cadeira, para então baterem palmas repentinas junto aos ouvidos dela e despertá-la assustada. Repetem este método ao longo de uma hora, cumprindo à risca as instruções do manual de contrainteligência da CIA: "O preso não deve ter uma rotina à qual possa se adaptar e ficar com certo conforto ou pelo menos com um senso de identidade. (...) Deve ficar incomunicável e privado de qualquer tipo de rotina de alimentação e sono."

Devolvida à cela, Eunice dorme, mas uma hora depois é novamente retirada para interrogatório. Zonza de sono, pergunta o motivo disso tudo, mas eles fingem não ouvir.

Enquanto isso, um soldado vai ao alojamento do quartel e acorda dois sargentos, os irmãos Tatu e Toupeira.

"O capitão Aranha está chamando vocês, é urgente."

Os dois se vestem depressa e cinco minutos depois se apresentam ao capitão Aranha, oficial de operações de rua — identificação, vigilância e prisão de suspeitos. Os dois sargentos pertencem à Brigada Aeroterrestre, sediada na Vila Militar, mas estão prestando serviço ao DOI. O capitão os aguarda no pátio do quartel.

"Seguinte: a seção de análise e interrogatório passou uma missão pra gente. Na verdade é um pepino. Um preso morreu, e o pessoal vai dizer que o cara fugiu. A 19ª DP, aqui na Tijuca, vai registrar a ocorrência. Já tá tudo combinado. Vamos pro Alto da Boa Vista. No caminho eu explico."

Aranha sai com os dois colegas dirigindo um Opala e no Alto da Boa Vista chegam à Subseção de Vigilância, uma delegacia que faz triagem de presos políticos. Os dois sargentos entram em um fusca verde que é entregue por um policial. O capitão segue atrás no Opala e vinte minutos depois estacionam numa curva da avenida Edson

Passos, no mesmo bairro. É uma área pouco habitada, cercada de floresta e completamente deserta a esta hora. Tatu e Toupeira descem rápidos do fusca. Aranha fica a alguns metros, vigiando, com uma metralhadora nas mãos. Os dois sargentos sacam suas pistolas 45 e fazem sucessivos disparos no capô, nas laterais, na traseira e no para-lama. Em seguida, Toupeira ergue o capô, Tatu dispara dois tiros no tanque de gasolina, espalha um pouco de álcool, Toupeira risca um palito de fósforo, ateando fogo.

Minutos depois um DKW passa no local e freia diante do incêndio. O capitão e os dois sargentos estão perto, com suas armas apontadas para cima. Aparentam calma diante do fusca ardendo, com o capô semiaberto.

"Precisam de ajuda?" pergunta o motorista do DKW.

"Não" responde o capitão. "Está tudo sob controle. Houve um incidente, estamos investigando. Não podemos sair daqui agora. Faz um favor pra gente, dá um pulo até a 19ª DP, na Tijuca, pra informar o incidente e chamar alguém pra vir aqui. Não vai te comprometer nada, nem precisa dar seu nome."

Pouco antes de cinco da manhã, o comissário Norival Gomes dos Santos, de plantão na 19ª Delegacia de Polícia, solicita o Corpo de Bombeiros e comparece à avenida Edson Passos, para atender à denúncia sobre o fusca incendiado. Em uma hora ele faz a vistoria e volta à delegacia, onde escreve no boletim de ocorrência o que apurou no local: "o incêndio se originou por disparos no tanque de gasolina", o fusca era dirigido por "capitão Aranha com mais dois militares conduzindo o elemento Rubens Seixas, indiciado em IPM" e que foi resgatado por "seis a oito elementos" que, em dois veículos, dispararam armas "calibre 45, provavelmente". As partes traseira e dianteira do fusca dos agentes militares foram atingidas pelos disparos, afirma o boletim. Embora o carro esteja inteiramente calcinado e num lugar mal-iluminado, o comissário conseguiu anotar os números do motor (BF-97562) e do chassi (B-7426414), além de descobrir que o ano de fabricação do fusca era 1967. Tudo isso Norival averiguou com o capitão Aranha e os dois sargentos.

Após falar com o comissário, o capitão Aranha retorna ao quartel e escreve um ofício dirigido ao chefe do DOI, major Francisco Demiurgo Santos Cardoso:

Rio de Janeiro, GB, 22 Jan 71
De: Cap Oficial de Operações
Ao Sr Maj Chefe DOI/I Ex
Assunto: Ocorrência (Participa)

Participo-vos que às 04:00 horas do dia 22 jan 71, em consequência das informações prestadas pelo cidadão Rubem Beyrodt Paiva, levei-o acompanhado da equipe da Bda Aet (Brigada Aeroterrestre) para indicar uma casa onde poderia estar elemento que trazia correspondência do Chile.

O Sr Rubem não conseguiu identificar a casa e ao regressar, na pista de descida ao Alto da Boa Vista, lado da Usina, o Volks da equipe do DOI foi interceptado por dois Volks, um branco e outro verde ou azul-claro, que violentamente contornaram a frente do carro do DOI disparando armas de fogo. A equipe rapidamente abandonou o carro refugiando-se atrás de um muro respondendo ao fogo. O carro logo incendiou-se. O Sr Rubem saiu pela porta esquerda, atravessou a rua refugiando-se atrás de um poste enquanto elementos desconhecidos, provavelmente terroristas, pelo tipo de ação desencadeada, disparavam de atrás dos carros sobre o nosso carro, ele corria para dentro de um dos carros os quais logo partiam em alta velocidade. Ao cessarem os tiros para o embarque dos terroristas, aproveitamos e atiramos violentamente conseguindo quebrar o vidro traseiro de um dos carros e com certeza atingindo um dos elementos que com um grito caiu ao chão, sendo arrastado para dentro do carro já em movimento. Desceram a estrada em alta velocidade sob uma saraivada de balas disparadas pela equipe. O carro do DOI a essa altura já ardia completamente. Foi participado ao 19º DP e ao Corpo de Bombeiros que compareceram ao local, porém não conseguindo salvar o carro. Na hora em que a equipe abandonou o carro foram deixados no seu interior dois carregadores de metralhadora 9mm Beretta. Não houve feridos por parte dos elementos do DOI.

Piscando muito os olhos pequenos e tristes, o major Demiurgo lê o ofício. Seu nome é perfeito para a função que exerce. No gnosticismo, demiurgo é um ser intermediário entre Deus e os humanos, responsável pelos males que não poderiam ser atribuídos ao Criador supremo. O major Demiurgo também assume os males em benefício de seus superiores — fica satisfeito com a explicação do incidente, não vê nenhuma incongruência no texto, não estranha o excesso de pormenores, não considera inverossímil que os três militares tenham saído da refrega sem nenhum ferimento ou arranhão, depois de surpreendidos por uma saraivada de tiros provenientes de dois carros a poucos metros de distância. E mesmo correndo assustados no escuro para se protegerem atrás de uma mureta, conseguiram contar o número dos atacantes.

O oficial de dia, primeiro-tenente Luiz Mário Valle Correia Lima, responsável pelos presos disciplinares e pelos presos políticos do DOI, também aprova o ofício. O comandante do quartel, coronel Ney Fernandes Antunes, designa o primeiro-tenente Armando Avólio Filho e o terceiro-sargento Lúcio Eugênio Andrade para fazer uma perícia no fusca incendiado, a fim de imprimir credibilidade à história.

Por volta de dez horas da manhã, Eliana é encapuzada, retirada da cela e conduzida para uma sala onde está Calango.

"Você vai pra casa." Calango tira-lhe o capuz. "Sua mãe vai ficar mais um pouco." Ele apanha uma bolsa que está na mesa. "Isso é dela. Pode levar."

Eliana abre a bolsa e entre os documentos está um maço de cigarros. "Posso deixar o cigarro pra ela?"

"Não, não pode" responde Calango.

Minutos depois, um fusca sai do quartel da Polícia do Exército com Eliana deitada no banco de trás, encapuzada. O veículo dá diversas voltas pelas ruas vizinhas e estaciona na praça Saens Peña.

"Pode sair, vai pra casa" diz o motorista retirando-lhe o capuz. "Seu pai fugiu. Quando perguntarem por ele, diga que ele fugiu, tá?"

Sem conhecer a praça, a mais movimentada do bairro, Eliana vai até o Café Palheta, em frente, e no telefone público fixado na parede ela disca para casa, a cobrar.

"Oi vó, é a Eliana."

"Onde você está?" pergunta Aracy, ansiosa.

"Numa praça, na Tijuca. Não sei o nome. Vou perguntar."

Um homem de pé na porta lhe informa o nome da praça e da lanchonete.

"Vou mandar alguém te buscar. Não sai daí."

Sem dinheiro nem para um cafezinho, ela aguarda na porta, inquieta, com uma sensação de abandono, receosa de estar sendo seguida por alguma das pessoas que entram. Acabou de conhecer um mundo impiedoso, venenoso. Não consegue pensar em nada, sente fome, quer ir para casa.

Um Karmann-Ghia vermelho estaciona na praça. É Bocayuva no volante, acompanhado de Wilson Fadul, médico e ex-ministro da Saúde no governo João Goulart. Bocayuva sai e volta com Eliana.

"O que fizeram com você? Cadê sua mãe?" pergunta Bocayuva, ansioso.

Sentada no banco de trás, ela está tranquila. "Não me fizeram nada. Só perguntaram um monte de coisa. Da minha mãe não me falaram. Soltaram ela?"

"Ainda não. E o seu pai? Falaram alguma coisa?"

"O moço que me trouxe disse que ele fugiu."

Bocayuva olha para Eliana pelo retrovisor. "O quê? Fugiu? Fugiu de onde?"

"O cara não explicou. Só falou isso quando me deixou na praça, que meu pai fugiu."

Bocayuva e Wilson se entreolham, com um funesto pressentimento.

No meio da tarde do mesmo dia, 22 de janeiro, o laudo da perícia no fusca está pronto. Assinam o coronel Ney Fernandes Antunes, o primeiro-tenente Armando Avólio Filho e o terceiro-sargento Lúcio Eugênio Andrade. Em cinco páginas, o laudo informa que o veículo tem dezoito perfurações de bala — duas no capô, cinco na parte esquerda do para-lama dianteiro, duas no interior do porta-malas, cinco no tanque de gasolina (na traseira do veículo), três na parte lateral dianteira esquerda e uma na lateral traseira esquerda. Ainda de acordo com o laudo, o carro foi "interceptado por um outro veículo não identificado", em vez de dois, como escreveu o capitão Aranha no seu ofício.

Não é necessário ser perito em balística para deduzir que os tiros foram dados de cima para baixo, pois a trajetória das balas não seguiu uma linha horizontal. Se a alegada saraivada de tiros contra os agentes tivesse partido das janelas de um ou dois outros carros, a menos de cinco metros de distância, pelo menos uma bala teria atingido também o para-brisa, e dificilmente o para-lama.

Sem levar em conta estas e outras incongruências que contrariam o bom-senso, o coronel Ney Fernandes entrega o laudo ao major

Demiurgo, que por sua vez o remete junto com o ofício do capitão Aranha para o comandante do I Exército, general Syseno Sarmento, ao qual está subordinado o I Batalhão da Polícia do Exército. No ofício de encaminhamento, Demiurgo escreve que o fusca incendiado era "uma viatura deste Destacamento". Mas era um carro roubado. O dono, eletricista e mestre de obras residente em Laranjeiras, até já recebeu o seguro.

A farsa está montada. É preciso propagá-la. No final daquela tarde, repórteres de rádio, televisão e jornais são convidados a comparecer ao Palácio Duque de Caxias, sede do I Exército, no centro do Rio. Numa sala do Departamento de Segurança e Informações, um agente entrega para eles um comunicado de duas páginas reproduzindo quase na íntegra o ofício do capitão Aranha sobre a fuga de Rubens no Alto da Boa Vista.

"Por que a mulher e uma filha adolescente de Rubens também foram presas?" pergunta Paddy.

"Não vou responder a nenhuma pergunta."

"Alguma organização terrorista assumiu o ataque e o resgate de Rubens?" pergunta Baiano, um jovem repórter magro e alto.

"Uma ação vitoriosa desse tipo é também uma boa propaganda para os guerrilheiros" acrescenta Paddy.

"Meu caro, não existem guerrilheiros no Brasil. Só terroristas, criminosos. Eu já disse que não vou responder a nenhuma pergunta. E, quando forem redigir a notícia, não acrescentem nenhuma informação além dessa que está aí. Agora um colega meu vai acompanhar vocês até o local onde ocorreu a fuga. O fusca incendiado ainda está lá. Vocês podem fotografar à vontade."

A avenida Edson Passos, também conhecida como estrada das Furnas, é larga, comprida e sinuosa, serpenteando a floresta. Um táxi com Paddy e Baiano e outros carros com jornalistas param a poucos metros da Cascata da Saudade. O ar é refrescante. Numa curva, encostado no meio-fio, está o fusca todo carbonizado, com o capô meio levantado. Curiosos da vizinhança o rodeiam. Os repórteres examinam, fazem anotações e fotografam de diferentes ângulos. No asfalto há marcas bem nítidas de pneus.

Paddy faz uma anotação. "Pelo jeito, os caras foram competentes pra atacar e péssimos de pontaria. E os cartuchos? Já recolheram tudo."

"Aí vem o sargento" adverte Baiano.

A avenida é limitada, do lado em que está o fusca, por uma escarpa rochosa coberta de vegetação, e do outro por uma mureta de cimento de mais ou menos 40 centímetros de altura. Os jornalistas ficam com outra dúvida: como seria possível os três agentes correrem dos tiros e se esconder atrás de um murinho tão baixo, sem serem atingidos sequer de raspão? Não há marca nenhuma de bala no muro nem no chão.

No táxi, voltando para o centro da cidade, Baiano cochicha com Paddy e um fotógrafo: "Eles pensam que a gente é otário. Essa história é pura cascata, vai por mim... Aliás, não é por acaso que foi perto de uma cascata." Baiano ri satisfeito com sua presença de espírito. "Uma fuga espetacular desse jeito seria totalmente censurada, se fosse verdade. Por um motivo simples: desmoraliza os órgãos de segurança e deixa a guerrilha com a maior moral. Mas o Exército divulga tudo logo no dia seguinte, deixa fotografar toda a cena, como se fosse motivo de orgulho... O que é que há, pra cima de *moi*, malandro?"

O fotógrafo conclui: "E que eu saiba, preso político não costuma ser transportado de fusca, né? Ainda mais de madrugada. Teria que ser num carro maior e mais potente, como a Veraneio, que eles usam sempre."

"Com outro na cobertura" acrescenta Paddy.

"Claro..." concorda Baiano. "Mas infelizmente vamos ter que escrever esta merda que deram pra gente."

À noite, a televisão e o rádio noticiam a fuga. No dia seguinte, 23 de janeiro, os jornais publicam com destaque nas primeiras páginas, alguns títulos em letras garrafais.

O Globo
TERROR LIBERTA SUBVERSIVO
DE UM CARRO DOS FEDERAIS

Jornal do Brasil
Terroristas metralham
automóvel da polícia
e resgatam subversivo

O Jornal
TERROR METRALHA CARRO
LIBERTANDO PRISIONEIRO

O Dia
BANDIDOS ASSALTAM CARRO
E SEQUESTRAM PRESO

Tribuna da Imprensa
Terror resgatou preso
em operação-comando

As informações são praticamente idênticas em todos os jornais, só o estilo da redação varia um pouco. Nem todos divulgam o nome de Rubens, outros publicam o sobrenome errado, "Rubens Seixas". Somente a *Tribuna da Imprensa* dá o nome completo. *O Dia* é o mais inventivo: informa que os policiais foram até o Alto da Boa Vista em busca de subversivos e numa casa prenderam "um rapaz que pareceu suspeito e o estavam conduzindo quando foram atacados".

Duas semanas depois a revista *Manchete* publica numa página assinada por Murilo Melo Filho a nota "Prova de força numa curva da floresta", o relato mais fictício sobre o episódio: "Há quatro dias aquela delegacia policial estava sob severa vigilância dos subversi-

O GLOBO

ANO XLVI - Rio de Janeiro, sábado, 23 de janeiro de 1971 - N.º 13.718

FUNDAÇÃO DE IRINEU MARINHO

Diretor-Redator-Chefe ROBERTO MARINHO   Diretor-Tesoureiro HERBERT MOSES
Diretor-Secretário   RICARDO MARINHO   Diretor-Substituto ROGÉRIO MARINHO

...RROR LIBERTA SUBVERSIVO... ...E UM CARRO DOS FEDERAIS

Bloqueado por dois carros, o au... dos agentes de segurança cond... zindo um prisioneiro importan... ...libertado... ...das na Aveni... Edson Passos, madrugada de o... tem, para o resgate do home... cuja identidade é mantida em s... gilo pelas autoridades. Os policia... abrigaram-se e responderam a... tiros do bando terrorista, enqua... to o preso era embarcado em u... dos autos, para a fuga em dispa... rada. Balas atingiram o tanque d... gasolina provocando a explosão... fogo no carro dos agentes, que f... cou inteiramente destruído. Os po... liciais não foram feridos na refr... ga violenta, mas admitem que u... dos subversivos, pelo menos, fo... baleado. (TEXTO NA PÁGINA 13...

dos terroristas atingiram o tanque de gasolina e o carro incendiou-se vos. Mediante infiltrações e informes seguros, sabiam eles que Rubens Seixas Paiva — um homem importante nos quadros da Aliança Libertadora Nacional — seria removido para outra delegacia que oferecesse maior segurança. Ele havia mandado pedir aos companheiros que o resgatassem a qualquer preço. (...) Os três agentes que conduziam o prisioneiro mal puderam acreditar na ameaça:

— Libertem o preso.

O cerco, as rajadas de balas, o bloqueio da estrada naquele ponto estratégico do Alto da Boa Vista, tudo enfim deu aos policiais, num relance, a exata noção de um plano ardiloso, tático, inteligente e de perfeita execução."

O texto afirma no final que Rubens até comandou os atacantes no incêndio do Volks — algo tão fantástico que nem o comunicado do Exército insinuou.

Os dias passam e nenhuma organização de esquerda assume a autoria da façanha que teria humilhado o principal órgão de repressão do governo e representado em contrapartida uma ousada vitória da guerrilha brasileira — se não fosse forjada.

No pé da escada de um avião estacionado na pista da Base Aérea do Galeão, o presidente Médici fuma um cigarro na companhia de dois coronéis da Aeronáutica.

Aproxima-se o ministro do Exército, general Orlando Geisel, cumprimenta os coronéis e chama o presidente para uma conversa particular. Os dois são amigos e se tratam com informalidade.

"Emílio, tenho um assunto de certa importância. Foi preso aqui no Rio um subversivo, ex-deputado, cassado..."

"Qual o nome?"

"Rubens Paiva. Tinha envolvimento com terroristas exilados no Chile. Na sessão de interrogatório ele reagiu, levou uns tapas e morreu."

Médici dá uma tragada no cigarro, olha para o general sem pestanejar e diz com sua voz cavernosa:
"Então morreu em combate, né, Orlando?"

Marcílio Marques Moreira recebe um telefonema de João Lyra Filho: "Ele foi levado pro Exército, e parece que a coisa tá feia."

Deitado na cama de seu quarto no hotel, Paddy liga o gravador e coloca o microfone perto da boca:
"Hoje é domingo, 24 de janeiro de 1971. Se acontecer alguma coisa comigo, se eu for preso, morrer ou desaparecer, esta fita deve ser enviada para a BBC-Bush House, Northeast Wing, Latin American Service, Strand, London. Muitas pessoas estão sendo presas, ficam incomunicáveis, sofrem torturas no Brasil. Agora está acontecendo um caso desse. Quatro dias atrás um homem foi preso aqui no Rio. Não é guerrilheiro, estudante de esquerda ou líder sindical. É um respeitável empresário, foi cassado como deputado federal depois do golpe militar. A mulher dele também foi presa, junto com uma filha adolescente. Estive no quartel-general do Exército com outros jornalistas e recebemos um comunicado oficial dizendo que terroristas resgataram ele de um automóvel da polícia política numa estrada deserta, de madrugada. Normalmente notícias sobre o que o governo chama de subversivos são censuradas, mas desta vez... Todos os jornalistas acham muito estranho um preso político ser resgatado assim tão fácil, nunca aconteceu depois que os militares tomaram o poder. Seria uma incompetência que eles não mostraram até hoje na repressão. Conversei com diversas pessoas. Rubens é uma figura múltipla e complexa. Uma de suas fases desconhecidas por muita gente é o exílio."

Após 17 dias no mar, o *Bohinj* atracou na cidade portuária de Rijeka. O grupo ficou dois dias hospedado num hotel e depois pegou um trem para a capital iugoslava, Belgrado, a seis horas de distância. Um funcionário do governo estava na estação para recebê-los e os acompanhou em dois carros até o hotel Slavija, no centro.

O hotel, em frente a uma movimentada rotunda, era um prédio novo de 17 andares, o mais alto da cidade, avistado de qualquer distância. Confortável, embora sem luxo. Rubens, Ryff e Bocayuva, que tinham vindo de avião, aguardavam com sorrisos e abraços brasileiros.

Felizes pelo reencontro, os recém-chegados contaram uma aventura que acontecera em alto-mar: o cargueiro quase naufragara durante um vendaval, a ponto de fazer o comunista Fernando Sant'Anna se trancar num camarote e rogar ajuda a Nossa Senhora. A reza funcionou, pois todos chegaram bem.

Nos dois primeiros dias eles descansaram, para se adaptar ao fuso horário, cinco horas a mais em relação ao Brasil. Caminhar nas monumentais avenidas de Belgrado reconfortava os corações após os quase três meses na embaixada. Seus dramas pessoais e políticos foram momentaneamente esquecidos. Era verão, com temperatura em torno de 20°C, as ruas eram limpas, ninguém buzinava, os jardins e parques floridos contrabalançavam o cinzento dos prédios.

A insegurança e a perseguição haviam ficado para trás e ninguém tinha tempo para saudade, porque diariamente saíam acompanhados de um guia iugoslavo fornecido pelo governo e que falava inglês razoável. Iam visitar instituições políticas, culturais e sindicais, fábricas, conhecer o funcionamento de um país que tinha sido agrário e atrasado e estava se industrializando com um socialismo independente da União Soviética e mais humano.

Ao contrário dos demais países do Leste europeu, a Iugoslávia não era satélite da Rússia e tampouco governada por um Partido Comunista autoritário e burocrático, mas por uma Liga dos Comunistas, formada pelos PCs das repúblicas federadas que compunham a nação. Havia propriedade privada, liberdade de expressão e de religião, política externa independente, os habitantes e os visitantes estrangeiros podiam viajar livremente, como as centenas de turistas que os brasileiros viram em Zagreb, Ljubljana, Rijeka e Dubrovnik, linda cidadezinha litorânea encravada em montanhas e cercada por muralhas do século X.

As autoridades tratavam os brasileiros com cortesia, o povo era amável e hospitaleiro. "Quase não sentimos a presença do governo. Tudo acontece como se estivéssemos morando normalmente aqui", escreveu Fernando Sant'Anna numa carta para Vera Brant.

Ele e os outros comunistas do grupo — Maria da Graça Dutra, Lício Hauer, Beatriz Ryff — ficaram entusiasmados ao ver pela primeira vez o funcionamento de um socialismo sem burocratização, sem aparelhismo estatal e com autogestão nas fábricas.

No Museu da Guerra os brasileiros descobriram que os iugoslavos tinham sofrido muito mais que o Brasil, sob ocupações otomana e austríaca, uma ditadura monárquica sérvia e a invasão alemã nazista durante a II Guerra Mundial. A liderança do carismático Josip Broz "Tito" conseguia manter coeso um povo com tradicionais rivalidades étnicas e religiosas. Os sérvios eram cristãos ortodoxos, os bósnios eram muçulmanos, os eslovenos e croatas eram católicos, além de mais ricos e desenvolvidos. A Sérvia, a maior das repúblicas, era pobre. Sérvios e croatas se detestavam. Também havia macedônios e albaneses.

E era um povo com uma história longa, que deixou monumentos, igrejas barrocas, muralhas romanas do século I, a fortaleza de Kalemegdan construída no século XV. A maior parte da arquitetura histórica estava intacta em Stari Grad, na capital. E não faltavam concertos de música clássica nos parques, ópera e danças folclóricas.

Passados dois meses, a situação de Rubens melhorou no aspecto afetivo. Eunice foi fazer-lhe companhia e os dois viajaram a Paris por duas semanas. Quando voltaram para Belgrado, havia uma cartinha de Nalu, de sete anos.

Mamãe e Papai
Querida mãmãe eu estou com muita saldades de voçê mamae eu fui na jinastica do Jaiminho e quando acabou a jinastica do jaiminho eu fui no balanço e cai e desmaiei mas não foi nada Mamãe sabia que a teté levou 3 pontos no queixo foi assim eu e a teté estávamos quetas no balanço e daí o fabio chegou e subiu no meu lado e o Carlos também subiu e a teté deu uma cambalhota e daí ela não jantou daí chegou tia Marilu e vio e achou que divia levar pontos e deu 3 pontos e aí cuando a titia foi dar o dinheiro o medico levantou a mão e falou que não queria.
Papai como vai seus charutoes seu banhos e sua risada
Mamãe eu escrevi 2 cartas mas vocês não receberam eu queria saber que dia você vem
Meu boletim veio Regular Bom Bom Bom gostou?
Ana Lucia Facciolla Paiva.

Emocionado, Rubens abraçou Eunice, dobrou a cartinha e guardou junto com as outras no bolso da calça.

Longe das famílias e do Brasil, sem saber quando poderiam voltar, os demais exilados também começaram a entrar num círculo de fastio. Pensavam em conseguir trabalho, pensavam também nos amigos que poderiam estar sendo perseguidos ou presos. Notícias nada otimistas foram trazidas pelo novo colega da turma, Álvaro Vieira Pinto, ex-diretor executivo do Instituto Superior de Estudos Brasileiros (ISEB), que chegou com sua mulher, Maria Aparecida. As eleições presidenciais previstas para outubro de 1965 tinham sido canceladas e o mandato de Castello Branco prorrogado.

Sem jornais brasileiros, sem falarem o difícil idioma servo-croata, que usa dois alfabetos (o latino e o cirílico), e depois de conhecerem tudo no país, não tinham mais nada a fazer, nem trabalho, o que era preocupante. As tardes nos pitorescos cafés da rua Skardalija, parte antiga da cidade, se tornaram insípidas, reavivando a apatia que tinham experimentado na embaixada em Brasília.

Quase três meses depois de chegar a Belgrado, o grupo começou a se separar. O Uruguai era um dos destinos, por ter já muitos exilados brasileiros. Num carro alugado, Rubens e Eunice fizeram uma viagem pela Europa com Almino, Bocayuva e Fernando Sant'Anna. A primeira parada foi em Viena. Na embaixada brasileira, o embaixador Mário Gibson Barbosa convocou reunião com os diplomatas e funcionários.

"Chegaram a Viena quatro subversivos brasileiros. Não recebam nenhum deles. Não ajudem financeiramente, não deem qualquer tipo de apoio." Mas foram recebidos pelo segundo-secretário, Rubens Ricupero.

O grupo seguiu viagem, conhecendo cidades do norte da Itália, depois Suíça e França. Em Paris, Raul Ryff e Beatriz já estavam trabalhando, ele numa emissora de televisão e ela colaborando para uma agência de notícias.

Quando Eunice embarcou de volta para São Paulo, em outubro de 1964, Rubens prometeu que faria tudo para estar brevemente junto dela e das crianças.

Em Paris hospedou-se com Bocayuva num hotel na Rue de Tournon, em Saint-Germain-des-Prés, onde eles podiam desfrutar de tudo que enriquece o espírito e dá prazer aos sentidos — o Jardim de Luxemburgo, o teatro Odeon, os cafés com pessoas inteligentes que discutiam a recusa do prêmio Nobel de Literatura por Sartre, o estruturalismo de Althusser ou o novo filme de Godard com Brigitte Bardot. Mas naquele outono os salões envidraçados do Flore e do Les Deux Magots entediavam Rubens. Os dias parisienses continuavam repletos de atrativos, as luzes noturnas continuavam reluzindo, mas ele começava a vaguear em torno de si mesmo. Ensimesmado. O que estava fazendo fora de casa havia quase sete meses? O que estava acontecendo no Brasil? Ele gostaria de saber tudo. Os jornais franceses só publicavam notícias curtas e ocasionais. A mais recente tinha sido péssima: todos os partidos haviam sido extintos e substituídos por somente dois, um governista e um de oposição. Mesmo assim, ele queria estar lá. Não por nostalgia patriótica, vontade de comer arroz com feijão. Sempre fora cosmopolita e viajara à Europa inúmeras vezes, mas para participar de congressos e fazer turismo, desde os 20 anos, a primeira viagem, com seus irmãos Carlos, Jaime e Cláudio, oito meses de perambulações e namoricos na Espanha, Portugal, Itália, Suíça, Holanda, Bélgica, França, Inglaterra, Alemanha, Noruega e Suécia. Fora outras vezes com Eunice. É que seu temperamento não aceitava imposições alheias, ainda mais para ficar no limbo, sem um objetivo definido.

Bocayuva estava de namoro com Dalal Achcar, que passava uma temporada em Paris, e Rubens foi sozinho para Londres. Queria acompanhar as eleições gerais, e ficou satisfeito com a vitória do Partido Trabalhista, após 13 anos de domínio do Partido Conservador. Harold Wilson seria o novo primeiro-ministro, com um programa avançado de reformas sociais que incluía legalização do aborto e descriminalização do homossexualismo.

Certa tarde fria e coberta de *fog*, ele vestiu um sobretudo azul-marinho e saiu para dar um passeio no Kensington Gardens, perto do hotel. Sentou-se num banco em frente a um lago redondo e ficou olhando para os belos cisnes brancos e o chão forrado de folhas desbotadas. Sentia-se o mais solitário dos homens. Não queria continuar assim, errante. Será que o prenderiam no desembarque? Era uma possibilidade que não podia desprezar. Tinha sido vice-líder e membro da ala esquerda de um partido abominado pelos militares, um enérgico vice-presidente de uma CPI que investigara homens que agora eram apaniguados do poder... E se tomasse um avião para outro país, com escala no Rio?

Quando começou a escurecer, ele entrou em um pub numa esquina da High Street Kensington. Três garotas bebiam cerveja numa mesa, conversando em voz baixa. Encostado no balcão, um homem de chapéu coco, num impecável terno azul-marinho risca de giz, gravata vermelha e um guarda-chuva pendurado no braço, alternava goles de uísque e baforadas num cachimbo. No fundo do salão, dois jovens jogavam dardos num alvo na parede.

Rubens pediu um conhaque, retirou o casaco e procurou uma mesa. Olhando gravuras de Hogarth numa parede e bebericando, ele voltou a ruminar seu plano. Compraria uma passagem para o Uruguai, num voo com escala no Rio, e desceria no Galeão junto com outros passageiros. E se não conseguisse descer? Dois adolescentes de gravata e casacão verde-oliva comprido até os joelhos entraram no pub e um deles foi direto ao juke box, num canto do salão. Se por qualquer motivo não conseguisse descer do avião, poderia seguir a viagem para o Uruguai, onde estavam Jango e a maioria dos exilados brasileiros. As garotas da mesa fitaram os adolescentes rapidamente com sorrisos discretos, quase imperceptíveis. Rubens tirou do bolso do paletó um bloco de papel e escreveu para as crianças.

Vera/ Eliana/ Lambança/ Caca/ Babiu
Como é, está tudo bom de novo com a mãe em casa?
E os presentes, bárbaros, não são?
E os drops que o velho pai mandou, que tal? Tavam ótimos?
Faz bastante tempo que não recebo nenhuma carta!
Que é isso, preguicite! Ou é porque os boletins estão regular/ruim/ sofrível etc. Hein Lambancinha? Como vai o seu?
Vocês imaginem que o velho pai está na cidade dos Beatles, onde todos os rapazinhos usam cabelo comprido ondulado!

Outro dia fui no barbeiro e ele queria fazer permanente no meu cabelo!! Foi preciso brigar com ele, senão! Vocês imaginaram!! Até breve. Beijos do papai.

No juke box, The Crystals começaram a cantar "Da doo ron ron". Um casal de adolescentes entrou e foi logo dançando solto ao som da vibrante música. Rubens se sentiu incomodado pelo barulho e pagou a conta. Ao sair, ficou boquiaberto: na calçada havia mais de trinta adolescentes como o casal dentro do pub, ao lado de lambretas, conversando e rindo alto, quase todos os rapazes trajados com o mesmo tipo de casacão verde-oliva. Deve ser alguma gangue, pensou voltando para o hotel.

Estava reanimado. Seu plano era bom, apesar do risco. A decisão melhorou o seu dia e pela primeira vez em muitos meses ele sentiu algo parecido com felicidade.

Uma semana depois, na noite de 1º de novembro, Rubens vestiu terno e gravata, pegou a mala contendo apenas roupas e objetos dispensáveis, foi para o aeroporto de Heathrow. No bolso interno do paletó, uma passagem para Montevidéu. Despachou a mala no check-in do aeroporto, sabendo que não a recuperaria. Estava finalmente voltando para o Brasil, após quase cinco meses ausente. Deixava para trás a solidão, o ócio vegetativo, para ir ao encontro de sua vida real, mesmo que passível de perigos. A incerteza do desembarque deixava seu coração em suspenso. Em que torvelinho estava se metendo ao colocar os pés dentro do avião? De que o acusariam? Para não se atormentar mais, pediu uma garrafa de vinho, deixou a cisma de lado e dormiu a viagem inteira.

Era de manhã quando o Boeing pousou no aeroporto do Galeão e o comissário de bordo informou pelo alto-falante que a escala seria em torno de quarenta minutos, pois era preciso também retirar as bagagens dos passageiros que iam desembarcar. Sugeriu que os demais ficassem no avião, exceto em caso de muita necessidade. Rubens se juntou aos que desembarcavam e na porta do avião falou à aeromoça:

"Vou comprar cigarros, poucos minutos, volto em seguida."

Ela sorriu concordando, "Só não pode passar de meia hora", ele desceu a escada do avião com os passageiros e entrou no micro-ônibus que os levou para o terminal de desembarque.

Caminhando de olhos baixos, passando a mão no bigode para cobrir o rosto e não ser reconhecido, ele foi ao bar no saguão, comprou um maço de cigarros, certificou-se de que não tinha ninguém ao seu lado ou atrás e saiu do aeroporto, a passos compassados, direto para o ponto de táxi.

"Me leva pro aeroporto Santos Dumont."

Depois que o motorista partiu, ele enfiou a mão no bolso. "Esqueci de trocar o dinheiro. Você aceita pagamento em dólar?"

O motorista aceitou e ainda trocou mais dólares por cruzeiros. Rubens lhe deu o maço de cigarros.

No aeroporto de Congonhas, pegou um outro táxi. Antes de ir para casa, na rua Pará, procurou uma florista e comprou um buquê de rosas. Maria José o recebeu emocionada e avisou: "Dona Eunice foi buscar as crianças na escola. Deve estar chegando."

Ele sentou-se na escadinha da porta da cozinha e ficou esperando, com o buquê nas mãos, olhando o relógio a todo minuto. Finalmente Eunice chegou com as crianças e todos trocaram longos abraços e beijos.

"Feliz aniversário" disse ele entregando o buquê a Eunice, que tinha feito 35 anos uma semana antes. "Estou no Brasil e vou ficar no Brasil. Não quero exílio nem clandestinidade."

O convívio com a família lhe restituiu os prazeres simples do cotidiano doméstico. As brincadeiras e o rebuliço das crianças — com 11, 9, 7, 5 e 4 anos — abrandavam as sequelas dos tumultuados meses sofridos desde o golpe de Estado. Quando a agitação e os choramingos extrapolavam, principalmente à mesa das refeições, ele inventava algum truque para acalmá-las.

"Crianças, crianças, atenção, vamos fazer um exercício de concentração! Todo mundo com as mãos em cima da mesa." Elas colocavam as mãozinhas sobre a mesa. "Levantem o mindinho! Agora abaixem! Agora levantem o polegar! Abaixem! O indicador, levantem o indicador! Abaixem!"

O aconchego da família também servia para pacificar o seu espírito no meio da tormenta que continuava açoitando o país — sucessivos inquéritos militares contra estudantes, professores, intelectuais e trabalhadores, intervenções em sindicatos, novas cassações de mandatos parlamentares e de direitos políticos.

Ele acompanhava tudo pelos jornais e em conversas com os amigos jornalistas, intelectuais e políticos de oposição. Já nos primeiros dias após a sua volta, Rubens fazia reuniões em casa para discutir o quadro político nacional e as formas possíveis de reagir aos abusos, com Fernando Gasparian, o jornalista Cláudio Abramo e o ex-deputado Marco Antônio Tavares Coelho, também cassado e que continuava ligado ao Partido Comunista, agora militante clandestino, com identidade falsa e o codinome "Oliveira". Para evitar ser reconhecido pela repressão, Marco tinha emagrecido vários quilos e usava lentes de contato.

Numa reunião na casa de Pedro Paulo Popovic, compareceu um velho amigo de Rubens, o sociólogo Fernando Henrique Cardoso, que estava exilado no Chile, mas tinha vindo ao Brasil para o enterro de seu pai, falecido no Rio de Janeiro. Rubens lhe falou de seu projeto de participar da recuperação da edição paulista do jornal *Última Hora*. No dia do golpe, a porta do prédio onde funcionava a redação em São Paulo fora ocupada por soldados do Exército, e o jornal deixara de circular durante 21 dias. Perdera a popularidade, mas continuava sobrevivendo. Seu dono, Samuel Wainer, estava exilado em

Paris. Na condição de cassado, Rubens não queria assumir abertamente a direção do jornal. Procurou Gasparian, que estava morando no Rio por causa de sua empresa, América Fabril.

Os dois fizeram o jornal voltar à sua posição nacionalista. Contrataram Marco Antônio e o ex-deputado estadual pernambucano Carlos Luís de Andrade, também cassado; na chefia de reportagem, Eurico Andrade. As pautas políticas eram discutidas no escritório de Rubens, na Rua Conselheiro Crispiniano. Uma vez por semana Marco Antônio ia à redação para entregar suas reportagens, uma delas sobre a nascente indústria brasileira de plásticos, com dados fornecidos pelo empresário Dílson Funaro. Outra reportagem abordou a indústria de moagem de trigo, afirmando que estava ameaçada por subsidiárias de multinacionais.

No expediente só constava o nome de Múcio Borges da Fonseca, o redator-chefe. Mas o DOPS sabia quem estava por trás do jornal. Um dia, agentes invadiram a redação e prenderam Carlos Luís de Andrade, que escrevia editoriais e uma coluna sobre inquilinato. De Paris, Samuel Wainer acompanhava a linha do jornal e rompeu com Rubens e Gasparian.

Para qualquer homem que almejasse apenas a prosperidade material, seria fácil esquecer a malograda experiência política e parlamentar, concentrar-se apenas no trabalho empresarial e nos bons lucros financeiros que isso lhe traria, pois a construção civil estava se expandindo, a Paiva Construtora iria construir um grande hotel no centro de São Paulo e outras obras viriam. Mas Rubens não conseguia desinteressar-se pelos acontecimentos políticos e sociais. A política não era um mandato, e sim uma vocação, ou maldição.

Agora, nos escombros da democracia, enfrentaria um novo tipo de política — esterilizada, vigiada e circunscrita.

Portas trancadas dia e noite. Nalu, Eliana, Babiu e Marcelo não saem à rua para nada. Já houve muitas outras vezes em que ficaram tranquilamente em casa, aos cuidados da vó Ceci ou da vó Olga, enquanto seus pais viajavam juntos por vários dias, ou semanas. Agora não, agora é aquela sensação ruim e indefinida de algo bom se desmanchando. Na idade deles, ainda não têm clareza do que está acontecendo, tão súbito foi, mas captam indícios nos olhares e nas conversas da vó com Maria José e Maria do Céu.

Apreensiva, vulnerável como nunca, Nalu passa horas e horas no quarto dos pais. Sai apenas para comer e tomar banho. Fica deitada na cama, lendo, dormindo, ou debruçada na janela. E vê todos os dias um carro parado na esquina, com dois homens dentro. Às vezes saem do carro e ficam parados observando a casa. Eliana não consegue esquecer as 24 horas que passou presa. E só pensa na volta dos pais, sem saber quando.

Uma tarde Bocayuva bate na porta para falar com ela. Pretende levar o caso ao Conselho de Defesa dos Direitos da Pessoa Humana, em Brasília, e pede a Eliana para escrever um resumo do que aconteceu. Ela apanha caneta e um bloco de papel e entra no escritório. Após um rascunho, sai com um texto escrito em letras maiúsculas:

"SENHOR DEPUTADO

SOU FILHA DE RUBENS PAIVA E MARIA EUNICE PAIVA, TENHO 15 ANOS. MEU PAI, COMO O SENHOR SABE, FOI DEPUTADO FEDERAL EM BRASÍLIA, MAS FOI CASSADO EM 64, ÉPOCA DA REVOLUÇÃO. EU ERA MENOR E NÃO FIZ A CRÍTICA DO QUE ACONTECIA. DEPOIS DISSO RETORNEI, EU E MINHA FAMÍLIA, À VIDA NORMAL.

SOUBE DA COMISSÃO DOS DIREITOS HUMANOS E, COMO AGORA COM 15 ANOS JÁ POSSO ME REVOLTAR DIANTE DE INJUSTIÇA, ACHO QUE LHE POSSO PEDIR AJUDA NO SEGUINTE:

NA QUARTA-FEIRA, DIA 20, MEU PAI FOI LEVADO DE CASA, PRESO, SEM O MENOR RESPEITO PELA INTEGRIDADE DE MINHA CASA E DE MINHA FAMÍLIA; EU ESTAVA EM FÉRIAS, COMO QUALQUER OUTRA GAROTA.

MINHA MÃE, MEUS IRMÃOS E EU ESTIVEMOS NUMA ESPÉCIE DE PRISÃO DOMICILIAR DURANTE 24 HORAS DEPOIS DA PRISÃO DE MEU PAI. VI A ANGÚSTIA DE MAMÃE E AGORA MINHA, SEM COMPREENDER O QUE ACONTECIA, ASSIM COMO OS MEUS IRMÃOS MENORES. DURANTE ESTAS HORAS, AMIGOS FORAM ME VISITAR E CONSEQUENTEMENTE FORAM PRESOS SEM A MENOR EXPLICAÇÃO.

FUI DEPOIS LEVADA JUNTO DE MINHA MÃE À PRISÃO E PASSEI A NOITE NUMA CELA. COM TUDO ISSO, NÃO SOU MAIS A MESMA GAROTA, COMO TAMBÉM SOU VISTA DE UMA MANEIRA DIFERENTE PELOS AMIGOS.

FUI SOLTA NO DIA SEGUINTE, NÃO VI MAIS MAMÃE NEM SOUBE DE MEU PAI. A RAZÃO E O PORQUÊ DE TUDO ISSO EU IGNORO TOTALMENTE. A CONFIANÇA NA LIBERDADE E NA PESSOA HUMANA QUE EU SEMPRE TIVE EU ESTOU PERDENDO.

NÃO SEI ONDE ESTÃO MEUS PAIS, E OS QUERO DE VOLTA PARA MIM E PARA MEUS IRMÃOS. MINHA AVÓ NÃO PÔDE LOCALIZAR MEUS PAIS PARA ENTREGAR A ROUPA QUE NECESSITAM.

PEÇO AO SENHOR QUE FAÇA TUDO QUE LHE FOR POSSÍVEL PARA ENCONTRÁ-LOS."

Bocayuva leva o texto para uma reunião em seu apartamento com Waldir Pires, Raul Ryff, Lino Machado e Wilson Fadul. Lino pretende ir ao Superior Tribunal Militar.

"Vou apresentar uma petição de habeas corpus em favor do Rubens e outra em favor da Eunice. Como nós sabemos, habeas corpus não existe mais pra acusado de crime político, mas eu tenho um jeito: vou pedir que localizem Rubens e Eunice, sem mencionar o caráter político da prisão. Existe amparo legal pra isso. O Código de Processo Penal Militar, nos artigos 221 e 222, só admite a prisão de qualquer pessoa em flagrante ou por ordem escrita de uma autoridade competente, e se a prisão for em flagrante tem que ser imediatamente comunicada à autoridade judiciária competente, informando o local da custódia e se a pessoa está ou não incomunicável. O Código de Processo Penal também exige que toda prisão deve ser comunicada à autoridade judiciária. Além disso, a lei 4.898, decretada pelos próprios militares em 1965, a chamada Lei de Responsabilidade, pune o abuso de autoridade."

Bocayuva distribui o texto de Eliana também a jornalistas brasileiros e correspondentes estrangeiros. Mas a Censura proíbe a divulgação.

No dia 25 de janeiro Lino Machado entra no austero prédio onde o Superior Tribunal Militar funciona desde 1915, na rua Moncorvo Filho. Ainda não se mudou para Brasília. É um tribunal de segunda instância para crimes políticos — as auditorias militares são a primeira —, e uma de suas funções é julgar os recursos apresentados pelos advogados de defesa.

Atendido no protocolo, Lino apresenta os dois pedidos de habeas corpus, solicitando que o STM apure, no caso de Rubens, se foi efetivamente preso, quem o prendeu, quem ordenou e qual a acusação. O general Syseno Sarmento, por ser comandante do I Exército, é citado como "autoridade coatora", juridicamente responsável pelo abuso ou constrangimento ilegal.

O advogado fica mais confiante ao saber, dias depois, que o relator sorteado para examinar os habeas corpus é o ministro-brigadeiro Grün Moss. Apesar de inimigo histórico de Jango e um dos líderes do golpe militar, no STM ele tem agido com a imparcialidade de juiz, e é assim que trata os habeas corpus. Não protela.

Quatro dias após receber as petições, Grüm Moss encaminha um ofício ao general Syseno Sarmento, solicitando informações detalhadas sobre a data da prisão, a natureza do crime e a situação de Rubens, "preso e recolhido no 1º Batalhão da Polícia do Exército, à disposição de V. Exª desde o dia 20 de janeiro do corrente ano".

Syseno incumbe de dar a resposta o general de brigada Carlos Alberto Cabral Ribeiro, chefe do Estado-Maior do I Exército. Nesse cargo ele é responsável pelo comando do CODI (Centro de Operações de Defesa Interna), que coordena as atividades do DOI.

No final da tarde de 2 de fevereiro, uma terça-feira ensolarada, Eunice fica intrigada ao sair da cela pela primeira vez sem o capuz. É conduzida até o pátio do quartel por Gafanhoto e Buldogue.

"Vai pra casa" diz Gafanhoto. "O carro do seu marido está ali. Pode levar." E entrega a chave.

Ela vê o Opel Kadett estacionado. "E o Rubens? Continua aqui?"

"Não sei de nada, senhora. Disseram só que pode levar o carro."

Sente-se indisposta, não quer dirigir. "Amanhã eu mando alguém buscar."

Ao deixar o quartel pelo portão lateral, ela contorna o muro e olha bem para a fachada do prédio, do qual nunca se esquecerá, mesmo que deseje. Vai andando pela calçada, pernas doloridas pela falta prolongada de exercício, o sol lhe aquece o rosto esmaecido, com olheiras. Não sofreu tortura física, mas está pesando apenas 47 quilos, definhou durante os 12 dias que passou numa cela pequena, sem alimentação adequada, sem escova de dentes, sem trocar de roupa, o sono interrompido todas as noites para os repetitivos interrogatórios que esmiuçaram sua vida.

Faz sinal para um táxi, e da janela olha para o movimento na rua como se fosse uma cidade desconhecida. Fecha os olhos para sentir melhor o sol, pensa em Rubens. Deve estar preso ainda, já que o carro está no quartel. Mas pode ter saído e não quis dirigir, como eu. Quer encontrá-lo em casa, ou à noite voltando do trabalho, dizendo que tudo foi apenas um mal-entendido, acabou, tudo está retomando ao normal.

Ela chega em casa como um pássaro de volta ao ninho com as asas feridas após um voo tempestuoso.

"A mãe chegou! A mãe chegou!" exclamam Marcelo e Babiu na sala ao vê-la entrar, e correm para abraçá-la. Nalu, Eliana, a cunhada Renée e a sogra Aracy cercam Eunice, contentes por revê-la, e lhe dão abraços e beijos, entre risos e lágrimas.

"Estou fedendo, gente..."

"Tá nada, tá nada, mãezinha." Babiu afaga as mãos de Eunice.

Antes de qualquer comentário sobre si própria, ela pergunta: "E o Rubens?"

"Ainda não apareceu" responde Aracy, séria.

"Você não viu ele?" pergunta Renée.

"A Eliana falou que ele fugiu" explica Nalu.

Com uma expressão de assombro, Eunice pergunta a Eliana "O quê? Fugiu? Fugiu de onde? Quem falou?"

"Um cara que me levou de carro quando me soltaram, ele me deixou na praça e falou pra mim que o papai fugiu."

"Como ele fugiu daquele lugar? A gente nem fica sabendo onde está, fica o tempo todo de capuz. Como é que ele fugiu, tão rápido? E por que não me falaram isso quando eu saí? Esse cara falou assim, 'ele fugiu', como se fosse a coisa mais normal?"

"Foi..."

"Ele disse quando o Rubens fugiu?"

"Não, não deu nenhum detalhe."

"Saiu notícia nos jornais todos" acrescenta Aracy.

"Ah é? Estou curiosa pra ler. Mas antes preciso tomar um banho, o maior banho da minha vida, e jogar fora esta roupa imunda. Maria

José, prepara uma comida bem gostosa, estou morrendo de fome."
Ela sobe a escada para o segundo pavimento.

Após meia hora de uma relaxante imersão na banheira e um vestido limpo, Eunice desce renascida e vai jantar, com todos em volta da mesa. A notícia da fuga lhe parece obscura.

"Se ele fugiu, então está escondido. Devia telefonar ou mandar alguém avisar a gente."

"É lógico" diz Eliana. "A vó foi levar roupa pra ele..."

"É, eu fui ao Ministério do Exército, aquele prédio grande perto da estação da Central. Fui com a Maria do Céu. Levamos roupa, toalha e comida pra entregarem a você e ao Rubens. No segundo andar eles pegaram o pacote, mas dois dias depois me telefonaram pedindo pra pegar de volta, dizendo que vocês dois não estavam no Exército."

"Mentira. A gente estava no quartel da Polícia do Exército, na Tijuca. Eu vi o prédio do lado de fora. O Rubens está lá. Vi a foto dele, e o carro está no pátio." Eunice suspira. "Eles até me disseram pra trazer o carro, mas eu não estava em condição. Renée, você pode buscar pra mim? Eu não quero voltar lá. Me faça este favor. Não precisa ser hoje."

"Claro, vou sim, amanhã cedo eu pego" promete Renée.

Depois de jantar, Eunice sobe para o seu quarto. Deitada, está quase pegando no sono quando Maria do Céu bate na porta. Bocayuva chegou. Eunice desce para a sala. Ele veio acompanhado de Paddy e traz uma pasta nas mãos.

"Todos os jornais publicaram que o Rubens fugiu." Bocayuva senta-se no sofá da sala, ao lado de Nalu e Eliana. Sentados na escada, Marcelo e Babiu observam.

"A Eliana me falou. Achei meio estranho. Se ele fugiu logo no dia seguinte, já devia ter feito contato com a família ou com algum amigo, você, por exemplo. Com certeza ele daria no mínimo um telefonema, mandaria um telegrama, qualquer sinal de que está bem, pra deixar a gente mais tranquila."

Bocayuva acende um cigarro e dá uma tragada. "O curioso é que a prisão de vocês dois teve pouquíssima cobertura da imprensa, como sempre acontece nestes casos. Saíram só algumas notícias curtas, e discretas. Mas a fuga saiu com alarde na primeira página de todos os jornais."

"Eu queria ver."

"Eu trouxe aqui."

Bocayuva abre a pasta e entrega a ela recortes de jornais do dia 23 de janeiro.

"Tô com saudade do cheiro do charuto na casa." Babiu olha para Marcelo. "E da risada."

"Ele vai voltar logo, você vai ver."

Eunice lê o recorte da *Tribuna da Imprensa*: "Uma audaciosa investida de terroristas verificou-se na madrugada de ontem, no Alto da Boa Vista, quando oito homens armados de revólveres calibre 45 e metralhadoras interceptaram uma viatura onde viajavam três agentes de segurança que transferiam do Serviço de Diligências Especiais para uma unidade militar um elemento identificado como Rubens Beyrodt de Paiva, ex-deputado pelo antigo PTB de São Paulo."

Ela pula os parágrafos seguintes e lê outro trecho. "Disto se aproveitou Rubens, que ficara no carro para correr em direção aos companheiros que o cobriam com pistolas automáticas e metralhadoras. Um dos tiros disparados pelos subversivos atingiu o tanque de gasolina, logo incendiando o carro."

Ela relanceia os outros jornais. "É uma história muito... mirabolante, não acha? Cheia de detalhes tão precisos."

"É inverossímil" concorda Bocayuva.

"Exatamente. Não consigo imaginar o Rubens correndo, com aquele peso todo, debaixo de um tiroteio, e ficar vivo" diz Eunice.

"Não falaram de ferimento em ninguém, nem de raspão" lembra Paddy.

Bocayuva folheia os demais recortes. "Sim, ele correu num fogo cruzado entre os policiais e os terroristas. E no meio do tiroteio, numa avenida mal-iluminada, os agentes ainda perceberam que eram oito homens os atacantes... Dá pra desconfiar."

Paddy faz anotações num bloco de papel e comenta: "Se me permitem, a contradição mais importante que eu acho é que nenhum grupo guerrilheiro assumiu responsabilidade pela ação. Toda organização desse tipo costuma fazer propaganda de suas vitórias, divulgar o que fizeram, principalmente quando libertam um companheiro de forma tão audaciosa..."

"E se isso aconteceu, já passaram duas semanas" diz Nalu. "Por que o pai não entrou em contato com a gente? Por que não telefona?"

Eunice fica pensativa por uns instantes. "Isso ele faria com certeza, de qualquer jeito. Ele jamais fica sem dar notícia pra mim quando viaja, ainda mais depois de um negócio desse."

Ela folheia os outros jornais. Deseja muito acreditar que ele escapou, está livre, escondido na casa de algum amigo, chegará a qualquer momento ou mandará um bilhete, talvez não tenha entrado em contato para preservar a segurança da família, ele nunca deixaria de se comunicar.

"Há muitas coisas estranhas nessa história" diz Bocayuva. "Além dessa falta de contato dele com a família, pela primeira vez a repressão fez questão de divulgar pra toda a imprensa a fuga de um preso político, e uma fuga cinematográfica. Um caso desse seria normalmente censurado, pelo menos nos primeiros dias, até pra não prejudicar as investigações. Mas não. Distribuíram à imprensa um comunicado com os detalhes da fuga e ainda levaram fotógrafos ao local da ocorrência, deixaram fotografar o fusca incendiado. Outra coisa: uma operação de resgate desse tipo, com ataque armado, exigiria um planejamento cuidadoso, com certa antecedência, e os caras precisariam ter informações exatas sobre o percurso e o horário do carro que transportou Rubens. Ora, ele foi depor no dia 20, essa fuga teria acontecido na madrugada do dia 22. Ele ficou incomunicável. Aqui ninguém pôde dizer nada por telefone. Quem conseguiria, em um dia e meio, levantar as informações, reunir gente preparada e executar um ataque desse com tanta eficiência? Só o Baader-Meinhof, e olhe lá. Ou então se o grupo tivesse um informante no DOI-CODI, pra dizer o horário da saída do carro e o percurso. Mas é a repressão que tem informantes infiltrados na guerrilha, isso já se sabe, não o contrário. Já pensou? Guerrilheiro infiltrado nos órgãos de repressão? Não tem o menor sentido. Qualquer criança..."

Bocayuva para de falar, percebe que não deve tirar conclusões agora, ninguém pode ter qualquer certeza de nada por enquanto. "Pode ser que ele tenha fugido mesmo e não entrou em contato porque está muito bem escondido, não quer trazer risco à família, porque o seu telefone deve estar grampeado. Ou então a polícia diz que ele fugiu só pra despistar, pra mantê-lo incomunicável por mais tempo. Isso também acontece muito atualmente. Não podemos eliminar nenhuma possibilidade."

Eunice se lembra de um detalhe. "Eles me pediram pra trazer o carro, o que é outra coisa estranha. Se ele ainda está preso, e se fosse sair logo, não me pediriam isso."

Bocayuva levanta-se para sair. "Eu vou te dar uma cópia desses recortes e do habeas corpus. Pretendo ir a Brasília falar com deputados da oposição, pra denunciarem o caso em plenário. Vou também levar ao Conselho de Defesa dos Direitos da Pessoa Humana."

Depois que ele vai embora, Eunice sobe novamente para o seu quarto e fica deitada na cama, pensativa. Seu marido preso, ela presa, ele fugindo no meio de um tiroteio, tudo parece uma alucinação. Será mesmo?

No dia seguinte à libertação de Eunice, o general Carlos Alberto, um homem baixo e gordo, remete um ofício de dois curtos parágrafos ao Superior Tribunal Militar, informando apenas que Rubens "não se encontra preso por ordem nem à disposição de qualquer OM (*organização militar*) deste Exército", escamoteando que ele esteve preso. E sintetiza em seis linhas a versão da fuga, "o que está sendo objeto de apuração por parte deste Exército".

Igualmente a pedido do general Syseno Sarmento, o major Ney Mendes realiza uma sindicância sobre a alegada fuga. Em qualquer instituição militar, especialmente num órgão de inteligência, que tivesse uma ocorrência dessa gravidade, os três agentes estariam sujeitos a algum tipo de punição, no mínimo um afastamento temporário das funções, por ingenuidade, incompetência ou burrice, ou as três coisas, pois apesar de experientes transportaram o preso sem algemas, num fusca — carro de pouca estabilidade e potência —, sem escolta e com a missão de localizar um esconderijo de subversivos num bairro isolado; além disso, não perceberam que estavam sendo seguidos, num horário noturno de escasso trânsito, e não conseguiram impedir a fuga.

Tantos erros e incoerências poderiam acarretar aos três agentes uma acusação de negligência ou até mesmo de cumplicidade com os atacantes. Como estes conseguiram descobrir com tanta rapidez e exatidão o itinerário e o horário do fusca em plena madrugada?

Mas em vez de propor a instauração de um inquérito rigoroso para investigar as responsabilidades e circunstâncias de uma falha que humilhou publicamente o órgão e o governo, a sindicância realizada pelo major Ney Mendes isenta os três agentes do DOI de qualquer erro, concluindo que foi uma "diligência normal", os agentes tiveram "iniciativa, coragem e um elevado grau de instrução em face da surpresa e superioridade dos elementos desconhecidos", e pede o arquivamento do caso. Os oficiais superiores agradecem e não falam mais no assunto. Está formado o pacto.

Os dias na casa se arrastam longos, opacos, numa sucessão de anseios e expectativas. Qualquer trinado do telefone ou da campainha deixa todos em alerta. Pode ser ele, ou alguma notícia dele. Qualquer buzina casual de um carro na rua aguça os sentidos da família: será ele chegando? As noites são de sono interrompido. Qualquer ruído faz alguém despertar sobressaltado: é o pai voltando? Ou aqueles homens de novo? Uma manhã Eliana acorda Marcelo toda feliz:

"O pai chegou, ele voltou!"

Marcelo se levanta e desce com ela. É apenas um amigo da família parecido com Rubens.

As crianças menores não correm risco, mas como Eliana foi presa, Nalu também pode ser levada, é o que pensa Eunice sem parar. Marcílio e sua mulher, Maria Luísa, oferecem sua casa de veraneio em Petrópolis para hospedar Nalu. Eles também têm uma filha adolescente, as duas já passaram férias juntas, se bem que em circunstâncias muito diferentes.

Waldir Pires e Yolanda visitam Eunice, para levar solidariedade, oferecer ajuda, perguntar se há novidade. Enquanto estão os três sentados no sofá do escritório da casa, Eliana entra, senta-se ao lado de Waldir e encosta a cabeça no ombro dele.

"Tio, diga que meu pai vai voltar."

Waldir lhe dá um abraço paternal. "Fique tranquila, tudo está sendo feito pra que seu pai seja solto e volte pra casa."

Como todos os amigos mais ligados a Rubens, também Waldir tem receio de ser preso e por isso tem evitado entrar no seu prédio pela portaria social, preferindo a porta de serviço.

Eunice sai de casa somente se estritamente necessário. Quer estar presente quando telefonarem para falar do assunto ou quando Rubens chegar. Às vezes no quarto ela abre a porta do guarda-roupa e acaricia os ternos dele, as camisas, a colônia Vétiver de Carven, as gravatas, como se tudo estivesse ali apenas esperando-o chegar de uma de suas viagens.

Ela guarda numa gaveta da cômoda a cópia do recibo de entrega do Opel Kadett que Renée trouxe da Polícia do Exército. No alto do recibo, com data de 4 de fevereiro, está bem nítido o timbre: "Ministério do Exército — DOI." É a prova material de que Rubens foi para lá.

Para tentar descobrir se ele continua preso no DOI, uma tarde Eunice vai até o quartel, com o pretexto de buscar uma agenda dele que foi confiscada na casa. Ela anuncia na guarita o propósito de sua visita e fica aguardando do lado de fora do portão. Após quase uma hora debaixo de sol, um oficial vem falar com ela.

"Não adianta ficar esperando, ele não está aqui e não tem nada dele aqui."

"Mas ele estava aqui. Eu também fiquei presa aqui."

O oficial se mantém impassível. "Não, a senhora não esteve presa aqui, está enganada..."

Volta para casa num transe, descobrindo que a situação é mais grave do que pensava. Pela primeira vez na vida, sente-se sozinha, como uma criança perdida num labirinto. Mas não vai desistir de procurar Rubens.

No interior da Câmara dos Deputados, Bocayuva atravessa o Salão Verde e se dirige ao gabinete da Liderança do MDB, onde a secretária o conduz à sala do deputado Oscar Pedroso Horta, novo líder da oposição, eleito pela bancada para a legislatura que está se iniciando.

O político e advogado de 62 anos não está muito entusiasmado com a nova função. Sabe que tem pela frente uma disputa extremamente desigual. São apenas 87 deputados do MDB contra 223 da Arena, o partido governista. No Senado, a desproporção é ainda maior: seis senadores do MDB e 40 da Arena. A oposição não tem nenhuma chance de aprovar suas propostas, e todo discurso mais veemente contra a falta de liberdade no país é qualificado de "radical" pela maioria governista, podendo o parlamentar ser cassado. Agentes do DOPS e da Polícia Federal circulam no Congresso Nacional para fazer relatórios sobre o comportamento dos oposicionistas. Mas Pedroso Horta não se intimida. Bocayuva lhe entrega um envelope grande com uma cópia do relato de Eliana e recortes de notícias publicadas nos jornais sobre a prisão de Rubens.

Horta se dispõe a agir no Legislativo e no Conselho de Defesa dos Direitos da Pessoa Humana, do qual é membro. Tanto ele quanto Bocayuva conhecem a ineficácia do Conselho, órgão colegiado criado nos últimos dias do governo João Goulart e instalado, ironicamente, já durante a ditadura, em outubro de 1968. Suas raras reuniões são fechadas à imprensa e as decisões divulgadas mediante curtas notas oficiais, decisões sempre subordinadas aos interesses do governo, até porque o presidente do Conselho é o ministro da Justiça.

"Precisamos tentar todos os recursos disponíveis" diz Bocayuva.

"Eu vou requerer ao Conselho uma investigação e vamos cobrar do governo aqui na Câmara. Seria bom a Eunice também fazer um relato por escrito."

Mal põe os pés para fora da casa, Vera sente no rosto o ar gelado, e de sua boca sai um denso vapor. Apenas mais uma manhã nublada de inverno em Londres desde que ela chegou, há quase dois meses, de férias, para conhecer a cidade e estudar inglês. Caderno na mão, ela se encolhe dentro do capote de lã preto e dá mais uma volta no cachecol lilás enrolado no pescoço. Já se habituou à temperatura, não aos dias curtos demais — às quatro da tarde já começa a escurecer.

Uma chuva fina e previsível caiu na noite passada. Vera caminha sem pressa na calçada molhada da Chapel Street, uma rua sossegada e elegante de apenas três quarteirões em Belgravia, com fileiras de casas idênticas em estilo georgiano, quatro pavimentos, térreo com fachada branca e três andares de tijolos aparentes. Ao passar em frente ao número 24, ela imagina a cara das amigas do colégio no Rio quando disser que ficou hospedada quase em frente à casa onde morou e morreu o empresário dos Beatles, Brian Epstein. Uma casa onde aconteceram encontros e festas com os maiores artistas da Swinging London, como na comemoração do lançamento do álbum *Sargeant Pepper's Lonely Hearts Club Band*. Para uma beatlemaníaca, a emoção é a mesma que sentem os intelectuais quando visitam as casas históricas onde moraram Dickens, Marx e Freud.

Um vento gelado sopra quando ela vira a esquina da Chapel Street com a exuberante Belgrave Square, cheia de árvores desfolhadas. Há poucos dias caiu um pouco de neve, mas Vera já não fica deslumbrada com flocos brancos caindo do céu. Fartou-se de neve em Gstaad, onde passou o ano-novo com a família Gasparian.

Entrando na curva de Grosvernor Crescent, pensa em suas irmãs, em Marcelo, no pai, na mãe, em Pimpão, o seu namorado, que tem o mesmo apelido do gato. A esta hora já devem estar se aprontando para ir à praia, e ela toda encapotada. Mas está gostando tanto de Londres que sente pena de ir embora dentro de duas semanas, voltar às aulas do último ano colegial. Até lá, quer continuar aproveitando bem suas primeiras férias internacionais.

Dez minutos de caminhada e chega à estação Hyde Park Corner para pegar o metrô. No corredor que leva à plataforma, um rapaz cabeludo toca violão cantando "til the pain is so big/ you feel nothing at all/ a working class hero is something to be..." Ela tira de dentro da bolsa uma moeda e joga sobre a capa do instrumento estendida no chão. Gostaria de ficar um pouco ali com as outras pessoas, ouvindo a música, mas não pode chegar atrasada à aula. Uma das coisas que aprendeu em Londres foi a pontualidade.

Dentro do vagão, a maioria dos passageiros está concentrada na leitura de jornais ou livros, alheia ao barulho das rodas do trem nos trilhos dentro do túnel. Sentada num banco junto à janela, Vera pensa nas novidades que contará e mostrará às amigas e às irmãs, a foto de John Lennon autografada, os shows na Roundhouse, gigantesco galpão redondo lotado de jovens com túnicas floridas, delirantes luzes multicoloridas em shows de Pink Floyd, Velvet Underground, Soft Machine, guitarras ganindo magnetizando os sentidos, os sábados de manhã em Carnaby Street ou nas barracas de bri-a-brac da Portobello Road, onde há sempre um velho com tapa-olho de pirata e seu papagaio que tira a sorte no realejo, a menina de 6 anos tocando Paganini no violino ao lado do orgulhoso pai, uma esticada ao Electric Cinema para ver *Woodstock* pela terceira vez, mochileiros de olhos vermelhos sentados em volta do monumento a Eros em Piccadilly Circus, happenings, tantos "por favor", "obrigado" e "desculpe", é mesmo necessário ser tão educado o tempo todo?, o humor em todas as situações, policiais desarmados nas ruas, a torta de rim que ela comeu sem saber o que era, o pub lotado de torcedores do Liverpool cantando "You'll Never Walk Alone", os cinemões de Leicester Square, os discursos de anarquistas, comunistas, feministas e pacifistas no pódio do Speaker's Corner contra o domínio britânico na Irlanda do Norte e contra as ditaduras militares na América Latina, a multidão protestando contra a guerra do Vietnã na praça Trafalgar em comícios encerrados com bandas de rock e mergulhos no chafariz — um caleidoscópio de liberdades que fascinam essa brasileirinha de 17 anos que vive numa ditadura careta desde os 10.

Tudo lhe agrada em Londres, mas recusa-se a beber chá com leite sem açúcar e acha muito engraçado o hábito inglês de comer com o garfo virado ao contrário.

Depois de uma baldeação em South Kensington, ela salta na estação Victoria e cinco minutos depois chega à Eccleston Square, onde fica a Davis' School. Na sala estão o italiano, o turco, o belga e a espanhola, com os quais ela sai de vez em quando para os pubs e shows. O professor ainda não chegou.

Vera cumprimenta os colegas, põe o caderno em sua carteira, despe o casaco, tira as luvas e percebe que o turco, um rapaz magro e cabeludo, e a italiana, loura de óculos, estão debruçados sobre um jornal aberto na escrivaninha do professor. Vera se aproxima deles e fala em inglês.

"Hum, tão concentrados... O que tem de interessante no jornal hoje?"

"O seu sobrenome é Paiva, não é?" pergunta a italiana.

Vera sorri. "Desde que eu nasci."

"O *Times* está dizendo que uma família Paiva no Rio de Janeiro foi presa pela polícia política. Podem ser parentes seus."

O sorriso se esvanece, mas ela ainda pensa que é brincadeira. "Deixa eu ver." Lê o título da notícia: "Family Caught Up in Rio Police Terror." É uma notícia grande, em três colunas, maior que todas as que saíram publicadas no Brasil sobre o assunto até agora.

No segundo parágrafo, ela fica sobressaltada. "Eliana! É minha irmã!" e continua lendo. "Meu Deus, o que é isso? Rubens Paiva... É meu pai!... Minha mãe também foi presa!"

Só pode ser trote, pensa ela. "Não acredito, vocês estão me gozando, é uma brincadeira de mau gosto, este jornal é falso."

O turco está sério. "É o *Times* de hoje, pode ver a data."

Os outros colegas formam uma roda em volta de Vera, enquanto ela prossegue a leitura em voz alta.

"...was taken from his home on the afternoon of January 20. Friends of the family in Rio said that the six men who detained him did not identify themselves."

Transtornada, entrega o jornal aos colegas. "Gente, vou pra casa, preciso saber o que é isso, expliquem ao professor."

Ela sai depressa em direção à estação Victoria, quase correndo na rua entre pessoas e carros. Hoje é dia 4, já faz duas semanas! Será que o Fernando sabe disso? Deve saber. E por que não me disse nada? O metrô demora, parece que não chegará nunca. Ela desiste de esperar e sobe a escadaria para pegar um táxi na rua.

Entra afobada em casa, tira o casaco, encontra Helena, a filha mais velha do casal, descendo do seu quarto para a cozinha. São amigas de infância e ex-colegas de turma no Sion do Rio de Janeiro. A irmã mais nova de Helena e os dois irmãos ainda estão dormindo.

"Ué, não foi pro curso?" pergunta Helena.

Vera tira as luvas e coloca numa cadeira junto com o capote. Está pálida. "Fui, mas li uma notícia horrível. Seu pai taí? Quero falar com ele."

"O que foi?"

"Saiu no *Times* uma notícia dizendo que meus pais foram presos, minha irmã também, minha mãe... Que loucura." Vera sente vontade de chorar. "Estou apavorada."

Sem manifestar surpresa, Helena dá-lhe um abraço. "Espera aí, calma. Vamos falar com meu pai."

Sobem meio lance de escada e encontram Fernando Gasparian na sua escrivaninha. Está preparando a aula que dará no dia seguinte. Leciona Economia Latino-Americana no St. Anthony's College, em Oxford, como professor visitante. Vai para lá três vezes por semana, de trem. Depois de se tornar um influente empresário no Brasil, o velho amigo de Rubens desde os tempos da faculdade sofreu represália do governo e os cortes de crédito o obrigaram a vender suas ações na América Fabril e sair do país com a família. De vez em quando passa o fim de semana em Paris, onde se encontra com intelectuais brasileiros exilados — Luciano Martins, Celso Furtado, Violeta Arraes, Oswaldo Peralva.

"Tio Fernando, sei que o senhor está ocupado, preciso falar de um assunto muito sério. Pode ser?"

"É sobre o tio Rubens, pai."

Embora sem parentesco, desde crianças elas usam esse tratamento, por causa da intimidade entre as duas famílias.

"Vamos pra sala."

Gasparian sobe com as duas meio lance de escada atapetada e sentam-se no sofá.

"Eu também li a notícia no *Times* de hoje" diz Gasparian. "O *New York Times* também publicou, anteontem, uma matéria grande, quase meia página. Eu sei dessa história. O Bocayuva me liga quase todo dia. Não contei nada a você pra não te deixar preocupada sem termos informações mais concretas. A Helena também sabia, mas pedi a ela pra não te falar. Eu queria saber o que houve realmente e esperava que a coisa se resolvesse logo. Ainda espero. Todo dia telefono pro Rio, ou então o Bocayuva me telefona."

"O jornal diz que minha mãe também foi presa."

"Ela já foi libertada. O repórter enviou a matéria antes disso. Falei com o Bocayuva e ele me garantiu que sua mãe está em casa, está bem. Ficou presa no DOI-CODI com a Eliana, que também já saiu."

Vera está perplexa. "Mas por que isso tudo? Meu pai eu sei que é contra a ditadura e pode ter sido preso por isso, mas minha mãe, minha irmã... O que está havendo naquele país?"

"Muita gente inocente tem sido presa no Brasil e sai logo, quando a repressão descobre que foi engano, principalmente se for alguém conhecido e bem-relacionado, como seu pai. No ano passado, em outubro ou novembro, advogados foram presos, jornalistas do *Pasquim* também. Os advogados foram soltos dias depois. Os jornalistas ficaram dois meses... Pode ficar tranquila, eu estou acompanhando com o maior interesse a situação do Rubens. Ele é quase um irmão pra mim, você sabe."

Vera fica mais tranquila. "Bem que eu desconfiei do comportamento da Helena. A gente briga feito cão e gato, apesar de sermos muito amigas, e nos últimos dias ela estava concordando com tudo que eu dizia."

Gasparian sugere que Vera adie o seu regresso para o Brasil, marcado para o final de fevereiro. "É arriscado. Se pegaram a Eliana, podem querer pegar você também no aeroporto, pelo menos pra fazer um interrogatório."

Vera concorda movendo a cabeça. De uma hora para outra, Londres perdeu todo o charme.

Na manhã de 11 de fevereiro, Lino Machado vai ao Superior Tribunal Militar e apresenta uma nova petição de habeas corpus solicitando a libertação de Rubens ou que a prisão seja legitimada. E anexa uma cópia do recibo de entrega do carro que confirmou a presença dele no quartel da Polícia do Exército.

Enquanto isso, Eunice escreve uma carta ao Conselho de Defesa dos Direitos da Pessoa Humana, aos cuidados do deputado Pedroso Horta, relatando em detalhe o que aconteceu, "para que se venha permitir a Rubens o exercício do direito de defesa, que é irrecusável, identificados o local onde se encontra, a autoridade que o mantém preso, definido o delito que lhe imputam, preservada, enfim, sua integridade física e espiritual, vale dizer, sua vida".

O deputado junta a carta ao material entregue por Bocayuva e remete tudo ao ministro da Justiça, Alfredo Buzaid, presidente do Conselho. Num requerimento anexado, Horta sugere "a adoção de imediatas providências, no sentido de apurar a denúncia formulada".

Eunice, Eliana, Marcelo e Babiu visitam Nalu na casa de Marcílio Moreira em Petrópolis. É o aniversário dela, 14 anos. Depois de cantarem os parabéns, vão para a sala de jogos no subsolo. Nalu fica feliz pela presença de todos, pelos presentes e pela festinha. Mas na hora da despedida, não consegue evitar o choro, ainda não pode voltar para casa, seu pai ainda não apareceu e não se sabe onde ele está.

No antigo prédio do Ministério da Justiça, centro do Rio, os membros do Conselho de Defesa dos Direitos da Pessoa Humana se reúnem para discutir o pedido de investigação apresentado pelo deputado e conselheiro Pedroso Horta. Não é uma reunião deliberativa, e por isso o presidente do Conselho não participa.

Durante quase uma hora Pedroso Horta defende seu requerimento, questionando a fuga e insistindo na necessidade de uma investigação. É apoiado por mais três membros — o advogado Laudo de Almeida Camargo, presidente da Ordem dos Advogados do Brasil, e os senadores Nelson Carneiro, líder da oposição no Senado, e Danton Jobim, presidente da Associação Brasileira de Imprensa.

Os outros quatro membros são Benjamin Albagli, médico e presidente da Associação Brasileira de Educadores, o historiador e professor Pedro Calmon, o senador capixaba Eurico Rezende, líder do governo no Senado, e o deputado mineiro Geraldo Freire, líder do governo na Câmara e devotado católico. Benjamin é o único que manifesta dúvidas quanto à fuga; os demais dizem acreditar no que o Exército informou e consideram precipitada uma investigação pelo Conselho, porque poderá criar instabilidade nos meios militares.

Horta insiste: "Mas precisamos saber quem prendeu Rubens Paiva, por que e onde ele está."

Eurico Rezende é o mais ferrenho adversário da proposta. Fica irritado, dá soco na mesa, provoca um bate-boca e após quase três horas de polêmica ele concorda em estudar a documentação sobre o caso e apresentar um parecer sobre o pedido na próxima reunião, sem data marcada.

Um grupo de homens e mulheres fantasiados passa na calçada de uma rua de São Paulo, cantando "Apesar de você/ amanhã há de ser/ outro dia/ eu pergunto a você onde vai se esconder..." No prédio em frente, o ministro da Justiça, Alfredo Buzaid, fecha a janela irritado e volta ao telefone, no escritório do seu apartamento. É noite de sábado de carnaval, 20 de fevereiro.

"Passou um bando de palhaço lá embaixo cantando uma música proibida. Aproveitam o carnaval pra me provocar. Mas, voltando ao jornalista inglês, ele se chama Paddy Donegal. O quê? Paddy... Você não sabe inglês, não? P-a-d-d-y... Deve ser irlandês. Todo Patrick é chamado de Paddy... Não, não sei onde ele mora, se eu soubesse não estaria telefonando a você, não acha?" A irritação do ministro faz seus olhos esbugalhados por trás dos óculos fundo de garrafa quase saltarem das órbitas. "Deve morar no Rio. Aqui em São Paulo não é. Mas ele esteve em Brasília, e tem mandado notícias com essa história do Rubens Paiva. Escreveu que é 'mais uma vítima da repressão política no Brasil' e outras bobagens. É, o pessoal do SNI escuta a BBC, se você não sabe, e a Rádio Central de Moscou também, a Rádio Pequim... A *Newsweek* também publicou matéria sobre esse assunto, o *Times* de Londres, até o *New York Times*!" O ministro passa a mão no queixo e no bigode espesso. "Isso não pode continuar, o presidente está me cobrando providências urgentes. Temos que impedir que a imagem do Brasil seja denegrida no exterior de maneira tão irresponsável pelos maus jornalistas e por brasileiros que estão pagando suas culpas... Claro, claro... Descubra o telefone desse jornalista e quem fez a matéria da *Newsweek*. Claro que não está assinada. Se estivesse eu não lhe pediria isso. Vou passar o carnaval aqui em casa. Qualquer coisa me liga."

Buzaid desliga o telefone sobre a escrivaninha, arregaça as mangas da camisa branca, acende um cigarro e vai ao salão do apartamento, onde se encontram Jayme e Eunice, sentados no sofá. O ministro sorri amavelmente, revelando dentes tortos e amarelados de nicotina.

"Meu caríssimo Jayme..." Os dois se abraçam efusivos, com tapinhas nas costas.

"Prazer em vê-lo, ministro. Há quanto tempo, hein?" Apresentada, Eunice se mantém formal.

"Me desculpem por fazê-los esperar, eu estava no telefone. Vamos até o escritório."

Eunice e Jayme entram no escritório, Buzaid estende o braço indicando as cadeiras e senta-se em sua poltrona de couro atrás da escrivaninha. "Como é que está aquela bela fazenda? E os negócios?"

"Tudo bem, graças a Deus."

As mãos de Eunice mexem na alça da bolsa sobre o colo, seu rosto transparece desinteresse em amenidades. O ministro percebe.

"Quero dizer desde já, dona Eunice, que lamento muito toda essa história. Foi um engano prender a senhora e sua filha. Mas o seu marido... convenhamos, ele tem umas amizades... perigosas."

Ela olha com segurança para ele. "Quais amizades perigosas, ministro?"

"Almino Affonso, por exemplo. Raul Ryff, Darcy Ribeiro, Waldir Pires, Cláudio Abramo e outros comunistas que nem preciso citar..." Buzaid deixa o cigarro na boca e puxa o cinzeiro para mais perto. "Foi instaurado um IPM contra ele, por suspeita de subversão."

"Respeito a opinião do senhor, mas isso não é motivo pra prender meu marido sem dar nenhuma satisfação, nem a mim nem à Justiça. Hoje faz exatamente um mês que o Rubens foi preso. Ninguém diz onde ele está, quem mandou prender, qual a acusação..." Ela engole a saliva. "Eu vou ser sincera com o senhor, estou muito revoltada com tudo isso."

Buzaid reclina-se na poltrona e dá uma tragada profunda no cigarro. "Calma, dona Eunice. Houve realmente uma suspeita de envolvimento dele e tal."

"Onde ele está? Até quando vai ficar preso?" pergunta Jayme com uma inflexão ponderada.

Buzaid pigarreia e se cala, talvez porque neste instante tenha entrado no escritório a empregada trazendo numa bandeja de prata um bule de porcelana com café, três xícaras e uma porção de biscoitos; talvez porque o ministro esteja pensando numa resposta. A empregada enche as xícaras e se retira.

"Ele está no I Exército. Não sei exatamente em qual unidade. Sofreu uns arranhões, mas agora está sendo bem tratado. Aquela história do resgate no Alto da Boa Vista foi um equívoco. Quiseram enfeitar muito a história e ficou... não muito convincente, digamos."

Eunice está saturada de evasivas e informações que não resultam em nada. Quer respostas objetivas.

"Quanto tempo vai demorar pra ele ser solto?"

O ministro mastiga um biscoito, bebe um gole de café e responde tranquilamente. "Vou apurar. Acredito que dentro de uma semana, no máximo quinze dias."

"Por que quinze dias, ministro?" pergunta Jayme.

Buzaid morde mais um pedaço de biscoito. "Ele ainda não pode sair, enquanto o inquérito está em andamento. Mas eu garanto que daqui a dez, quinze dias a senhora terá seu marido de volta. Se ele não aparecer nesse prazo, eu mesmo falo com o ministro do Exército." Coloca a xícara vazia na bandeja. "Esta conversa deve ficar só entre nós, está bem? Não digam nada à imprensa. Se sair nos jornais qualquer nota sobre o nosso encontro, eu desminto no dia seguinte e aí a saída do seu marido pode se atrasar. Não precisam procurar mais ninguém, podem confiar em mim."

Ele se levanta, para encerrar a reunião, acompanha Jayme e Eunice até a porta e despede-se deles sorridente.

No carro, a caminho de casa, Jayme está certo de que pela primeira vez tem uma informação sólida, de uma fonte idônea, Rubens sairá logo. "Eu sabia que o Buzaid ia nos ajudar. Ele é meu amigo de longa data. Já se hospedou na fazenda. Agora é só termos um pouco mais de paciência e esperar mais uns dias. Nossa busca está chegando ao fim."

Eunice não tem tanta certeza. "Posso estar enganada, Deus queira que eu esteja enganada, mas alguma coisa me diz que o ministro não foi sincero, não falou tudo o que sabe."

"Pode ser, tem informação que é secreta mesmo, mas ele garantiu que o Rubens vai sair dentro de duas semanas, no máximo, e eu acredito. Afinal, ele é a maior autoridade do governo na área da Justiça, é bem-informado, e é meu amigo, poxa. Ele não iria mentir pra mim ou esconder alguma coisa." Jayme para num sinal vermelho. "Mas falando francamente, cá entre nós, o Rubens mereceu o susto que estão dando nele. Quem mandou se meter com comunista? Depois que ele for solto, façam uma viagem, pra Europa, uns dias lá vão fazer bem a vocês dois, ele vai precisar descansar e colocar a cabeça no lugar. Quem sabe depois dessa fria ele me dê razão e deixa a política pra lá, vai cuidar dos negócios e pronto. Espero que tenha aprendido a lição e baixe a crista."

Dois dias depois dessa reunião, o ministro Buzaid e a cúpula militar do governo são acometidos de um chilique. Pela primeira vez, passado mais de um mês da prisão de Rubens, sai publicado na imprensa brasileira um artigo assinado comentando o caso, e com vigorosas críticas. O autor é Tristão de Athayde, pseudônimo do intelectual católico Alceu Amoroso Lima. Resguardado pela avançada idade, 77 anos, mas sobretudo por seu enorme prestígio nos meios culturais e católicos do Brasil e do exterior, ele é um ostensivo antagonista da ditadura. Os militares adorariam enquadrá-lo na Lei de Segurança Nacional, mas temem a repercussão negativa e o desgaste do país no exterior. Em sua coluna no *Jornal do Brasil*, Tristão escreve um corajoso libelo, sob o título "Trágica Interrogação". Depois de resumir os acontecimentos, o artigo qualifica a prisão de Rubens como "verdadeiro sequestro", considera a alegada fuga uma "notícia absolutamente inverossímil e desacompanhada de qualquer autenticidade ou da mais vaga comprovação", e conclui: "O mínimo a que tem direito a opinião pública em face de um atentado tão insólito, que não só angustia um lar de modo intolerável, mas põe em risco a segurança de todos os lares em nossa terra, é seguramente uma clara informação das autoridades públicas. E um inquérito promovido para averiguar os acontecimentos e localizar a vítima."

O telefona toca no gabinete do ministro Buzaid, em Brasília.

"Quem deseja falar?" pergunta a secretária.

"Eunice Paiva, do Rio de Janeiro."

"Um minuto, por favor." Pausa prolongada. "O ministro não pode atender. Está em reunião."

"Que horas termina a reunião?"

"Não sei, acho que vai demorar."

"Então quero falar com o chefe de gabinete, doutor Manoel Gonçalves Ferreira Filho."

Manoel atende amavelmente. "Pois não, dona Eunice, como vai a senhora?"

"O ministro me prometeu pessoalmente que no máximo em quinze dias iria resolver o caso do meu marido, Rubens Paiva, o senhor deve saber do que se trata."

"Sim, claro."

"Já passou quase um mês e não tive nenhuma resposta."

"Eu vou conversar com o ministro, pra saber como está o andamento desse caso."

"Diga a ele que eu quero alguma informação sobre o Rubens, qualquer informação."

Ela desliga e sai do escritório da casa, atravessa a sala e vai para a cozinha.

"Vou almoçar mais tarde hoje" diz para Maria José, e sobe para o quarto.

Junto à janela, olhando o mar, tenta entender, tenta não pensar, tenta não chorar. Está alquebrada. Quem entra chorosa no quarto é Babiu, trazendo "Beijoca" na mão.

"Mamãe, olha o que a Leila fez. Arrancou o braço da Beijoca, a que eu mais gosto..."

"Quem é Leila?"

"É minha nova amiga, mora aqui em frente, mudou pra cá faz pouco tempo."

Eunice apanha a boneca e examina por uns instantes. "Eu vou consertar, pode deixar comigo." Em seguida abraça Babiu, "Vem cá, minha caçulinha", e o singelo problema da menina faz Eunice refrear o seu lamento por uns instantes, e entressorrir.

Mais ou menos oito e meia da noite Nalu, já de volta, abre a porta do escritório e vê Eunice sentada atrás da escrivaninha, curvada sobre uma folha de papel.

"O que a senhora está fazendo?"

Eunice para e ergue a cabeça. "Estou escrevendo uma carta, pro presidente da República."

"É mesmo?" Nalu senta-se no sofá. "É sobre o pai?"

"É. Tenho que apelar a todo mundo. O ministro da Justiça disse que em quinze dias daria uma solução, lembra? Liguei pra ele várias vezes, não me atendeu, me disseram no ministério que iam falar com ele, até hoje nada."

"Como a senhora vai mandar essa carta pro Médici?"

"Tem um jornalista em Brasília que é amigo do Rubens, ele disse que consegue fazer a carta chegar ao presidente. Vamos ver. Tenho que tentar tudo, não posso ficar parada esperando a boa vontade deles."

Uma semana depois, D'Alambert Jaccoud enfia a carta no bolso do paletó e vai de carro à sucursal da revista *Veja*, onde é recebido pelo diretor, Pompeu de Souza, um homenzinho de cabelos brancos, bigode e óculos, gesticulante e conversador. Entre suas inúmeras amizades na capital está o filho do presidente da República, Sérgio, que por telefone concorda em levar a carta ao pai.

Transcorridos dez dias, Sérgio telefona a Pompeu: deixou a carta na mesa do pai no Palácio do Planalto, num horário em que ele estava ausente do gabinete, mas voltou para apanhar.

"Fiquei com pena do papai. Ele já tem tantos problemas deste país pra resolver. Achei melhor poupá-lo de mais um, e mandei a carta ao chefe da Casa Militar, é o general João Figueiredo. Ele vai cuidar do assunto."

No Rio, Eunice pede a um amigo da família, o médico Sérgio Carneiro, amigo dos boêmios do meio intelectual e artístico da Zona Sul, que vá ao quartel da Polícia do Exército com o pretexto de levar um remédio a Rubens, para confirmar se ele ainda está preso lá.

"Diga que ele é cardíaco e diabético" recomenda Eunice. "A gente precisa saber onde ele está."

O médico vai ao quartel, o oficial de dia aceita a entrega do remédio e assina um recibo. Sérgio Carneiro pergunta se Rubens está lá, o oficial afirma não poder dar nenhuma informação sobre os presos.

Sem resposta do Exército nem do Palácio do Planalto, Eunice escreve mais uma carta ao presidente Médici, idêntica à anterior, e desta vez D'Alambert procura outro intermediário, o veterano deputado Batista Ramos. É do partido do governo, mas antes da ditadura ele foi do PTB durante três mandatos por São Paulo e conheceu Rubens. Como tem uma audiência agendada com o presidente, promete entregar a carta.

No final da audiência com Médici, o deputado Batista Ramos enfia a mão num bolso lateral do paletó e retira um envelope:

"Presidente, tenho mais um assunto, a família do Rubens Paiva, aquele ex-deputado que foi preso, me pediu pra lhe entregar esta correspondência."

Médici apanha o envelope e deixa sobre a escrivaninha, sem perguntar do que se trata. Depois que Batista Ramos sai, o presidente abre o envelope e lê a carta:

Excelentíssimo senhor Presidente da República
Emílio Garrastazu Médici,
Há mais de um mês enviei ao Ministro da Justiça do seu governo, que é igualmente presidente do Conselho de Defesa dos Direitos da

Pessoa Humana, a carta de denúncia cuja cópia junto aqui para o conhecimento direto de Vossa Excelência.

É a carta de uma mulher aflita, que viu desabar sobre sua família uma torrente de arbitrariedades inomináveis, e de que é ainda vítima seu marido, engenheiro Rubens Beyrodt Paiva, preso por agentes de segurança da Aeronáutica no dia 20 de janeiro, mantido até agora incomunicável, sem que se conheçam o motivo da prisão, quem efetivamente a determinou e o local onde se encontra.

Secundamos hoje, minha sogra e eu, a mãe e a esposa, os sentimentos de minha filha Eliana, menina de 15 anos, que se dirigiu a Vossa Excelência, depois de libertada, quando eu própria me encontrava detida incomunicável no quartel da Polícia do Exército, à rua Barão de Mesquita, nesta cidade, pelo simples fato de ser esposa de Rubens.

Pedimos ao Chefe da Nação a justiça que deve resultar da obediência às leis. Ao meu marido, que é um brasileiro honrado, não pode ser recusado, num país como o nosso, cristão e civilizado, o direito fundamental de defesa. Estamos certas de que Vossa Excelência não permitirá lhe seja negado, sob pena então do desmoronamento de toda a ordem pública, o direito elementar de ser preso segundo as leis vigentes no país.

Rubens foi preso na minha presença e na dos nossos filhos; foi visto por testemunhas ao longo do dia 20 de janeiro no quartel da III Zona Aérea, de onde foi transportado, no fim da tarde, para o quartel da Polícia do Exército na Barão de Mesquita; sua fotografia no livro de registro de prisioneiros no referido quartel da PE eu mesma vi, ao lado da minha própria e da de minha filha Eliana; sua presença nesse quartel me foi afirmada por oficiais das Forças Armadas que me interrogaram ao longo dos 12 dias em que estive presa, isto é, até o dia 2 de fevereiro último; seu carro próprio, no qual foi conduzido prisioneiro, vi-o no pátio do mencionado quartel e me foi devolvido como comprova o recibo anexo.

Não é possível que, mais de sessenta dias decorridos, conserve-se assim desaparecida uma pessoa humana!
Recusamo-nos a acreditar no pior.
Confiamos na ação de Vossa Excelência e, em meio à inquietação e angústia enormes que estamos vivendo, acreditamos que Vossa Excelência fará prevalecer a autoridade das leis do seu governo e o respeito à Justiça que enobrece as nações.

Médici dobra a carta, enfia no envelope, acende um cigarro e liga o radinho de pilha sobre a mesa.

Vera aperta o cinto no avião estacionado no aeroporto de Orly. Ao seu lado, duas tagarelas senhoras brasileiras de cabelos pintados de preto, aparentemente amigas de longa data. Sentada junto à janela, Vera lhes dá atenção durante poucos minutos. Adoraram conhecer Londres, Paris, Roma e Lisboa. Foram à Harrods, tudo muito caro, só compraram umas lembrancinhas para os netos, lindo também o Museu da Madame Tussaud, você foi lá? Não? Menina, precisava ir...
O Boeing decola. Vera, nada interessada em conversa turística, se vira para a janela e fica maravilhada com o sol poente tingindo de tons amarelo e rosa a massa de nuvens abaixo do avião. Depois que a noite chega, ela tenta ler uma revista, mas não vê nada interessante, fecha os olhos, pensando. Após três meses em Londres, Alpes suíços e Paris, chegam ao fim as melhores férias de sua vida. Uma experiência inesquecível, conhecer povos e lugares diferentes em tão pouco tempo. Apesar do frio, do *fog* e da fleuma dos ingleses, a vivência londrina foi muito divertida e fez desabrochar nela novas dimensões da vida. Mas agora ela tem sentimentos conflitantes. A alegria de voltar para a família, para o namorado, para a praia, para o último ano no colégio se dilui na insegurança diante da nova

situação. O que a espera no Brasil? Será presa também ao desembarcar? E seu pai?

Antes de voltar, havia planejado passar uma semana em Paris, hospedada no apartamento de outra Vera, ex-mulher de Bocayuva, e sua filha, Verinha. Diante dos novos acontecimentos, a volta para o Brasil foi adiada sucessivas vezes.

Vera e Verinha passaram dias zanzando nas margens do Sena, percorrendo as barracas do Marché aux Puces, as vitrines na Galeria Lafayette, bebendo chocolate quente nos cafés dos boulevards, assistindo a filmes proibidos pela Censura no Brasil com Quintino, irmão de Verinha, e um outro adolescente amigo deles, Bruno Barreto, de 16 anos e já diretor de alguns filmes de curta-metragem.

"Pena que você não vai estar aqui na primavera" disse Verinha num café em Montparnasse, olhando pela vidraça o movimento das pessoas passando lá fora. "Na primavera eles colocam as cadeiras na calçada, o céu cinzento fica azul, as árvores do Jardim de Luxemburgo ficam todas floridas, as ruas ficam perfumadas... É lindo. Ah, eu adoro Paris. Mesmo se a minha mãe voltar pro Brasil, eu vou continuar morando aqui. Ela é que é a exilada, não eu."

Com o capote de lã dobrado numa cadeira ao lado, Vera estava menos encantada que sua amiga.

"Eu estou gostando, mas não consigo me desligar do que aconteceu com meus pais."

"Sua mãe já foi solta..."

"Só que meu pai ainda não. É difícil até gostar de Paris quando a gente tem o pai preso sem saber o motivo."

Verinha mexeu em sua pulseira. "Amanhã a gente vai passar o dia inteiro no Louvre. Você vai adorar. Se prepare pra ficar frente a frente com o sorriso mais famoso do mundo, a Mona Lisa. E minha mãe chamou a gente pra um almoço na casa da Violeta Arraes, sábado. É uma exilada famosa aqui e sempre faz reuniões no apartamento dela."

Rue Chapon, uma estreita ruazinha em Marais. Dois judeus barbudos, roupa e chapéu pretos, trancinhas laterais, cruzaram com as três Veras na subida da escada para o apartamento de Violeta, uma quarentona extrovertida, sotaque nordestino misturado. Ela mesma abre a porta, com abraços e beijinhos.

"Eu tenho uma filha adolescente, mas hoje ela foi passar o dia fora..." Violeta foi com elas para a sala. "Fiquem à vontade. Bebidas e sucos estão naquela mesinha. Podem se servir. Tem até licor de jenipapo. Não me perguntem onde eu consegui... Eu vou na cozinha ver como está a feijoada."

Um homem da mesma faixa etária de Violeta, compleição europeia, se aproximou. Era seu marido francês, Pierre Gervaiseau. Os dois estavam exilados em Paris desde o golpe militar, após terem sido presos por quatro meses em Recife, onde moravam na época.

Ao entrar na sala, Vera ficou extasiada. Como por mágica, sentiu-se transportada para o Brasil, mais especificamente o Nordeste. Garrafinhas de areia colorida sobre uma cômoda, folhetos de cordel dentro de uma peneira de fibra trançada, na mesinha de centro uma moringa e uma banda de pífanos em miniatura de argila, nas paredes um triângulo, um berimbau e um chapéu de couro; na porta que dava para a cozinha, uma xilogravura de cantadores. E completando tudo, uma rede pendurada num canto, na qual estava deitado um jovem cabeludo com olheiras. A vitrola tocava baixinho o frevo "Evocação nº 1". Pessoas sentadas no sofá, em cadeiras e nos almofadões junto à parede. Quase todos brasileiros, alguns deles barbudos.

Vera e Verinha serviram-se de suco de morango numa pequena mesa redonda coberta de bebidas e queijos e foram para um outro cômodo, onde ficava o escritório. No sofá, um jovem barbudo conversava com um homem de uns 35 anos, óculos de lente verde-escura, fumando cachimbo. Ao verem as duas garotas entrarem, eles se calaram. Vera e Verinha os cumprimentaram com um "oi" e lhes deram as costas para olhar os livros numa estante comprida.

Ao voltarem para a sala, se acomodaram em dois almofadões, e Violeta surgiu batendo palmas para os convidados.

"Pessoal, a feijoada está pronta, finalmente! Vai ficar tudo ali naquela mesa menor, onde tá a caipirinha..."

As três Veras conseguiram lugares na mesa grande, onde estavam também Violeta, seu marido, um outro francês chamado Yves, uma mulher magra de 30 anos, dois jovens banidos do Brasil incluídos entre os setenta presos libertados um mês antes em troca do embaixador suíço. Ficaram no Chile apenas duas semanas. Os demais convidados sentaram-se no sofá e em cadeiras, com os pratos nas mãos. Na vitrola, Chico Buarque embevecia Violeta cantando "Roda-viva".

"Se eu fosse escolher as dez músicas brasileiras mais lindas de todos os tempos, esta com certeza seria uma das primeiras" disse ela em francês para Yves. "A letra é uma obra-prima, a melodia um primor, os arranjos... Essa e 'Ponteio', muito linda também. Infelizmente eu não estava mais no Brasil na época dos festivais. Perdi uma fase gloriosa da cultura brasileira."

Vera mãe olhou para Vera. "Essa aqui vai voltar na semana que vem."

"Felizarda" disse Diogo, um senhor com os cabelos começando a ficar grisalhos.

"Nem tanto... Aconteceu uma coisa muito chata, pra dizer o mínimo" disse Vera.

"O pai dela foi preso no Rio, faz poucos dias" disse Verinha.

"Qual o nome dele?" perguntou a magrela, mastigando um pedaço de charque.

"Rubens Paiva."

"Foi deputado, cassado em 64" acrescentou Vera mãe. "Ajudou muita gente perseguida."

"Eu li uma notícia sobre ele na *L'Express*" disse Rafael, o homem de óculos de lentes verdes que estava fumando cachimbo no escritório.

"Fui eu que fiz a denúncia pra um repórter da revista" disse Violeta.

"E o que diz a matéria?" perguntou Vera, cheia de curiosidade.

"Há um pouco de especulação" preveniu Violeta. "Ele pegou minha informação e apurou mais coisas não sei com quem, e tirou umas conclusões que eu acho... precipitadas."

"Basicamente a matéria diz que seu pai foi preso com sua mãe e estavam incomunicáveis" disse Pierre em português arranhado.

"Minha mãe já saiu."

"A repressão está piorando muito" disse um dos banidos.

"A luta pelo socialismo é dura, mas a vitória será nossa. O capitalismo é autofágico" disse Lucas, um jovem barbudo.

"Sim, camarada, milhões de oprimidos esperam o sol vermelho da manhã..." ironizou Rafael.

Pierre sorriu. "Em vez de marxista-leninista, o Rafael é um marxista-niilista."

Vera bebeu um gole de suco de laranja para empurrar garganta abaixo a farofa de carne-seca.

"Hum, esse feijão está delicioso, Violeta" disse a magrela.

"Aprendi com uma mineira que de vez em quando vem fazer faxina. É cozinheira de mão cheia. Ajuda a matar a saudade da nossa comida. Mais difícil é matar a saudade dos cheiros do Brasil, das ruas, do sol..."

"Eu não tenho esse banzo, sinceramente" disse Rafael.

"Eu tenho, e não me envergonho" disse Lucas. "A primeira coisa que eu vou fazer quando voltar pro Brasil vai ser comer o arroz soltinho da mamãe e pegar uma praia em Ipanema, peladão. À noite, claro."

Violeta passou na farofa um pedaço de linguiça calabresa espetado no garfo.

"Ama a terra em que nasceste!" disse Diogo.

"Não vem com Olavo Bilac pra cima de mim que eu vou de Baudelaire pra cima de você..." disse Rafael, e declamou, pomposo: "Tenha piedade, oh Satã, dessa longa miséria... Acho que ele estava pensando no Brasil quando escreveu isso. Eu queria ter nascido na Itália, na época da Renascença. Ia trabalhar como treinador de falcões na Toscana. Não queria ser mais do que isso, mestre falcoeiro de um príncipe qualquer. Também me sentiria muito bem se fosse um samurai no Japão do século XV. Mas por azar, fui nascer num país de macunaímas e bananas... Merde alors!"

Violeta advertiu, entre risadas: "Ó gente, não levem o Rafael muito a sério não, hein? Eu conheço essa figura. No fundo no fundo ele tem bom coração."

Vera terminou de comer, limpou a boca no guardanapo de papel e olhou para todos na mesa.

"Vocês devem ter muita experiência política, pelo que eu vejo. Então... Dá pra dizer o que pode ter acontecido com meu pai no Brasil?"

Houve uns segundos de silêncio constrangedor, rompido pela magrela. "É difícil, até quem está lá não sabe o que se passa nas prisões."

"Qual o seu nome?" perguntou Vera, e a magrela respondeu: "Joana d'Arc. É codinome. Todo mundo me chama de Joana."

"Então... Minha mãe disse que ele foi prestar um depoimento na Aeronáutica no dia 20 de janeiro e não voltou até hoje. Já faz quase um mês. Ninguém sabe nem onde ele está preso..."

"Incomunicável. Isso virou regra depois do AI-5", disse Lucas.

"Minha mãe já falou com um monte de gente, até com o ministro da Justiça."

"O importante é o seguinte, garota: você considera o seu pai um homem corajoso?" perguntou Rafael.

"Sim, ele tem coragem até demais. É meio esquentado. Fala na cara o que tem que falar e sempre disse que não leva desaforo pra casa."

"Então, mesmo se ele estiver sendo torturado, não deve entregar ninguém. Só os fracos e os covardes viram alcaguetes na tortura. Pense nele como um guerreiro do bem, um herói."

A campainha tocou e Violeta se levantou da mesa para atender.

Todos já haviam terminado a refeição. Lucas correu para a rede e se aninhou. "Me acordem daqui a uma hora." As demais pessoas também saíram da mesa e se espalharam pela sala. Rafael sentou-se no sofá ao lado de Pierre, acendeu o cachimbo, deu uma olhada para Vera, que estava indo ao banheiro com Verinha, e cochichou.

"A *L'Express* escreveu que esse Rubens foi morto na tortura e jogado no mar."

"Não vamos dizer isso à garota, evidentemente, porque também não há certeza nenhuma. O repórter não citou nenhuma fonte."

Ouviu-se uma exclamação de Violeta na porta e ela veio para o centro da sala, "Chegou quem faltava!", abraçada a Caetano Veloso, trajando um casacão de pele de ovelha, e Gilberto Gil, de cabelo black power e sobretudo preto. Os dois acenaram sorridentes para todos, tiraram seus casacos e sentaram-se nos almofadões.

Caetano, magérrimo, parecendo um faquir paquistanês, olhou para a decoração brasileira da sala e abriu um sorriso meigo. "Toda vez que eu venho aqui, fico em transe. É o único lugar onde posso me sentir na Bahia. Parodiando o Olavo Bilac, não verás nenhum Paris como este!"

"Hoje é o dia do Bilac" disse Violeta. "Alguém aqui já citou aquele verso 'ama a terra em que nasceste'. Seu trocadilho é ótimo. Acho que vou escrever num cartaz e colar na parede."

"Longe de casa viramos todos parnasianos" disse Gil, dengoso.

Caetano reclamou da solidão chuvosa em Londres, onde se exilara com Gil havia um ano. Falou mal até dos tijolinhos expostos que caracterizam a maioria das casas e dos prédios londrinos. Gil, mais integrado, estava aproveitando bem a oportunidade de ouvir e apreender o reggae dos antilhanos em Notting Hill Gate, os muitos shows de bandas nos teatros e pubs.

Vera e Verinha vieram do banheiro e pararam admiradas.

"É o Gilberto Gil?" cochichou Vera.

"É, e o Caetano também..." disse Verinha.

"Nem reconheci, te juro. Está tão diferente, cabelo comprido, barbinha..."

No final da tarde, Violeta apanhou um violão no escritório e Gil cantou "Saudade da Bahia". Em seguida passou o violão a Caetano.

"Vou cantar uma música ainda inédita, composta por ninguém menos que o rei Roberto Carlos. Ele me mostrou essa música quando a gente se encontrou em Londres, disse que tinha composto em minha homenagem. Fiquei muito comovido. Na verdade, pode ser considerada uma homenagem a todos nós que estamos neste primeiro mundo contra a nossa vontade. A música é assim: Um dia a areia branca/ seus pés irão tocar..."

Vera abre os olhos ao sentir um leve toque no braço. É a aeromoça anunciando o jantar. Depois de comer, ela reclina a poltrona, cobre as pernas com o cobertor e fecha os olhos novamente. O pai, mesmo se tiver saído da prisão, deve estar trabalhando. Ela quer muito contar-lhe suas experiências, lembra-se das palavras dele no dia do embarque, "o mais importante, Veroca, é que você vai passar dois meses num país democrático, com plena liberdade, coisa que não existe no Brasil atualmente, faça uma comparação quando estiver lá".

Mas será que ele vai estar me esperando? De ontem pra hoje muita coisa pode ter acontecido.

"Dentro de meia hora estaremos aterrissando no aeroporto do Galeão, no Rio de Janeiro. São dez horas da manhã e a temperatura local é de 32 graus."

Vera sente um friozinho atravessar seu corpo de cima a baixo. Está de volta ao Brasil, ao Rio, quanta coisa aconteceu em tão poucos meses durante a sua ausência. Já trocou a roupa de inverno por um vestido estampado e um blazer cinza. As duas senhoras se aquietaram, sonolentas e cansadas da viagem. Vera desembarca um tanto amedrontada. Depois de passar pela Alfândega, chega ao portão de saída e fica mais confiante ao ver um pequeno grupo à sua espera.

Junto com Eunice estão Lino Machado e Aracy. Mas não vê seu pai. Ele pode estar trabalhando.

No carro, Eunice lhe faz um resumo.

"Estou falando com as pessoas, mexendo mundos e fundos, o Jayme vai procurar o ministro da Justiça de novo, o doutor Lino apresentou pedido de habeas corpus, o Bocayuva também está ajudando muito. Escrevi até pra Comissão de Direitos Humanos da ONU."

"Mas qual foi o motivo que disseram pra prender ele?" pergunta Vera.

"Nenhum" responde Lino. "Ninguém apresentou nenhuma acusação até agora. Hoje em dia neste país todo mundo é suspeito até prova em contrário."

Apesar do empolgado reencontro com as irmãs, Vera percebe desde o primeiro dia que a atmosfera em casa não é a mesma de sempre. Tudo quieto demais. Faltam a vivacidade, a gargalhada, o cheiro de charuto, o som dos passos pesados subindo a escada — falta um elo na corrente. Babiu e Marcelo estão frágeis. Qualquer menção ao pai os deixa ansiosos. De vez em quando o garoto entra no escritório e fica mexendo nas coisas que os homens não levaram da escrivaninha — uma caneta Parker, a máquina de escrever, o bloco de papel de carta com o nome dele no canto superior esquerdo, a caixa de charuto. Objetos banais que antes nem eram percebidos, agora se tornam importantes, signos de uma ausência inexplicável. Eunice passa os dias na ânsia permanente de que a porta da sala se abrirá a qualquer hora e ele entrará, de supresa, como ao chegar do exílio. Vera conta às irmãs as novidades da viagem, mas gostaria de contar a ele também, dizer-lhe com orgulho que além de se divertir aprendeu muito sobre liberdade e tolerância, democracia e respeito às ideias alheias, por mais diferentes que sejam.

O telefone toca na cozinha. Eunice vai depressa atender. Fagulhas iluminam os olhos de todos — deve ser ele, para dizer que está bem, que está voltando, ou...

"Quem era, mãe?"

"Um amigo do seu pai querendo saber se temos alguma novidade."

Na mesa das refeições ela é cercada de perguntas.

"A senhora descobriu quando o pai vai voltar?"

"Por que prenderam ele, mãe?"

"Onde é que ele tá?"

"O que aconteceu mesmo?"

Vera desabafa. "Não é possível que ninguém saiba onde ele está! Não é possível que possam prender o meu pai desse jeito e não acontecer nada, tudo continuar como se fosse normal..."

Eunice aperta os lábios. "Vocês sabem que vivemos numa ditadura. Quem é contra fica visado, é perseguido, preso. Seu pai dizia que essas coisas estavam acontecendo, vocês se lembram. Mas eu, nem ele, nunca pensamos que..." Ela baixa os olhos, reprime o choro, não na frente das crianças, tem que ser forte, pelo menos aparentar, e muda de assunto. "Vamos dar um passeio, terminem de comer logo, vamos tomar sorvete."

Todos na casa começam a tomar remédios para dormir e a fazer terapia. Quando as meninas maiores saem à noite e demoram um pouco além do horário combinado de chegar, Eunice vai à janela e fica olhando, preocupada. Andando nas ruas, de vez em quando ela vê, ou imagina, homens que, de costas, se parecem com Rubens, no porte físico, no andar, no cabelo. E ela também recorre a Deus. Vai às missas na igreja Nossa Senhora da Paz, em Ipanema, e reza com toda a fé que ela nunca abandonou, desde a convivência com as freiras no colégio Sion. Não pode esmorecer. Além de fé, precisa também de toda a sua coragem e obstinação. Sempre teve energia interior e iniciativa quando quis aprender novas aptidões e novos afazeres. Adolescente, recusou-se a estudar piano como desejava a mãe, fez faculdade contra a vontade do pai e criou quatro filhas e um filho. Toda essa fibra é necessária agora. Tem que ser forte, pés no chão. Mas como manter o equilíbrio emocional e a lucidez quando nem Deus parece lhe dar atenção?

"Foi a pior coisa que eu já passei na vida até hoje" diz Selene na sala do seu apartamento em Copacabana, diante de Eunice.

É o primeiro reencontro das duas desde a prisão de Rubens, há quatro meses. Eunice veio acompanhada de duas freiras do colégio Sion — irmãs Luísa Helena e Ana Regina —, de Lino Machado e do editor Ênio Silveira, amigo de Rubens e que já foi preso inúmeras vezes após o golpe militar. Em volta da mesa, ao lado de Selene, também está seu marido, Eurico. No sofá, três de seus filhos adultos acompanham a conversa.

É doloroso também para Selene evocar os dias em que ela própria ficou presa, vilipendiada, ameaçada. Mas quer fazer um desabafo, necessário, uma confissão que pode aliviar a sua consciência e ajudar Eunice na busca.

"Eu imagino o sofrimento da senhora, e das meninas. Ainda não me sinto em condições de descrever o que senti naqueles dias, mas posso lhe garantir que estive ao lado do doutor Rubens no dia vinte de janeiro..."

Com a voz vacilante, Selene revela tudo o que vivenciou e presenciou desde a noite em que foi detida com Marília dentro do avião. No dia 21 de janeiro à tarde ela foi transferida para um quartel no Leblon, o 8º Grupo de Artilharia de Costa Motorizada, onde permaneceu detida por mais dezessete dias. Marília também foi, depois de ser torturada no DOI com choques elétricos, tapas nas costas e ameaças de estupro, sem nunca ter se envolvido em nenhuma atividade política.

No final da reunião, Selene se compromete a escrever um depoimento para Eunice descrevendo o que viu e ouviu sobre Rubens na III Zona Aérea e no DOI. E autoriza a divulgação. Mas a Censura proíbe a imprensa de publicar.

Sentado na poltrona de seu gabinete nesta tarde de 3 de junho, o deputado Marcos Freire dá os últimos retoques no discurso que vai fazer daqui a pouco no plenário da Câmara. Ele sabe que causará pruridos no governo.

Mas a impetuosidade destemida é um atributo desse deputado pernambucano de 39 anos, troncudo e com uma cabeleira negra quase cobrindo as orelhas. Em seu primeiro mandato parlamentar, é um dos que mais se destacam nos debates em plenário, com sua oratória inflamada, e foi eleito vice-líder da bancada do MDB. O partido de oposição é praticamente uma coalizão informal de diferentes matizes. Nele convivem socialistas democráticos, nacionalistas sinceros, comunistas enrustidos, conservadores oportunistas e liberais civilizados. Mas destaca-se entre os deputados eleitos em novembro de 1970 um grupo disposto a fazer oposição autêntica, sem a moderação conciliatória e adesista que caracteriza o comportamento da maioria do partido.

Marcos Freire faz parte desse grupo. Por isso foi designado pelo líder Pedroso Horta a fazer um discurso cobrando do governo uma resposta definitiva sobre o paradeiro de Rubens, porque já se passaram mais de quatro meses do desaparecimento e dois meses da apresentação do caso ao Conselho dos Direitos da Pessoa Humana, sem haver nenhum avanço para solucionar o caso. Outros dois deputados, Francisco Pinto e Alencar Furtado, já discursaram sobre o assunto em dias diferentes.

Para dar mais consistência ao discurso, Marcos Freire insere trechos das cartas enviadas por Eunice ao Conselho e ao presidente Médici.

Ele sai do gabinete e vai para o plenário, seguido por repórteres ávidos para ouvir o pronunciamento. Na tribuna, com o plenário lotado, Marcos Freire dispara seu vozeirão, gesticulando de braços abertos.

"A prisão de Rubens Paiva se transforma num verdadeiro sequestro, com a agravante de que está sendo feito não por grupos desconhecidos, não por grupos terroristas, mas por agentes da segurança do governo. Nossa voz se ergue nesta Casa em favor de uma família traumatizada, que vive momentos de angústia, sem saber onde está seu chefe."

Como muitas pessoas, ele também já suspeita de que Rubens esteja morto. "A nação talvez esteja diante de um novo caso de assassínio político. Mas, se não está, por que não dizem onde se encontra, por que não dizem por que foi preso e até quando estará preso?"

Num aparte, Pedroso Horta dirige um apelo ao presidente Médici. "Que perca não os noventa minutos de uma partida de futebol, mas os nove minutos de um telefonema para que se desvende este fato sinistro que deslustra a face do Brasil, não apenas no exterior, mas também no interior, e que nos enche de inquietação, de horror, de tristeza e de vergonha."

Um trecho da carta de Eunice, lida por Marcos Freire, pergunta: "Que fizeram de Rubens? Onde está e para onde o conduziram? Por que não cumprem as leis que vigoram? Reivindico para meu marido o direito de ser preso segundo as regras mesmas da legislação penal de segurança. Para que se defenda, para que seja libertado."

O discurso de Marcos Freire se estende por mais de uma hora, interrompido por apartes dos governistas e dos colegas da oposição. Por ordem da Censura, a imprensa não divulga uma linha sequer do discurso.

Dois dias depois, na sala de sessões do Superior Tribunal Militar, Lino Machado coloca os óculos e consulta o relógio na parede. São três e meia da tarde e os ministros militares, uniformizados com dólmã branco e calça cinza, ocupam suas cadeiras, juntamente com os cinco ministros civis, de togas pretas. A luminosa imagem do vitral com a imagem de Thêmis, a deusa grega guardiã da lei, forma um contraponto com o ambiente solene da sala e seu mobiliário de jacarandá do século XIX.

Para um general, almirante ou brigadeiro, ser ministro do STM é um privilégio, e também um ostracismo dourado. Ocupam cargo vitalício, até completar 70 anos, mas sem influência política. Lino conhece todos eles. Sabe que certos ministros, sobretudo os militares, são mais políticos que juízes no momento de julgar, por terem uma identificação ideológica com o governo, como o próprio relator do pedido de habeas corpus que Lino apresentou, o ministro-general Jurandyr Bizarria Mamede. Conspirador histórico, foi um dos maiores opositores do segundo governo de Getúlio Vargas, participou do grupo civil-militar que tentou impedir a posse de Juscelino Kubitschek na presidência, atuou na derrubada de João Goulart e foi um dos ideólogos da doutrina de Segurança Nacional. Há um ano foi nomeado para o STM.

A sessão é aberta pelo presidente do tribunal, tenente-brigadeiro Armando Perdigão, que só vota em caso de empate. Um ministro recém-nomeado, general Syseno Sarmento, não participa da sessão, porque comandava o I Exército quando Rubens foi preso e no habeas corpus é citado como autoridade coatora.

O procurador-geral da Justiça Militar, Jacy Guimarães Pinheiro, ocupa a tribuna por poucos minutos e pede o arquivamento da petição de habeas corpus, com base na informação do I Exército de que Rubens fugiu e não se encontra mais preso. Em seguida Lino ocupa a tribuna da defesa. Está tranquilo, já defendeu ali dezenas de habeas corpus em favor de acusados de delitos políticos. A diferença agora, significativa, é que se trata também de um amigo. Mas ele fala com firmeza e convicção.

"Mesmo o alegado resgate no Alto da Boa Vista não invalida o fato inequívoco de que Rubens foi preso e estava sendo conduzido por agentes de segurança. Por isso requeiro ao STM que providencie consultas ao comandante do 1º Distrito Naval, ao comandante da III Zona Aérea, ao Secretário de Segurança Pública do Estado e ao delegado da Polícia Federal, para saber se agentes desses órgãos foram responsáveis pela prisão e custódia de Rubens Beyrodt Paiva. A prisão de Rubens Paiva poderia ocorrer legalmente. Se assim não se fez, seja qual for a autoridade coatora, não agiu como autoridade, nivelando-se a marginalizados, proscritos, banidos, que a consciência de cada um de nós condena e que a repressão atinge, e deve atingir, em defesa da família brasileira, da ordem e da paz. A impunidade de quem quer que seja significa a derrocada da lei, a volta às penas do Talião, o princípio do olho por olho, dente por dente. Impetramos nosso pedido a esta alta corte castrense em favor da lei, que está ferida, não pela prisão, senão pela omissão, pelo atentado ao direito do cidadão de conhecer os motivos, de defender-se em processo público, assegurando-lhe todas as garantias, sob o pressuposto universal da inocência, até prova em contrário, na forma da lei. Por isso, renovamos o pedido de concessão da ordem de habeas corpus respaldados nesta lição do padre Antonio Vieira: 'Quem requer com consciência, com justiça e com razão, merece que lha façam.'"

Por último, fala o relator da petição, ministro-general Bizarria Mamede. Antes de ocupar a tribuna ele abotoa o dólmã e limpa os óculos de leitura com um lenço. Como Lino previa, o relatório de Bizarria denega o pedido, alegando não haver provas de que Rubens ainda esteja preso, pois o I Exército informou oficialmente que ele fugiu. E para reforçar seu argumento, Bizarria cita o artigo 10 do Ato Institucional nº 5, que suspendeu a garantia do habeas corpus para crimes políticos e contra a Segurança Nacional. Ao concluir, o ministro propõe o arquivamento do pedido e que a documentação anexada por Lino Machado seja colocada à disposição do I Exército, para servir como subsídio na investigação sobre a fuga de Rubens.

A inflexível decisão de Bizarria causa polêmica no debate subsequente.

"O homem realmente foi preso, mas quem o prendeu e por que ele foi preso?" pergunta o ministro-almirante Mário Cavalcanti de Albuquerque. "O fato é que o Exército, a Marinha e a Aeronáutica nada informaram sobre isso. O processo está mal instruído."

O ministro-almirante Grün Moss também diverge do relator. "Se o tribunal tem conhecimento de haver indícios de crime, o Ministério Público tem o dever de mandar abrir um inquérito."

Outro discordante é o ministro togado Alcides Carneiro. "É um caso de suma gravidade. Não podemos ficar de braços cruzados. Não sei se ele foi sequestrado por elementos da esquerda ou da direita. O que interessa é saber onde ele está agora. Temos que saber o destino do paciente, se está vivo ou morto."

Somando outros ministros contrários ao arquivamento, eles decidem por unanimidade pedir novas diligências junto ao I Exército para que preste mais esclarecimentos.

Na Câmara dos Deputados em Brasília, Marcos Freire volta à tribuna no dia 18 de julho.

"Senhor presidente e senhores deputados, talvez me perguntem: por que o MDB volta a este assunto? Nós voltamos a este assunto, respondo, porque não o fizeram, até hoje, aqueles que esperávamos que o fizessem."

A certa altura do discurso, o líder governista Nina Ribeiro pede um aparte para contestar. "Sabe Vossa Excelência que a versão que se tem, veraz, do acontecido, foi a de uma colisão com o automóvel em que se encontrava Rubens Paiva. Como num passe de mágica, desaparece Rubens Paiva. Por que houve o ataque a essa viatura? Por que desapareceu ele? É algo que Vossa Excelência não pode exigir do governo, no momento. O governo não é um ser ciclópico, onímodo, onipresente, capaz de mergulhar até nos desvãos, nos porões sombrios da subversão, que infelizmente existe em nossa terra."

Marcos Freire o interrompe. "Que viatura era essa? Seria uma viatura militar?"

"Vossa Excelência me concedeu o aparte. Pediria vênia para concluí-lo. Depois..."

"Esclareça o tipo de viatura."

"As informações do governo já foram dadas e amplamente divulgadas pela imprensa. Maiores informações deverão ser pedidas aos núcleos da subversão no país. Eu não os conheço. Talvez Vossa Excelência os conheça."

"Aguardo que o nobre líder declare aqui qual a autoridade que no dia 20 de janeiro prendeu Rubens Paiva. Silêncio, senhor presidente, como silêncio tem sido a resposta, durante estes seis meses, às buscas infrutíferas da esposa — Deus queira que já não seja a viúva — de Rubens Paiva."

Taciturno, Pedroso Horta entra na sala de reunião do Conselho de Defesa dos Direitos da Pessoa Humana, no Ministério da Justiça, já sabendo que o senador Eurico Rezende manteve inalterado seu parecer contrário à abertura de uma investigação. Mesmo assim, o deputado pretende impedir que o assunto seja enterrado definitivamente nesta reunião.

Após resumir os principais aspectos do caso e citar trechos da carta de Eunice, o senador se apega à versão da fuga de Rubens e encerra seu relatório com uma retórica lambuzada de gongorismo: "Dentro do sentimento nacional, tão dignificado pelos estremecimentos da solidariedade cristã, brutalmente ferido, no lamentável episódio, participamos, com as nossas emoções, da angústia da família atingida pela maldição e pela covardia do terrorismo. Mas há de se reconhecer e proclamar que nenhuma responsabilidade pelo evento pode ser inculcada às autoridades do país, cuja luta indormida no combate à subversão vem se desenvolvendo, obstinadamente, com a confiança, o reconhecimento e o apoio da opinião pública. Somos, assim, pelo arquivamento do processo."

Antes da votação do parecer, o experiente Pedroso Horta, que já foi ministro da Justiça no governo Jânio Quadros, pede a palavra e propõe a apuração de novas informações com Eunice e outras pessoas, para que os conselheiros tenham uma compreensão mais aprofundada do caso. Rezende reage nervoso à manobra.

"Não aceitarei a inclusão de novos documentos!"

A proposta é colocada em votação e aprovada por cinco votos a três, graças ao voto de Benjamin Albagli, um conselheiro que normalmente segue a orientação pró-governo. Desta vez ele ainda não está convencido da fuga de Rubens, e justifica sua posição.

"Este Conselho não é um Tribunal de Justiça, e portanto deve examinar todas as novas informações que houver."

Rezende aponta o dedo indicador para Horta. "Advirto a Vossa Excelência que a instauração de uma comissão para investigar este caso será inaceitável para o Exército!"

Horta não refuta. Está satisfeito. Conseguiu pelo menos impedir o arquivamento. Mas sua confiança encolhe bastante no dia 2 de agosto, quando os ministros do Superior Tribunal Militar se reúnem para votar, entre outras matérias, o novo parecer do ministro Bizarria Mamede sobre o pedido de habeas corpus para Rubens.

Bizarria explica que foram refeitas as diligências, como solicitado pelos ministros na sessão anterior, e lê um ofício enviado pelo novo comandante do I Exército, general Sylvio Frota, dizendo simplesmente: "... nada se conseguiu apurar, neste Exército, que altere o sentido ou os termos do ofício do comando anterior." A versão da fuga é reiterada, e Bizarria também reitera a sua posição.

"Em face das informações da autoridade havida como coatora, de que o paciente já não se encontra preso, meu parecer é pelo arquivamento."

Os ministros aprovam por unanimidade.

Em seu apartamento na avenida Rui Barbosa, Benjamin Albagli convalesce de um infarto do miocárdio. A doença é motivo de visitas dos amigos, mas um deles, Pedro Calmon, veio especialmente para conversar sobre a pauta da próxima e decisiva reunião do Conselho de Defesa dos Direitos da Pessoa Humana, do qual ambos são membros. Benjamin tem muito respeito pelo renomado historiador, professor, ex-ministro da Educação e autor de mais de quarenta livros.

"É importante votarmos com o parecer do relator, pelo arquivamento" sugere Pedro Calmon. "A situação política do país pode ficar tensa, os militares não querem ficar remexendo nessa história."

Calmon abre uma pasta e retira um punhado de recortes de jornais. "São notícias sobre a fuga dele, todos os jornais publicaram que Rubens fugiu, não há por que duvidar."

"Eu sei, eu li essa versão." Benjamin olha desinteressado para os recortes.

"Não é versão, é um fato. Rubens fugiu com ajuda de terroristas quando estava sendo transportado por agentes no Alto da Boa Vista. Está tudo detalhado aqui." Ele entrega a pasta.

Três dias depois, Benjamin recebe outro visitante inesperado, o general reformado Danilo Nunes. Não é membro do Conselho, mas veio tratar do mesmo assunto.

"O senhor sabe que a situação nacional é grave, estamos numa luta renhida contra o terrorismo, e não há condição política pra se abrir um inquérito sobre este caso. Seu voto vai ser inútil. Rubens Paiva fugiu quando estava sendo transportado pra outra prisão. É comum preso político mudar de prisão. Em hipótese alguma as unidades militares vão admitir ser investigadas pelo Conselho."

Em sentido contrário, Jayme escreve uma carta ao ministro Alfredo Buzaid, numa última tentativa de incentivá-lo a votar pela investigação. Jayme pede a Buzaid que, na reunião do Conselho, "... confirme a informação que prestou na entrevista que mantive na residência de V. Excia. em São Paulo, sábado de Carnaval, dia 20 de fevereiro, no sentido de que meu filho Rubens Paiva estava preso pelo Exército para apuração de subversão, mas que aguardasse de uma semana a quinze dias, pois nesse prazo a apuração estaria concluída e, se não estivesse, V. Excia. iria ao ministro do Exército, a quem, por lei, estavam afetas estas apurações". Na carta Jayme também lembrou ao ministro uma visita posterior que fez sozinho ao gabinete dele em São Paulo, para tratar do mesmo assunto.

Ele envia uma cópia da carta para todos os membros do Conselho.

Na manhã de 10 de agosto, Jayme e Eunice embarcam num avião para Brasília, a fim de acompanhar a reunião do Conselho.

"Vamos mais cedo pro Ministério, podemos tentar falar com o Buzaid antes da reunião" diz Jayme à mesa do almoço no Hotel Nacional.

Chegando ao Ministério, os dois não se surpreendem quando o chefe de gabinete informa que o ministro lamenta, mas não pode atendê-los, está muito ocupado. Eunice gostaria de dar aos conselheiros um depoimento pessoal, mas a reunião será realizada a portas fechadas, como sempre. Antes de entrar, Pedroso Horta conversa com Eunice e Jayme e calcula que na pior hipótese a votação ficará empatada.

"Tudo vai depender do voto de Minerva do ministro."

Eunice e Jayme ficam aguardando ansiosos, juntamente com repórteres, na sala do Departamento de Segurança e Informações, chefiado por um general de divisão.

No início da reunião, o senador Eurico Rezende lê o seu parecer, sem alteração, pedindo arquivamento do caso.

"Os novos documentos apresentados pelo ilustre conselheiro Pedroso Horta não trouxeram nenhum fato novo que justifique o reexame do assunto." E menciona o recente arquivamento do pedido de habeas corpus no STM como uma confirmação de que o caso está juridicamente encerrado.

Pedroso Horta já previa esta decisão e apresenta sua última cartada, um requerimento de instauração de inquérito, a ser acompanhado por um representante do Ministério Público e do Conselho. "Eis que se quer dar à morte de Rubens Paiva uma conotação política e o senhor relator faz a política do governo. Para mim, entretanto, um assassinato é um assassinato. Não há conotações políticas que desfigurem o mais grave delito que a criatura humana pode cometer. Na hipótese de que nos ocupamos, mais do que o crime, preocupa-me a inexistência sistemática das providências legais que o delito impunha e impõe. Nada se fez. Não se abriu inquérito nenhum. Não foram arroladas testemunhas que jurassem dizer a verdade."

Exaltado, Eurico Rezende acusa Horta de estar com má vontade e má-fé. Na votação, além do senador, votam a favor do arquivamento o deputado Geraldo Freire e Pedro Calmon. Benjamin Albagli ainda tem dúvidas, mas agora se alinha com eles. Ao escrever seu voto numa folha, está com o pensamento tão dividido que erra uma palavra, risca tudo e escreve de novo em outra folha: "Participo da angústia da família Rubens Paiva com o desaparecimento de seu chefe, mas não creio que o colendo Conselho de Defesa dos Direitos da Pessoa Humana possa duvidar da honorabilidade da palavra formal do comandante do I Exército, razão por que voto com o parecer." Muitos anos depois ele vai se declarar arrependido e renegar seu voto.

Contra o arquivamento votam Pedroso Horta, Nelson Carneiro, Danton Jobim e o novo presidente da Ordem dos Advogados do Brasil, José Cavalcanti Neves. O resultado fica empatado.

O ministro Buzaid, o mesmo que quase seis meses atrás prometeu a Eunice uma solução em no máximo quinze dias, desempata — pelo arquivamento.

A partir daí, a imprensa recebe ordens da Polícia Federal para não noticiar mais nada sobre o caso.

Num fim de tarde, Paddy chega ao hotel Carlton e na portaria o recepcionista lhe aponta dois homens sentados no sofá.

"Aqueles dois estão querendo falar com o senhor."

Paddy olha para eles, estão em traje esporte, são desconhecidos e se levantam para cumprimentá-lo. Em seguida mostram identidade do DOPS.

"Temos ordens para acompanhá-lo até o aeroporto."

Surpreso, Paddy olha para um e outro. "Aeroporto? Por quê?"

"O senhor vai embarcar pra Londres esta noite."

"Deve haver um engano. Eu não tenho plano de viajar pra Londres."

"Mas vai. É melhor não discutir. Já temos a passagem. Vamos subir até o seu quarto pra você arrumar a mala. Não se preocupe com o hotel. Já acertamos o valor da sua hospedagem."

"Preciso dar um telefonema."

"Sinto muito, não pode telefonar pra ninguém."

"Isso é... uma violência. Quero falar com o consulado do meu país."

"Nem consulado nem nada. Não crie problema, senão vai ser pior pra você."

"Qual o motivo disso?"

"Você infringiu a Lei de Segurança Nacional. É persona non grata. Vamos."

Paddy sobe pelo elevador com os dois agentes, arruma sua mala, desce e entra no fusca deles, seguindo para o Galeão. No aeroporto eles permanecem com Paddy durante todo o tempo de espera. Antes de embarcar no Boeing, ele ouve um dos agentes dizer: "Não volta, senão tu vai em cana. Sabe o que é entrar em cana, gringo?"

Jayme se recusa a acreditar que Rubens não esteja vivo. Eunice quer continuar acreditando, ou pelo menos lutando para elucidar o mistério. Pede ajuda a todas as pessoas influentes que lhe são indicadas por amigos: o Núncio Apostólico, o embaixador dos Estados Unidos, membros da Comissão Brasileira de Justiça e Paz, os senadores Carvalho Pinto e Milton Campos, deputados e até militares que são contra os excessos do regime.

Em sua peregrinação, Eunice recebe pistas trazidas pelas mais variadas pessoas, algumas com intenções desonestas. Um coronel do Exército pede-lhe 8 mil dólares em troca de uma informação absolutamente segura sobre o paradeiro de Rubens; Jayme fornece o dinheiro e o coronel nunca mais se comunica. Um motorista de ônibus diz que seu cunhado é escrivão numa delegacia de polícia e sabe onde está Rubens.

"Então diga ao seu cunhado pra trazer escrito num papel o apelido que o Rubens me deu" pede Vitória, irmã de Eunice e apelidada de Cuquinha. No segundo contato, o motorista diz que seu cunhado deixou de trabalhar na polícia.

Um piloto de avião garante ter transportado Rubens para Fernando de Noronha. Um pai de santo diz ter visto Rubens durante um transe numa sessão de umbanda. A empregada de uma amiga de Eunice viu Rubens bebendo café no balcão de um bar. Um major procura Jayme dizendo que Rubens continua preso, mas pode ser solto, em troca de dinheiro. Outro homem diz que Rubens está no Paraguai. Outro diz que o viu na Bolívia. Uma vizinha da mãe de Eunice, em São Vicente, vê a foto de Rubens e diz: "Todo dia vejo um cara parecido com ele que me segue e fica parado no poste."

Eunice não desconsidera nenhuma possibilidade, mas com o passar dos dias a esperança vai se esvaindo. Como se não bastasse, há pessoas que olham para ela de modo estranho, é aquela mulher que foi presa, o marido também foi preso como subversivo. E se afastam, talvez querendo evitar possível complicação com os órgãos de segurança, que continuam acompanhando os passos de Eunice.

Com a vida em frangalhos, sem disposição para encontros sociais ou lazer, ela passa a se relacionar mais com seus familiares e parentes de São Paulo e Santos — irmãs, pais, sogros e cunhados vêm visitá-la no Rio, ou ela vai a São Paulo de vez em quando.

Numa dessas visitas à capital paulista, Eunice almoça com Pedroso Horta na casa dele. Ao convidá-la, o deputado antecipou que falaria sobre o caso. "Tenho uma informação importante pra você."

Uma faísca brilha na imaginação de Eunice. Agora deve ter uma pista segura, Horta não é leviano como muitas pessoas que lhe disseram a mesma coisa. Ela só deseja ouvir alguma novidade auspiciosa, que pelo menos indique onde ele está.

Antes do almoço, na sala de seu apartamento, Pedroso Horta a recebe desalentado.

"Se prepare para o que eu vou dizer."

Eunice já desconfia. "Estou pronta."

"O Rubens está morto." Horta faz uma pausa e acrescenta: "Morreu na tortura."

Eunice desvia os olhos para o chão atapetado, sente uma gastura, esperava qualquer outra informação, menos a pior, embora não esteja totalmente surpresa. Nem ouve direito o que Pedroso Horta diz em seguida. "Eu soube disso por uma fonte militar que tem muita credibilidade. Não adianta mais insistir na busca."

Ela suspira fundo e se recompõe. "Eu já pressentia isso, mas nunca quis aceitar. Pra mim ainda é difícil aceitar."

"Eu sinto muito. Gostaria de ter feito mais por você e sua família."

No Rio, numa reunião com intelectuais, um deles diz a ela: "O que aconteceu à sua família é um crime inominável, mas acabou esclarecendo definitivamente a situação do autoritarismo em que vivemos, e que dividiu o país em dois campos irreconciliáveis: os que insistem em acreditar, por conveniência, nos propósitos desse governo, e os que não têm mais nenhum motivo pra confiar."

Também financeiramente a família é abalada. Nas duas empresas de que Rubens era diretor, ninguém sabe dizer exatamente quanto ele tinha de participação nos lucros.

Um dia em novembro de 1971, Jayme telefona.

"Vem pra Santos, vem morar aqui ou passar uma temporada. Não precisa entregar a casa aí no Rio, porque se você quiser voltar depois, pode voltar. Eu quero que o meu filho, quando for solto, encontre a família dele aos meus cuidados. Eu vendi a fazenda e estou comprando o Clube XV, pra transformar num casarão. Vai caber todo mundo e ainda sobrar muito espaço."

Durante o encaixotamento da mudança, Eunice abre uma frasqueira no seu quarto e apanha uma caixinha quadrada, de madeira, onde ela sempre guardou os cartões que Rubens lhe enviou em diferentes épocas, acompanhados de presentes ou flores, desde os tempos de namoro. No dia da formatura dela no Sion: "Para Eunice, em homenagem à brilhante vitória conquistada, com as congratulações do Rubens — SP, 14/12/47."

No aniversário: "Minha namorada, 21 rosas para os seus 21 anos. E muito amor para toda a vida — 9/11/1950."

"Para minha noivinha querida, com um beijo muito gostoso e o amor já muito seu — do Rubens. 7/11/1951."

No dia do casamento: "Para minha mulherzinha querida, com todo o amor do seu marido. 30 de maio 1952."

"Para que minha mulherzinha se imagine no dia 30 outra vez — beijos. 1/7/52."

"À minha mulherzinha querida, com a doce recordação dessa nossa vida que passamos juntos e que tanta alegria nos dá. Beijos. 7/11/55."

"Flores se mandam a muita gente, mas com amor, carinho e beijos, só a uma — 6 março 1963."

Enquanto ela está lendo, Vera e Nalu entram no quarto. Vera apanha na penteadeira a colônia Vétiver de Carven que ele usava, senta-se na cama, destampa o vidro e as duas cheiram a fragrância de jasmim, gardênia, almíscar, relva molhada, e subitamente elas sentem a presença dele, com a intensidade de um lampejo, invisível e fugaz. As duas se abraçam, em prantos.

Ao colocar na mala as roupas e objetos pessoais dele, Eunice está convencida de ter feito tudo o que foi possível e permitido para deslindar essa capciosa trama, diminuir o trauma. Não pode continuar tateando no escuro, enfrentar os poderosos e intangíveis, bater em portas que nunca se abrem, esperar por alguém que nunca chega.

Com a cabeça erguida e a mente concentrada somente nas coisas palpáveis, ela fecha pela última vez a porta da casa onde passou seus melhores e piores dias. De agora em diante sua vida será outra, movediça, na busca ininterrupta de resposta para uma pergunta tão simples: ele morreu ou está vivo? E se morreu, onde está? E a prova de morte ou a prova de vida?

Para evitar uma autocomiseração infindável, a família faz um acordo tácito de evitar qualquer menção a ele, mesmo que o pensamento esteja nele todos os dias. Perdeu-se o alicerce que Rubens representou, mas ela ainda tem o alicerce inabalável de seus filhos. Por isso não esmorece. Sua batalha está apenas começando.

Na viagem, Marcelo leva no bolso um cartão-postal que Rubens lhe enviou de Roma, datado de 27 de outubro de 1967:

Cacasão!
Se v. visse cada carro mais "bárbaro" que tem aqui! Lembra aquele Fiat que vimos juntos? É o mais micho! Um dia a gente vem junto e vai andar em todos!
Beijos e saudades do
velho pai

Nalu, Marcelo, Babiu, Vera, Eunice e Eliana na porta da casa no Rio: ainda esperavam a volta de Rubens

EPÍLOGO

Em Santos, Eunice foi morar com os filhos na nova residência de seus sogros, uma mansão de esquina, em frente à praia do Gonzaga. Tinha sido até recentemente sede do Clube XV, um dos mais tradicionais da cidade. Jayme preservou toda a estrutura arquitetônica e o jardim, mandou construir paredes internas para criar os quartos, reformou os banheiros e a piscina, construiu na entrada uma capela e uma pequena fonte. O salão de baile do clube foi convertido em sala de estar, com uma ampla varanda em toda a extensão da fachada e de onde se avistava o mar.

Mas nem esses luxuosos e espaçosos cômodos com pé-direito altíssimo, nem o carinho de Aracy e Jayme, nem a folia dos quase trinta adolescentes e crianças, todos primos, que se juntavam na piscina nos fins de semana, revigoravam Eunice. Os filhos, matriculados e estudando, evitavam incomodá-la com seus probleminhas, como a rigidez disciplinar imposta por Jayme. Mas quando todos iam para o colégio e ela ficava sozinha no terraço, olhando o mar, só pensava em Rubens, e vinha aquela dor indizível, indivisível. Estava sem o seu companheiro de toda a vida, sem amigos, sem casa. Desnorteada. Anulada por um enorme vazio. Como não sucumbir, como dar sequência às tarefas corriqueiras? Como sair daquela armadilha? Com gestos e atos que o tempo lhe permitiu reaver. E ela reagiu.

Contra a vontade de Jayme, Eunice arrumou um emprego e resolveu estudar Direito, para futuramente lidar melhor com o desaparecimento do marido no terreno jurídico. Enquanto não terminava a faculdade, o máximo que ela podia fazer era ouvir as histórias, algumas macabras, que de vez em quando lhe chegavam informando o destino final de Rubens e a maneira como ele morreu. Eram versões desencontradas, que tornavam ainda mais intricada a urdidura.

Como Rubens foi preso pela Aeronáutica, a primeira versão a circular nos bastidores políticos e jornalísticos foi de que seu corpo teria sido lançado de avião no fundo do mar, a exemplo de outros presos políticos. Em junho de 1971, quatro meses depois do desaparecimento, o arquiteto Pedro Paulo de Melo Saraiva encontrou-se em Londres com Fernando Gasparian, José Aparecido e o ex-deputado Wilson Rahal, também amigo de Rubens desde os tempos do Partido Socialista Brasileiro. Tinham certeza de que Rubens estava morto e especularam sobre o destino do corpo. Na volta para o Brasil, o arquiteto encontrou dentro do avião um outro amigo de Rubens, Jorge Kornblue, com a revista *L'Express* na mão, noticiando que o corpo fora lançado no mar.

Mas um dia, quando ainda estava morando no Rio, Eunice recebeu um telefonema de um veterano e bem-informado jornalista político, Villas-Bôas Corrêa: um general lhe contara que Rubens fora morto numa sessão de choques elétricos e estava enterrado como indigente no cemitério do Caju. Na mesma época, uma amiga de Eunice soube que Rubens tinha morrido na delegacia da Polícia Civil do Alto da Boa Vista, que tinha uma cela para presos políticos do DOI, e enterrado num matagal ali perto.

No dia 2 de novembro de 1973, o então detetive Amauri de Oliveira encontrou por acaso uma ossada humana na praia do Recreio dos Bandeirantes, onde estava acampado com a família. Ele comunicou a descoberta a uma delegacia próxima, na Barra da Tijuca, a ossada foi recolhida e enviada para o Instituto Médico Legal. Sem identificação, a ossada foi trasladada em 15 de julho do ano seguinte para o cemitério do Cacuia, na Ilha do Governador, sendo depositada na ala de indigentes. A ditadura ainda arreganhava os dentes e ninguém especulou em público se seria de Rubens ou de algum outro preso político.

O deputado Thales Ramalho, que morava em Brasília durante o governo Médici e tinha amigos militares, dizia em conversas informais ter convicção de que Rubens estava enterrado como indigente no cemitério de Inhaúma, Zona Norte do Rio. Eunice recebeu a mesma informação de um oficial militar, que acrescentou o cemitério do Caju como outra possibilidade.

Em 1978, abertura política avançando, os jornalistas Fritz Utzeri e Heraldo Dias passaram seis meses colhendo informações sobre o caso Rubens Paiva para uma reportagem especial de três páginas, publicada no *Jornal do Brasil*. Durante suas pesquisas, eles receberam inúmeras pistas sobre a localização da ossada e percorreram intrepidamente os meandros de cemitérios, inclusive os de Inhaúma e do Caju, para saber se Rubens estaria enterrado como indigente. Não encontraram nada.

Em julho de 1979, já com a anistia política pronta para ser aprovada no Congresso Nacional, Eunice, como advogada, requereu ao Conselho de Defesa dos Direitos da Pessoa Humana o desarquivamento do processo referente às violações de direitos humanos praticadas por agentes e órgãos do governo contra seu marido, sua filha Eliana e ela própria. Alegou a "coação moral" que influenciara o voto do conselheiro Benjamin Albagli — e que estava arrependido —, a persistência do desaparecimento e a omissão do poder público. O ministro da Justiça, Petrônio Portella, autorizou o Conselho a reabrir o caso. A ditadura abria algumas frestas, mas a cúpula militar continuava autoritária e intransigente, e vetou qualquer investigação. O relator do pedido no Conselho, Benjamin Moraes Filho, um jurista e pastor presbiteriano conservador, pediu o arquivamento justificando: "A Lei da Anistia decidiu o problema jurídico que o envolve." O ministro Petrônio Portella argumentou que somente casos novos de violação de direitos humanos eram da competência do Conselho. Benjamin pediu vista para protelar a votação, mas em dezembro o Conselho arquivou o processo, com votos contrários de Seabra Fagundes, Benjamin Albagli e Barbosa Lima Sobrinho.

No ano seguinte, Fritz e Heraldo retomaram a busca da ossada, porque um ex-policial que atuara também na repressão política, Fernando Gargaglione, lhes dissera que o corpo de Rubens tinha sido enterrado na praia do Recreio dos Bandeirantes. Mas os jornalistas começaram seguindo uma outra pista, aparentemente mais garantida: o coronel Ronald José da Mota Batista Leão, que era agente do DOI quando Rubens lá morreu, os levou até o Alto do Sumaré dizendo que muitos desaparecidos políticos estavam enterrados ali. Durante um mês os dois repórteres trocaram papel e caneta por pás e botas, indo quase diariamente ao local. Muitos buracos depois, sem encontrar nada, desistiram para se concentrar na praia do Recreio. Contrataram uma pá mecânica e o operador abriu um buraco gigantesco no lugar apontado pelo ex-policial. Não apareceu nenhum pedaço de osso.

Eles foram também ao cemitério do Cacuia, depois de saber que a ossada encontrada pelo detetive em 1973 na praia do Recreio tinha sido trasladada para lá. Na ala dos indigentes havia ossadas de seis pessoas, mas incompletas, fragmentadas, e sem as principais marcas que poderiam ter relação com Rubens: uma fratura na tíbia da perna direita e obturações de ouro nos dentes. Posteriormente, em agosto do mesmo ano, as ossadas foram depositadas no ossário geral, onde supostamente se encontram até hoje.

Em 1981, a ex-presa política Inês Etienne Romeu descobriu em Petrópolis, na rua Arthur Barbosa, a casa onde ela fora torturada durante três meses logo após ser capturada em maio de 1971, por ser militante da Vanguarda Popular Revolucionária. No relatório sobre o seu martírio ela afirmou que um dos torturadores, autodenominado Dr. Pepe, lhe dissera que Rubens tinha sido levado para a casa e morrido lá.

Mais anos se passaram e em abril de 1986, com a redemocratização consolidada, o ministro da Justiça, Paulo Brossard, mandou reabrir as investigações sobre o desaparecimento de Rubens, o que só foi oficializado em agosto, quando o procurador-geral da Justiça Militar, Leite Chaves, requereu à Polícia Federal a instauração de um inquérito. Um dos depoentes, o médico Amilcar Lobo, na condição de testemunha, disse ter sido informado por um militar no quartel da Polícia do Exército que o corpo de Rubens fora esquartejado e as partes enterradas separadamente na rodovia Rio-Santos, para dificultar a identificação.

Após um mês de depoimentos e diligências, o delegado Carlos Alberto Cardoso concluiu o inquérito, sugerindo que a tarefa continuasse na Justiça Militar. Um Inquérito Policial-Militar foi aberto em dezembro, com acompanhamento do procurador Paulo César de Siqueira Castro, representando o Ministério Público Militar. Ele solicitou novas escavações na praia do Recreio dos Bandeirantes, ainda com base em informações do ex-policial Fernando Gargaglione.

Máquinas retroescavadeiras reviraram um trecho da praia durante mais de três meses. Foram encontrados fragmentos de ossos aparentemente humanos — carpo, metacarpo, fêmur direito, sacro e duas tíbias. Mas a perícia do Instituto Médico Legal Afrânio Peixoto e pesquisadores do Instituto de Anatomia Humana da Universidade do Estado do Rio de Janeiro, que também examinaram os ossos, concluíram que eram de um "quadrúpede de grande porte, com características de pertencer a um mamífero aquático".

O procurador-geral Leite Chaves rejeitou essa conclusão e garantiu com absoluta certeza que os ossos encontrados na praia do Recreio eram de Rubens e tinham sido deliberadamente trocados no IML por ossos de animal. Mas o laudo não foi alterado.

Houve também escavações durante cerca de um mês em terrenos baldios vizinhos à chamada "Casa da Morte", em Petrópolis, sem resultar em nenhuma descoberta.

Nessa ocasião, Leite Chaves divulgou o nome de quatro militares do Exército e um da Polícia Militar como responsáveis pela tortura e morte de Rubens no DOI: coronel Ronald José da Mota Batista Leão, capitão de cavalaria João Câmara Gomes Carneiro, subtenente Ariedisse Barbosa Torres, segundo-sargento Eduardo Ribeiro Nunes e o major Riscala Corbage, da Polícia Militar do Rio de Janeiro. Eles foram interrogados no IPM.

Em seu depoimento, João Câmara Gomes Carneiro confirmou que estava de serviço quando Rubens foi interrogado. Era incumbido de "operações especiais de informações", mas aparentou estar mal informado sobre o que acontecia no seu próprio ambiente de trabalho.

"Tinha conhecimento das diligências efetuadas pelo pessoal do DOI?" perguntou o encarregado do inquérito.

"Não."

"Alguma vez, por ocasião dos acontecimentos, teve conhecimento, mesmo por ouvir dizer, da presença do ex-deputado Rubens Paiva entre os presos políticos do DOI?"

"Não."

"Tomou conhecimento do sequestro do ex-deputado Rubens Paiva?"

"Eu só soube este ano quando o procurador-geral da Justiça Militar, doutor Leite Chaves, deu uma entrevista a uma emissora de televisão, inclusive citando meu nome."

"Teve conhecimento da instauração de uma sindicância para apurar fatos ocorridos no Alto da Boa Vista naquela ocasião?"

"Não."

"Tinha conhecimento de que os médicos do I Batalhão da PE atendiam a presos políticos?"

"Não."

Um dos dois sargentos envolvidos no resgate fictício repetiu a versão no seu depoimento.

À última pergunta, "teve conhecimento de torturas no DOI?", ele respondeu:

"Só ouvi falar pela imprensa..."

Os três envolvidos no embuste disseram também que desconheciam o nome do preso ao transportá-lo, embora no ofício comunicando a ocorrência no mesmo dia constasse o nome completo dele.

Após 14 depoimentos e diligências, não houve nenhum indiciamento, e em fevereiro de 1987 o IPM terminou. A conclusão do encarregado do inquérito, general de brigada Wladir Cavalcante de Souza Lima, foi "não ter sido possível apurar qualquer responsabilidade sobre o desaparecimento do ex-deputado Rubens Paiva, não se podendo afirmar, por outro lado, que o mesmo tenha sido realmente morto". O procurador Paulo César de Siqueira Castro não ficou satisfeito e convocou novas testemunhas. Seu substituto, Mário Elias Miguel, considerou incompletos os depoimentos de algumas e pediu que fossem novamente inquiridas. O IPM foi finalmente encerrado em julho, com 382 folhas e nenhum indiciado.

No ano seguinte, a primeira Constituição pós-ditadura foi promulgada em cerimônia no

Congresso Nacional pelo deputado Ulysses Guimarães, que bradou no seu discurso: "A sociedade foi Rubens Paiva, não os facínoras que o mataram."

A versão do esquartejamento ressurgiu em novembro de 1992. Um ex-agente do DOI de São Paulo, Marival Dias Chaves do Canto, declarou numa entrevista à revista *Veja* que Rubens foi transportado para a casa em Petrópolis, lá foi morto e esquartejado, sendo as partes enterradas em diferentes locais. Esta versão corroborava as anteriores, do "Dr. Pepe" e de Amilcar Lobo.

Em dezembro de 1995 a Lei 9.140 foi aprovada, reconhecendo a responsabilidade do Estado pela morte de desaparecidos políticos. Só então Eunice recebeu a certidão de óbito de Rubens. A lei também criou a Comissão Especial dos Mortos e Desaparecidos Políticos, para examinar outras denúncias apresentadas por familiares, mas não obrigou o Estado a buscar os restos mortais.

Pouco mais de três anos depois veio à tona uma nova versão da morte de Rubens. No dia 28 de fevereiro de 1999 a TV Globo transmitiu no programa *Fantástico* uma reportagem de Pedro

Bial com o depoimento de um ex-informante dos órgãos de segurança da ditadura, não identificado. Ele assegurou que Rubens foi retirado já morto do DOI por cinco homens, coberto com uma lona verde, colocado em um caminhão do Exército, levado para o Alto da Boa Vista e enterrado numa cova de mais ou menos 70 centímetros de profundidade, atrás da delegacia da Polícia Civil. Um tenente teria comandado a operação. Foi nas proximidades dessa delegacia que os três agentes do DOI montaram o simulacro de resgate; um jornal escreveu então que Rubens foi resgatado depois de ser retirado dessa delegacia; a Floresta da Tijuca em volta é densa o suficiente para ocultar cadáveres, e um terreno atrás de uma delegacia não seria jamais procurado por alguém interessado em localizar desaparecidos, pelo menos naquela época. O ex-informante disse até que ajudou a enterrar Rubens. Um coronel do Exército, também anônimo, confirmou a informação em *O Globo* e admitiu que o Exército fora responsável pela morte de Rubens.

Com base nisso, os procuradores Daniel Sarmento e Gisele Elias Santoro reabriram o caso e autorizaram uma escavação, feita por bombeiros, já que o terreno da antiga delegacia estava ocupado pelo Grupamento de Socorro Florestal e Meio Ambiente do Corpo de Bombeiros. Em maio as escavações foram interrompidas, por decisão da Procuradoria, antes de encontrar qualquer vestígio.

Em março de 2001, nova versão da morte de Rubens, numa reportagem de João Antônio Barros publicada no jornal *O Dia*. Um ex-policial foi citado dizendo que Rubens morreu com um tiro na cabeça, desfechado por um de seus inquisidores no DOI. "O oficial chamou o deputado de comunista de merda e ele revidou dizendo: 'E o senhor é um milico de merda.' Na hora, o militar sacou a pistola e deu um tiro na cabeça do Rubens Paiva." O ex-policial ressalvou não ter presenciado a cena, soube depois, mas reiterou que o cadáver foi enterrado no Recreio, desenterrado no dia seguinte e enterrado novamente a 2 quilômetros de distância, e que os coveiros usaram ácido para destruir o corpo.

O ex-agente Marival Dias Chaves do Canto repetiu a história do esquartejamento no filme documentário *Perdão mister Fiel*, dirigido por Jorge Oliveira e lançado em 2009.

Busca da ossada de desaparecido político não pode ser uma iniciativa individual, mantida em sigilo para ser divulgada com impacto sensacionalista. É trabalho de equipe, com os grupos e as entidades já envolvidos. Mas deveria incluir também equipes multidisciplinares de cientistas especializados em técnicas forenses — por exemplo, geólogos, botânicos, antropólogos e arqueólogos. Eles podem prestar uma grande contribuição, fazendo estudos prévios da área visada, necessários antes de se começar qualquer escavação.

Uma cuidadosa análise prévia geológica permite detectar as alterações no solo quando há um cadáver enterrado em vala comum. Fotografias aéreas em baixa altitude também são úteis nisso. Um botânico pode analisar as alterações que ocorrem na vegetação do local.

Cães farejadores bem-treinados são indispensáveis — há registros documentados de alguns que descobriram covas clandestinas com mais de cem anos de existência. Mas também existem aparelhos de tecnologia moderna que podem ajudar muito, evitando-se perda de tempo e dinheiro em escavações inúteis. É imprescindível utilizar um georradar ou GPR, aparelho de tecnologia geofísica que consegue detectar no subsolo a presença de objetos estranhos enterrados, inclusive ossadas de animais e humanos, mesmo se estiverem cobertas com laje de concreto. O uso de pás ou escavadeiras é totalmente inadequado, pois podem danificar e quebrar os ossos, prejudicando a análise pericial. Um arqueólogo munido de vassourinha e espátula pode fazer um trabalho muito melhor e concluir a escavação de modo a não desmantelar a ossada, fotografá-la na posição exata em que for encontrada, antes de ser removida, com o cuidado necessário. Um antropólogo forense pode contribuir para a identificação adequada da ossada e a causa específica da morte.

Para buscas submarinas podem ser usados magnetômetros e sonares com câmera fotográfica embutida.

Nunca é tarde para essa missão. As ossadas dos Romanov, a família real russa fuzilada pelos bolcheviques em 1918, só foram encontradas mais de sessenta anos depois, numa cova clandestina no meio de uma erma floresta.

Mas tudo isso só poderá acontecer como decisão de Estado, quando o Brasil for uma nação com maturidade política e coragem suficientes para, finalmente, se olhar no espelho e encarar seus fantasmas, erros e medos.

AGRADECIMENTOS

Família Paiva, Arquivo Nacional, Arquivo Público do Estado do Rio de Janeiro, Arquivo Público do Estado de São Paulo (Fundo DEOPS), Biblioteca Nacional, bibliotecas e arquivos do Congresso Nacional, Donaldo Mello, Edmilson Caminha, Flávio Tavares, Françoise Bloch, Helena Facciolla Passarelli, Joatan Vilela, Laurez Cerqueira, Lauro Ávila Pereira, Leonardo de Cerqueira Mauro, Maria Josephina Facciolla Rubino, Mauro di Deus, Nilo Batista, Paulo Eduardo Castello Parucker, Rafael Kertzman, Rafaela Leuchtenberger, Tarcísio Holanda, Tito Ryff, Vladimir Sacchetta e todas as pessoas que colaboraram com depoimentos.

Este livro foi contemplado com a Bolsa Funarte de Criação Literária de 2008.

Uma narrativa de fricção   5

Capítulo I   11

Capítulo II   65

Capítulo III   115

Capítulo IV   193

Epílogo   315

Agradecimentos   332

Copyright © 2010 by Jason Tércio

Todos os direitos desta edição reservados à
Editora Objetiva Ltda.
Rua Cosme Velho, 103
Rio de Janeiro — RJ — Cep: 22241-090
Tel.: (21) 2199-7824 — Fax: (21) 2199-7825
www.objetiva.com.br

Projeto gráfico de miolo e capa
Dupla Design

Foto de capa
Acervo família Paiva

Fotos de miolo
Acervo família Paiva, exceto p. 1 (Foto Rui Britto, acervo Françoise Bloch)
e p. 247 (Agência O Globo).

Coordenação editorial
Isa Pessôa

Produção editorial
Maryanne Linz

Pesquisa de imagens
Priscila Serejo

Revisão
Tamara Sender
Lucas Bandeira de Melo
Rita Godoy

Editoração eletrônica
Abreu's System Ltda.

CIP-BRASIL. CATALOGAÇÃO-NA-FONTE
SINDICATO NACIONAL DOS EDITORES DE LIVROS, RJ.

T293s
        Tércio, Jason
            Segredo de estado : o desaparecimento de Rubens Paiva / Jason Tércio. - Rio de Janeiro : Objetiva, 2011.
            il.

        334p.   ISBN 978-85-390-0158-3

            1. Paiva, Rubens, 1929-1971. 2. Crime político - Brasil. 3. Brasil - Política e governo - 1964-1985. 4. Pessoas desaparecidas - Brasil. I. Título.

10-4895   CDD: 364.1310981
                                         CDU: 343.301(81)

Este livro foi impresso na
LIS GRÁFICA E EDITORA LTDA.
Rua Felício Antônio Alves, 370 – Bonsucesso
CEP 07175-450 – Guarulhos – SP
Fone: (11) 3382-0777 – Fax: (11) 3382-0778
lisgrafica@lisgrafica.com.br – www.lisgrafica.com.br